感谢国家社会科学基金青年项目(18CGL012)的资助

董事会
对研发投入的影响机制研究

A STUDY ON
THE INFLUENCING MECHANISM OF
BOARD ON R&D INVESTMENT

钱晶晶 著

社会科学文献出版社
SOCIAL SCIENCES ACADEMIC PRESS (CHINA)

摘 要

企业研发活动是由公司董事会制定和实施的一项提升企业创新能力、维持竞争优势的关键性战略投资行为，其重要性不言而喻，然而其效果需要较长的时间才能看到，因此，并不是所有的董事和高管都热衷于企业研发投入（R&D 投入）。基于此，本书提出研究问题——董事会如何影响 R&D 投入及其内在机理，即对董事会与 R&D 投入的关系以及高管和高管市场的调节作用进行探究，引导企业通过完善治理机制、引入外部资源、激发高管激励机制和减缓代理冲突，从而促进企业研发投入和创新能力的提升。

本书具体包含四个子研究。首先，采用样本统计的实证研究方法，利用中国沪深 A 股 955 家上市公司 2007~2015 年的 6950 个观察值数据，基于委托代理理论视角，探索董事会结构特征、行为特征、激励特征三个层次的六个因素与公司 R&D 投入之间的影响机制。其次，为了进一步深入探究上述研究结果，本书采用六个指标对董事会特征进行统一测度，研究董事会效率与 R&D 投入的关系，并引入高管激励、高管市场供给和聘请外部高管倾向三个调节变量。再次，基于资源依赖理论视角，探究董事会资本与 R&D 投入之间的关系，以及 CEO 股权激励对两者关系的调节效应。最后，为了探究董事会影响 R&D 投入的作用机制，选取格力、阿里巴巴、海尔、联想四家企业进行多案例扎根分析。本书研究结论如下。

第一，董事会特征与 R&D 投入关系的研究发现：董事会规模与 R&D 投入显著负相关，过于庞大的董事会规模会造成董事会运行效率降低；外部聘请的独立董事虽然在一定程度上保证了公正性和独立性，然而由于我国董事会治理机制有待完善和发展，目前多数上市公司独立董事的设置是出于对证监会规定的迎合；董事长与 CEO 两职合一会造成权力的过度集中，从而导致董事会无法正常发挥咨询和监督高管战略决策的职能；董事会会议次数的增加并不一定能够促进董事会成员更好地履行监督职责，董事会成员并非能够通过简单的董事会会议有效实施监督；公司对董事不论采取短期的薪酬激励还是长期的股权激励，都将有助于提高董事会成员职能发挥的积极性，激发董事会科学有效地制定创新战略决策并监督高管。

第二，通过董事会效率与 R&D 投入关系的研究发现，一定规模的董事会结构、比例适当的独立董事、适当的董事会会议频率、董事长与 CEO 两职分离状态以及对董事会成员进行适当的薪酬和股权的激励，将有效激发董事会整体职能发挥的积极性，使董事会作用得到体现、工作效率得以提高，加强董事会对高管执行 R&D 决策的监督力度，促成符合公司长期发展的正确决策。除了高管激励的公司内部治理机制，外部高管市场的供给和竞争对高管施加了一定的外部压力，起到了有效的外部约束作用，即高管市场供给越充足，董事会效率对 R&D 投入的影响作用越强。此外，公司内部从外部高管市场聘请高管的倾向亦会显著影响董事会效率对 R&D 投入的作用，其影响效果的正负方向因公司外聘倾向的高低而有所差异。

第三，董事会人力资本及董事会社会资本均与 R&D 投入显著正相关，亦即董事会人力资本和董事会社会资本在一定程度上会促进企业增加 R&D 投入。CEO 股权激励对董事会人力资本对 R&D 投入的影响存在正向调节效应，且 CEO 持股比例越高，CEO 股权激励对董事会人力资本对 R&D 投入影响的调节效应越明显。CEO 股权激励对董事会社会资本对 R&D 投入的影响却存在负向调节效应，CEO 基于自身的职业素养和能力，并不乐观地认为董事会社会资本能够为 R&D 投入带来有价值的信息和资源。

第四，董事会影响 R&D 投入的作用机制主要体现在"董事会驱动—董事会功能发挥—代理冲突减缓—R&D 决策促进"模式。董事会的人力资本和社会资本以及董事会效率共同驱动董事会效用的发挥，成为董事会发挥作用的原始驱动力。在董事会效率和资源驱动下，董事会在公司治理中起到监督和咨询两种作用，主要发挥四种功能：控制功能、资源功能、战略功能和服务功能。在董事会驱动以及董事会功能发挥作用的前提下，董事会与高管之间的代理冲突均有不同程度的缓和，代理成本也有所降低。高管受到内部激励机制和董事会资源供给作用的影响后，会降低做出利己行为的倾向，在战略执行过程中加强对有效信息的筛选并做出有利于公司长期发展的创新战略和 R&D 决策。

本书最后讨论了四个子研究对董事会治理、R&D 投入、高管市场等研究的理论贡献，对完善董事会治理机制、聘请外部董事、引入高管市场机制的管理启示，以及本书研究的局限和未来可能研究的方向。

Abstract

The research question is: How does the board of directors influence R&D input and its internal mechanism? It attempts to explore the board of directors of Chinese listed companies on the impact of enterprise technology innovation and add the executive and executive market as moderator to research the effect between them, which is beneficial to promoting the enterprise R&D investment and enhancing the innovation ability through the improvement of the governance mechanism, the introduction of external resources, the stimulation of the executive incentive mechanism and the alleviation of the agency conflict.

This dissertation contains four studies. Based on the theory of principal-agent, this dissertation explores the structural characteristics of the board of directors by using the empirical research method of sample statistics. Based on the 6950 observation data of 955 listed companies in Shanghai and Shenzhen A-share from 2007 to 2015, behavioral characteristics and incentive characteristics of the six dimensions of the companies' innovation and R&D investment. Secondly, in order to further explore the above research results, this dissertation uses the six indicators to measure the characteristics of the board of directors to study the relationship between board efficiency and R&D investment, and introduce executive incentive, executive market supply and employment tendency as moderator, Using the same research methods and sample data for the empirical test. Thirdly, based on resource dependence theory, board capital and R&D investment are studied. Finally, we choose multiple case studies methodology and uses four cases (Alibaba, Haier, Lenovo and Gree) to describe the impacting mechanism of board of directors on R&D investment. The results of the study are as follows:

Firstly, the characteristics of board of directors and R&D investment research found that the board size and R&D investment significantly negative correlation, the board size is too large will cause the board to reduce operational efficiency. Although the external independent directors guarantee a certain degree of independence of impartiality, the majority of independent directors of listed companies are set up to meet the requirements of the CSRC because of the improvement and development of the board governance mechanism. The combination of the chairman and the general manager will result in excessive concentration of power, which leads to the failure of the board of directors to function properly in consulting and supervising the strategic decision of senior executives. An increase in the number of board meetings does not necessarily promote better board oversight, and board members are not able to effectively monitor oversight through simple board meetings. Whether the directors take short-term salary incentives or long-term equity incentive will help to enhance the enthusiasm of board members and stimulate the effectiveness and scientificity of the board's decision-making on innovation strategy.

Secondly, the board of directors efficiency and R&D investment research found that a certain size of the board structure, the proportion of appropriate independent directors, the appropriate frequency of board meetings, chairman and general manager of the separation of two positions and the board of directors of appropriate remuneration and equity The board of directors will effectively inspire the overall oversight function of the board of directors so that the role of the board will be reflected, the efficiency of work can be enhanced to strengthen the board of directors R&D innovation strategy and investment decision-making supervision and recommendations to make the company's long-term development of the right decisions. The more sufficient supply of executives in the market, the efficiency of board of directors to R&D investment effect of the stronger. In addition to executive incentive internal governance mechanism, the external supply and competition in the executive market exerts some external pressure on the executives to play an effective external constraint. The stronger the tendency of the company to recruit executives from the external executive market, the greater the effect of board efficiency on R&D investment. When the company's four external executives market tend to hire executives higher, the greater the pressure on the incumbent executives, the more effective the external executive market restraint mechanism, the more the board and the executives according to the long-term interests of shareholders R&D investment and other strategic decision-making.

Thirdly, the human capital of the board and the social capital of the board of directors are significantly positively correlated with the R&D input of the enterprise, that is, the board industry experience (board human capital) and the director of board of directors (board of directors social capital) will promote enterprise R&D investment to a certain extent. The influence of CEO equity incentive on the influence of human capital on R&D investment of the board of directors is positive regulation effect, and the higher the proportion of CEO ownership, the more obvious the effect of CEO stock incentive on the influence of human capital on R&D investment. CEO equity incentive on the board of directors of social capital on the impact of enterprise R&D investment relationship there is a negative regulatory effect. CEO may be loyal to their own professionalism and ability, is not optimistic that the chain of directors for enterprise R&D investment brings valuable information and resources.

Lastly, the mechanism of R&D investment in the board of directors is mainly embodied in the model of "board drive-board function play-agent conflict mitigation-R&D decision promotion". The board's human capital and social capital as well as the board's efficiency work together to drive the board's functions. In the efficiency and resources of the board of directors, the board of directors plays a supervisory and advisory functions: strategic functions, service functions, consulting functions and control functions. Under the influence of the board capital and the function of the board of directors, the agency conflict between the board and the executive has different degree of relaxation and the agency cost is also reduced. Executives are influenced by the internal incentive mechanism and the supply of resources, thus reducing the tendency of self-interest behavior, improving the selection of effective information in the process of strategy formulation and making innovative strategies and R&D decisions.

This dissertation also discusses the contribution of these studies to the governance of board of directors, R&D investment, executive market theory, management revelation of perfecting the board governance mechanism, hiring external directors and introducing the senior management market mechanism, and the limitations of this research and future research direction.

目　录

第一章　绪论 ………………………………………………………… 001
第一节　现实背景与理论背景 ……………………………………… 001
第二节　研究问题与研究意义 ……………………………………… 008
第三节　研究方法与技术路线 ……………………………………… 010
第四节　研究内容 …………………………………………………… 013
第五节　章节安排 …………………………………………………… 014
第六节　主要创新 …………………………………………………… 016

第二章　文献综述 …………………………………………………… 018
第一节　相关理论 …………………………………………………… 018
第二节　董事会相关议题 …………………………………………… 025
第三节　R&D 投入相关议题 ………………………………………… 043
第四节　文献述评 …………………………………………………… 063

第三章　董事会特征与 R&D 投入 …………………………………… 067
第一节　引言 ………………………………………………………… 067
第二节　理论分析与研究假设 ……………………………………… 069
第三节　研究设计 …………………………………………………… 075
第四节　实证结果 …………………………………………………… 081
第五节　研究结果与讨论 …………………………………………… 098

第四章　董事会效率与 R&D 投入 …………………………………… 100
第一节　引言 ………………………………………………………… 100

第二节　理论分析与研究假设……………………………… 102
　　第三节　研究设计…………………………………………… 110
　　第四节　实证结果…………………………………………… 114
　　第五节　进一步分析………………………………………… 130
　　第六节　研究结果与讨论…………………………………… 135

第五章　董事会资本与 R&D 投入 ………………………………… 137
　　第一节　引言………………………………………………… 137
　　第二节　理论分析与研究假设……………………………… 140
　　第三节　研究设计…………………………………………… 144
　　第四节　实证结果…………………………………………… 146
　　第五节　研究结果与讨论…………………………………… 154

第六章　董事会影响 R&D 投入的作用机制 ……………………… 157
　　第一节　理论分析…………………………………………… 157
　　第二节　研究设计…………………………………………… 160
　　第三节　数据分析过程……………………………………… 163
　　第四节　研究发现与理论模型……………………………… 172
　　第五节　研究结果与讨论…………………………………… 180

第七章　结论与展望………………………………………………… 183
　　第一节　研究结论…………………………………………… 183
　　第二节　理论贡献…………………………………………… 187
　　第三节　管理启示…………………………………………… 189
　　第四节　研究局限和未来方向……………………………… 191

中外文参考文献……………………………………………………… 193

附　　表……………………………………………………………… 218

后　　记……………………………………………………………… 223

CONTENT

Chapter One Preface / 001

1 Realistic Background and Theoretical Background / 001

2 Research Questions and Research Significance / 008

3 Research Methods and Technical Route / 010

4 Research Contents / 013

5 Chapters Arrangement / 014

6 Main Innovations / 016

Chapter Two Literature Review / 018

1 Correlation Theory / 018

2 Board Related Issues / 025

3 R&D Investment Related Issues / 043

4 Literature Review / 063

Chapter Three Board Characteristics and R&D Investment / 067

1 Introduction / 067

2 Theoretical Analysis and Research Hypotheses / 069

3 Research Design / 075

4 Empirical Results / 081

5 Research Results and Discussion / 098

Chapter Four Board Efficiency and R&D Investment / 100

1 Introduction / 100

2　Theoretical Analysis and Research Hypotheses / 102
  3　Research Design / 110
  4　Empirical Results / 114
  5　Further Analysis / 130
  6　Research Results and Discussion / 135

Chapter Five　Board Capital and R&D Investment / 137

  1　Introduction / 137
  2　Theoretical Analysis and Research Hypotheses / 140
  3　Research Design / 144
  4　Empirical Results / 146
  5　Research Results and Discussion / 154

Chapter Six　Influence Mechanism on Board to R&D Investment / 157

  1　Theoretical Analysis / 157
  2　Research Design / 160
  3　Process of Data Analysis / 163
  4　Research Findings and Theoretical Models / 172
  5　Research Results and Discussion / 180

Chapter Seven　Conclusion and Prospect / 183

  1　Research Conclusion / 183
  2　Theoretical Contribution / 187
  3　Management Implications / 189
  4　Research Limitations and Future Directions / 191

Chinese and Foreign References / 193

Attached Table / 218

Postscript / 223

第一章 绪论

第一节 现实背景与理论背景

一 现实背景

中国经济自 1978 年改革开放以来稳步快速发展，国家统计局数据显示，2016 年全年国内生产总值（GDP）达到 74.4 万亿元，比上年增长 6.7%。经济学家的经验研究表明，40 年来中国经济的稳步增长主要归功于要素的投入增长引擎和"低成本竞争"的增长模式。自 1978 年改革开放政策实施以来，中国市场不断引入短缺要素，加之稳定发展的政治和社会环境，以及"人口红利"带来的廉价劳动力，促成了 40 年中国经济的高速发展。然而，世界上任何一个国家和地区在经历资本和劳动力的有形要素投入、结构优化和制度创新进而实现快速经济增长之后，都将面临经济发展放缓的严峻现实。当中国经济增长进入经济新常态后，如何才能实现经济的可持续发展呢？本质上来说，需要实现从粗放式增长向集约式增长的转变，从低成本的"数量竞争"向高技术含量的"品质竞争"转型升级。中国"十一五"规划强调了以自主创新为核心的产业技术创新战略的重要性，"十二五"以来我国社会发展中科技事业战略地位逐步提升且创新能力不断增强，在国家高技术研究发展计划（"863"计划）、国家重点基础研究发展计划（"973"计划）等科技计划的支撑下，涌现出一大批创新能力强及具备国际竞争力的高科技企业，从而使得我国科技发展水平在国际上具有一定的影响力，进入技术追赶、逐步赶超的发展阶段。"十三五"时期，在全球科技创新新趋势情境下，中国发展进入经济新常态，推进供给侧结构性改革，为社会发展和科技创新注入了新的活力。

在历经"蒸汽机时代"的第一次工业革命、"电气化时代"的第二次工业革命以及"计算机信息时代"的第三次工业革命之后，一场席卷世界的新一轮科技革命和产业革命正在蓄势待发。世界各国政府都高度重视科技创新并将创新战略部署提升至前所未有的高度。根据经济合作与发展组织（OECD）的统计数据，美国环境和健康领域支出占政府研发非国防预算拨款的57%，英国的这一数据为33%。日本也在《第五期科学技术基本计划（2016~2020）》中选定了13个科技创新方向，以应对未来社会发展科技领域的挑战。在全球新一轮科技革命背景下，社会发展和科技创新逐渐呈现新的特征，科技、产业和管理持续的融合，跨领域科技创新融合，全球范围内科技创新合作融合，进而必将催生出新的经济形式、产业结构、业态分布和创新模式，也将进一步开创社会进步、科技发展以及生活方式前所未有的新局面。在中国经济新常态下，结构优化、转型升级的需求显得比以往任何阶段都要迫切，因而社会发展、科技创新显得尤为关键，迫切需要增强生物医药的自主研发能力、构建环境污染控制和生态修复体系、发展低碳循环经济。与此同时，我们也必须深刻地认识到中国技术水平与全球领先经济体之间的差距，中国目前的社会发展中科技创新整体上较为薄弱，关键技术领域的科技创新能力有待提高，核心技术有待突破，创新体系仍然不够完备，这些都是未来国家创新能力和科技创新改革、发展需要破解的难题。

从国家的统计数据可观察到，中国用于科技研发的经费支出逐年增加，R&D投入强度（R&D投入占GDP比例）也从1995年的0.57%上升到2015年的2.07%，投入额度达14169.9亿元（见表1-1）。据悉，国家统计局2016年公布了《2015年全国科技经费投入统计公报》，其数据显示了2015年我国财政科技经费的支出情况：①全国R&D投入总额达到14169.9亿元，与2014年相比，增加了1154.3亿元，增长了8.9%；②R&D投入强度占GDP的比例为2.07%，较2014年提高了0.05个百分点。数据可从以下两方面具体解读。①从活动的主体来看，主要包括高等学校、政府属研究机构和各类企业，其经费总额分别为998.6亿元、2136.5亿元和10881.3亿元。其中，高等学校经费较 2014 年增长了 11.2%，占比 7.0%；政府属研究机构经费较 2014 年增长了 10.9%，占比 15.1%；各类企业经费较 2014 年增长了 8.2%，占比 76.8%。②从活动的类型来看，包括基础研究、应用研究和试验发展，其经费支出分别为 716.1 亿元、1528.7 亿元和 11925.1 亿元。其中，全国基础研究经费较 2014 年增长了 16.7%，占比 5.1%；应用研究经费较 2014 年增长了 9.3%，占比 10.8%；试验发展经费较 2014 年增长了 8.4%，占比 84.1%。总体而言，其总额持续增长，R&D 投入强度亦稳步提高。相关数据显示，企业已成为国家提高创新能力和技术创新的核心载体，而 R&D 投入是企业进行技术创新的关键途径和重要的衡量标准。

表 1-1 1995 年以来我国 R&D 投入强度数据修订情况

单位：%

年份	R&D 投入强度 调整后	R&D 投入强度 调整前	年份	R&D 投入强度 调整后	R&D 投入强度 调整前
1995	0.57	0.57	2006	1.37	1.38
1996	0.56	0.57	2007	1.37	1.38
1997	0.64	0.64	2008	1.44	1.46
1998	0.65	0.65	2009	1.66	1.68
1999	0.75	0.75	2010	1.71	1.73
2000	0.89	0.90	2011	1.78	1.79
2001	0.94	0.95	2012	1.91	1.93
2002	1.06	1.06	2013	1.99	2.01
2003	1.12	1.13	2014	2.02	2.05
2004	1.21	1.22	2015	2.07	—
2005	1.31	1.32			

资料来源：国家统计局，《2015 年全国科技经费投入统计公报》。

综合而言，中国自改革开放以来，国民经济维持了 40 年的快速增长，续写着古代中国的神话。然而，我们也应清醒地认识到，我国亦为这种突击型和粗放型的快速发展付出了沉重的代价——自然环境的破坏、非再生资源的浪费。当今，经济发展进入新常态，经济转型升级成为新的发展旋律，科技进步和技术创新成为经济发展和转型的内驱力，更是真正实现我国经济可持续发展的重要路径。我们也必须深刻地意识到，中国在世界竞争力排行榜中的排名并未得到有效提升，总是在30名左右徘徊。国内外的经济报告和学术研究也总是将中国称作新兴的经济体和后发追赶者，为中国产品贴上"中国制造"的标签，这也说明我国技术创新能力还有待进一步提升。

二　理论背景

（一）科技创新趋势背景下创新理论的重要性

1912年熊彼特在《经济发展理论》一书中指出"经济发展是创新的结果"，首次提出了技术创新的概念，并认为其意味着企业家抓住市场机会重新组合生产要素的过程。自熊彼特开创创新理论以来，越来越多的学者开始探讨创新的起源、含义以及发展规律，从宏观角度来说可以分为三个阶段：20世纪50年代初至20世纪60年代末为第一阶段，强调创新的起源、过程、效应等内容；20世纪70年代初至20世纪80年代初为第二阶段，拓展了技术创新的研究范围；20世纪80年代末至今为第三阶段，技术创新呈现综合化趋势。新古典经济学认为创新是企业追求利润最大化的结果，企业可以被看作一个生产函数（Nelson，1991）。由此而言，企业是技术创新的主体，并且一个国家创新能力的提高主要建立在企业技术创新投入和创新能力的提高（Balkin et al.，2000），较低的R&D投入无法积累企业的无形资本，也很难开发出创新的产品和服务以抵御竞争者的市场攻击行为（Kim et al.，2009）。R&D投入既是企业创新的源泉，又是为重要的战略投资，它有助于新产品的开发，可以提升企业的创新能力从而建立先发优势（Baum and Wally，2003；Kim et al.，2009）。虽然企业在进行技术创新投入的过程中面临资源需求大、回报周期长、投入风险高等挑战，但是它们也在创新投入之后获得了丰厚的回报：技术创新促进了新产品的开发、生产成本的降低，从而提高了产品在市场中的竞争力表现；技术创新能够帮助企业进入新的市场领域并占据先发优势；技术创新帮助企业形成以核心技术为驱动的核心能力并维持核心竞争力（Baum and Wally，2003）。

公司治理的相关理论认为，股东既拥有公司的剩余控制权，又拥有公司的剩余索取权，它是最大化利润的最终受益人，与公司订立合同的其他方的利益会随着股东利益的实现而实现。所以，如何降低股东与高管的委托代理成本，使二者利益达成一致以缓和他们之间的代理冲突，进而获得投资回报，一直是公司治理问题探讨的重点所在（冯根福，2006）。创新对企业的重要性日益显现，直接关系到其生存和发展问题，故而，不断有学者在公司治理研究领域中引入创新。Lazonick（2000）和 O'Sullivan（2000）的研究指出，企业的本质并不是追求利润最大化，而应该是创新，于是产生了以"创新企业"为基础的公司治理理论。成功的企业和经济体随着时间的推移改善其绩效并相互竞争的核心内容就是创新。关于创新理论在公司治理领域的应用，学者重点探究了治理模式、股权结构、治理激励机制等方面的因素对 R&D 投入的影响。关于治理模式与创新的关系，公司技术发展的路径和技术创新的特性会因不同的治理模式而产生差异，各自的差异最终促成一个国家的产业专业化。王昌林（2004）的研究便得出了以上结论，他在研究中将一个国家的产业部门分成劳动、资本和技术三种密集型产业并分析了英美公司治理模式及德日公司治理模式与公司根本性创新、渐进性创新之间的关系。此外，他还指出，由于我国正处于经济转轨时期，该治理环境使得我国的公司治理与产业专业化之间的关系不稳定。关于股权结构与创新的关系，Lee 和 O'neill（2003）的研究认为，不同国家的治理形式相异，股权集中度也就不同（例如美国的股权相对分散，日本的股权相对集中），那么在其影响下，股权集中度对 R&D 投入的影响亦有所不同，而激励和治理动机共同导致了这些不同之处。关于治理激励机制与创新的关系，Zahra 等（2000）发现，在规模中等的企业中高管持股以及外部董事持股有利于增加企业的技术创新活动。赵洪江等（2008）通过加权最小二乘法对 2007 年新版《企业会计准则》颁布后的上市公司进行分析，并得出研究结论：董事长持有股份会减少企业的创新投入。与此相反，任海云（2011）认为，由于企业研发活动具有高度的专业性并存在着信息的严重不对称，所以很难对其进行监督。但是企业可以使用激励机制，例如赋予高管一定的持股比例，让他们也成为公司的股东，从而更好地缓解研发活动中的代理矛盾。总而言之，在中国经济新常态发展背景下，随着国家政策不断引导企业创新能力的提升以及技术创新改革的持续深入，如何通过完善公司治理结构和治理机制进而驱动企业的 R&D 投入将成为实践界热议和学术界追踪的重要问题。

（二）基于委托代理视角研究企业研发的潜在机会

企业研发活动的过程复杂漫长且结果很难预测，研发活动需要具备高级知识和技能的人才以及大量的资源储备，而且 R&D 投入给企业带来的回报需要较长的时间才能看到，因此并不是所有的公司和高管都热衷于企业 R&D 投入（Fischer et al., 2001）。然而，R&D 投入是由公司董事会制定和实施的一项提升企业创新能力和维持竞争优势的关键性战略投资行为，高管在此过程中起到重要的影响作用。有关公司治理与 R&D 活动关系的研究在国内外受到广泛关注，早期这一领域的研究主要关注公司治理对 R&D 决策的影响，近年来学者逐渐认识到公司治理不仅影响企业的 R&D 决策，还会通过监督和激励机制控制经理人的机会主义倾向和利己行为。根据委托代理理论，公司的股东（委托人）与高管（代理人）之间存在代理冲突，高管因机会主义倾向而规避高风险的技术创新活动和 R&D 投入，追求企业的短期绩效以获得短期利益。R&D 投入不仅是一种重要的决定企业创新水平的战略决策，而且是衡量企业高管利己行为的风向标，因此，委托代理理论成为研究股东与高管在 R&D 投入中代理冲突的理论视角之一。

在委托代理理论视角之下，协调股东和高管之间的利益成为董事会的主要职责（Eisenhardt, 1989）。Fama 和 Jensen（1983）认为董事会对高管的监督、评估和奖励能够促使高管采取有利于公司长期绩效的 R&D 决策。现有研究多集中于董事会特征与 R&D 投入之间的关系，且研究结论存在众多争议。此外，现有文献研究多侧重于董事会的某一个特征，如规模、独立性、领导权等，研究其与企业绩效之间的关系，而鲜有研究关注其与 R&D 投入之间的关系，将这些特征因素进行整合而形成一个综合的测度指标的研究更加缺乏。本书将使用董事会效率模型统一测度董事会规模、董事会结构和董事会战略决策对高管的监督作用，以及它们对企业创新和 R&D 投入产生的影响。与此同时，考察对企业战略决策起关键作用的董事会和高管，如何缓和彼此之间的代理冲突，从而协同为企业创新和 R&D 投入决策。

（三）基于资源依赖视角研究企业研发的未来契机

除了委托代理理论视角之外，公司治理领域的部分学者以董事会的资源提供特征为出发点，结合资源依赖理论探究董事会与企业战略决策和 R&D 投入之间的关系。Hillman 和 Dalziel（2003）最先结合公司治理领域的委托代理理论和资源依赖理论，指出董事会在扮演公司股东利益维护者角色的同时也为公司提供了关键的资源，因而提出董事会资本的概念。Haynes 和 Hillman（2010）在 Hillman 和 Dalziel（2003）研究的基础上提出了董事会资本模型，该模型以董事会人力资本和社会资本为基本概念，通过董事会资本的宽度和董事会资本的深度区分董事会资本对企业战略变革的影响。Dalziel 等（2011）在研究董事会与 R&D 投入关系时，认为董事会关系资本能够促进 R&D 投入增加和企业创新能力提升。然而，现有研究多局限于对董事会资本概念的解释和种类的划分，有关董事会资本与高管之间的关系，以及董事会资本如何影响企业创新和 R&D 投入等问题的研究还十分缺乏。本书以此为突破口整合资源依赖理论、委托代理理论的观点，研究董事会人力资本和社会资本与 R&D 投入之间的关系。Nakahara（1997）的研究表明，高层管理者（或经营者）在企业的技术创新中起到关键作用，获得高管支持是企业进行技术创新和 R&D 投入的至关重要因素，这种支持需要对高管进行股权、薪酬和期权等方式的激励，较高的激励将有效推动高管进行企业创新。中国学者也认为高管持股、高管激励、高管薪酬、股权激励都会显著影响企业的 R&D 投入（刘运国和刘雯，2007；杨勇等，2007；张宗益和张湄，2007；王燕妮，2011）。在此基础上，本书提出高管激励将在某种程度上缓解董事会与高管之间的代理冲突，进而促使企业做出有利于 R&D 投入的决策并予以实施。

第二节　研究问题与研究意义

一　研究问题

本书以作为公司最高决策层的董事会为研究对象，从委托代理理论、资源依赖理论的整合视角考察董事会和高管之间的相互关系及对 R&D 投入的影响机理。本书拟解答的研究问题是：董事会是如何影响企业的 R&D 投入及内在影响机理是什么。具体而言分为四个子研究问题。

第一，董事会特征如何影响 R&D 投入。

第二，董事会效率如何影响 R&D 投入，高管对两者关系起到怎样的调节作用。

第三，董事会资本如何影响 R&D 投入，高管对两者关系起到怎样的调节作用。

第四，董事会影响 R&D 投入的作用机制是怎样的。

二　研究意义

本书从董事会特征、董事会效率、董事会资本三个层次系统全面地研究董事会与 R&D 投入之间的关系，以及董事会、高管对 R&D 投入的影响机制（其中，董事会效率是对董事会特征的进一步探究），本书的研究具有一定的理论和实践意义。具体而言，体现在以下三个方面。

第一，本书探究董事会对 R&D 投入的影响机制，为企业创新和研发投资的战略决策提供理论支持。本书运用委托代理理论和资源依赖理论，在对先前文献进行整理和分析的基础上，基于董事会与 R&D 投入关系的视角，首先，研究董事会特征（包括董事会规模、独立董事占比、董事会领导权结构、董事会会议次数、董事会薪酬和股权激励）、董事会效率（六个指标测度）和董事会资本（包括董事会人力资本、董事会社会资本）与公司 R&D 投入之间有何关系。其次，进一步系统研究董事会影响 R&D 投入的内在机理。本书采用中国上市公司数据进行实证验证，增加了理论分析的科学性和准确度，为本书的理论分析提供有力的经验证据。

在中国进入经济新常态之际，国家重视企业创新能力提升和技术创新，R&D 投入是创新能力提升的重要途径之一。在 R&D 决策过程中，企业的董事会和高管发挥着重要的作用，然而由于委托代理冲突关系的存在，如何协调两者之间的关系从而促进 R&D 决策的有效实行是企业面临的挑战。本书重点考察了如何缓解两者之间代理冲突关系以保障企业创新和 R&D 决策的制定和实施，从而为中国上市公司创新和企业研发投入战略决策的制定提供理论支持。

第二，本书打破了传统研究公司治理与企业绩效的模式，明确董事会在公司战略决策的科学化制定和实施过程中的核心作用。现代公司所有权和经营权的分离导致公司的委托人与代理人之间存在代理冲突和代理成本，传统的公司治理理论认为其核心的职能是解决这种冲突和矛盾，抑制高管的机会主义和利己主义倾向，从而服务于股东的最大化利益和价值。作为现代企业核心竞争力和竞争优势源泉的技术创新和 R&D 投入已然成为研究者们关注的热点，但是现有关于企业技术创新驱动因素的研究忽略了董事会作为高层决策权力集团的影响力。对于公司治理的机制而言，董事会作为股东最为忠诚的代表，对高管的战略决策起到关键的咨询和监督作用。非但如此，随着董事会成员结构的优化和公司治理机制的不断完善，在现代企业战略决策制定和实施过程中，董事会往往发挥着核心作用，也是促进 R&D 投入的关键性资源。本书意在对这一影响机制进行探索，明确董事会在公司战略决策制定和实施过程中的核心地位和作用。关于董事会在公司治理过程中所发挥的重要作用，本书主要考察了董事会的监督和资源提供作用及其对 R&D 投入的影响。本书第二个子研究的实证检验表明董事会通过对高管的激励和监督促使高管采取有利于公司长期发展和长远利益的 R&D 决策。本书的第三个子研究验证了董事会的资源提供作用能够影响 R&D 投入，从而为企业确立招募董事会成员的考量标准提供建议。这说明，企业在招募董事时，不仅要考虑其自身的人力资本（例如行业经验），还要考虑其所具有的社会资本（例如连锁董事身份所能带来的潜在关联），同时企业须基于自身的 R&D 投入水平适度配置其

CEO 持股比例。

第三，本书探究了内部高管激励和外部高管市场约束两种因素对董事会、高管与 R&D 投入的影响机制，系统描述了董事会与高管之间的代理冲突和协同作用对公司创新战略决策的影响。我国企业整体技术创新水平较低，且公司治理机制的不完善导致对高管监督机制的缺乏，因此，本书对于完善公司内部治理机制和国家引导外部高管市场、建立健全市场机制具有一定的启示作用。本书从内部高管激励及聘请外部高管倾向、外部高管市场供给探究高管与董事会之间代理冲突的缓和路径。一方面，公司内部对高管的激励会减小高管与董事会之间的代理冲突，有益于 R&D 决策的制定和公司长远的发展。另一方面，公司聘请外部高管倾向和外部高管市场供给会对高管的任期和薪酬产生一定影响，继而促使高管关注企业的长期绩效。本书通过对内部机制和外部机制的探讨，研究了董事会与高管之间代理关系的变化，以及对公司创新战略和 R&D 投入产生的影响，这对于实践界建立和完善董事会治理机制与高管激励及约束机制具有一定的启发和指导意义。

第三节 研究方法与技术路线

一 研究方法

根据上述四个子研究问题，本书遵循由理论到实践的研究思路，综合采用文献计量研究方法、规范研究方法、实证研究方法及案例研究方法。按照管理研究所强调的实证分析结构对本书结构及技术路线进行安排，遵循"提出问题—理论分析与研究假设—研究设计—实证分析—结果与讨论"的体系安排，前三个子研究主要采用样本统计和回归分析的实证研究方法。在前三个实证研究的基础之上构建理论模型，并采用多案例对比研究的方法对理论模型进行验证，深入探究董事会影响公司创新和 R&D 投入的作用机理。具体而言包括以下几点。

(一) 文献计量研究方法

文献计量研究方法是 Alan Britchard 在 1969 年提出的,该文献采用定量分析软件和统计学原理对研究文献的发表趋势、研究机构、关键词、高引文献等进行统计和分析并绘制知识图谱。文献计量研究方法的主要形式包括趋势分析、合作关系、高引分析、关键词分析、共被引关系等。趋势分析主要是通过分析某一研究领域某段时间节点的产出数量,从而分析出高发表频率的作者、研究机构、期刊,有助于学者对文献进行精准查找。合作关系包括作者、机构和地区合作等类型,从而更加方便地了解某一研究领域的合作情况。高引分析是根据数据库中文献的引用频次来衡量文献的重要性和受欢迎程度。关键词分析是根据对数据池文献中关键词集中出现的频次分析,从而界定某一研究领域的热点话题和前沿。共被引分析的原理是寻找同一篇文献同时被其他两篇甚至更多文献同时引用的情况,从而发现科学研究中的知识共同体。本书主要采用文献计量软件(Histcite、Citespace、Bibexcel and Ucinet)对数据库(WOS)中的大样本文献进行统计,按不同类别进行可视化操作以展现相关领域的研究现状。

(二) 规范研究方法

本书的规范研究是以委托代理理论和资源依赖理论为理论基础,通过梳理国内外有关公司治理与 R&D 投入、董事会与 R&D 投入、高管与 R&D 投入等研究议题的丰硕成果,从理论层面探究董事会、高管与 R&D 投入之间的相关性。目前针对董事会、高管与 R&D 投入之间关系的研究存在争议并有待改善,本书的规范研究具有一定的学术研究价值。

(三) 实证研究方法

本书的三个实证研究是在规范分析提出的研究假设基础上进行的。前两个实证研究从委托代理视角出发,以在国泰安和万德数据库搜集的 2007~2015 年沪深 A 股非金融上市公司的相关数据为样本,借助 Stata 14.0 统计分析软件进行归纳和统计分析。实证研究一构建了董事会特征与 R&D 投入关系理论模型,实证研究二构建了董事会特征的综合测量指标,即董事会效率,并进一步对董事会效率、高管与 R&D 投入理论模型进行描述性分析、多元回归分析、结果检验等实证分析。实证研究三从资源依赖理论和委托代理理论整合视角出发,以在国泰安和万德数据库搜集的 2012~2015 年中国 A 股高科技电子行业上市公司相关数据为研究样本,根据样本上市公司年报手动整理董事会资本、R&D 投入等相关变量,对构建的董事会资本与 R&D 投入关系理论模型进行统计分析。

(四) 案例研究方法

案例研究方法是通过选取实际研究对象并进行研究设计、数据搜集、数据分析、理论模型建立等程序的一种实证研究方法。案例研究方法根据逻辑思路不同,基本可以分为理论探索型和理论检验型。如果研究者对某种现象无法用现有理论进行解释,那么适合采用探索型案例研究,从现象中抽象出概念和模型,而这种类型的研究方法要求研究者切莫"先入为主",要以现象和数据为依据进行理论的概括和抽象解释(Eisenhardt, 1989)。本书的案例研究是在前三个实证研究基础上构建的董事会对 R&D 投入的影响机制模型,通过多案例对比研究对该模型进行检验。案例研究方法有单案例研究和多案例研究之分,单案例多为具有代表性的典型案例,而多案例则为相似或相反的案例对比。为了提高研究的效度,本研究采纳了 Yin(2003)的"证据三角",即从多种渠道获取与案例研究相关的资料和素材,从而使证据达到饱和度。案例研究从质性的角度有效验证了本书前三个实证研究的结果并得出了董事会影响 R&D 投入的作用机制。

二 技术路线

本书研究的技术路线如图 1-1 所示。

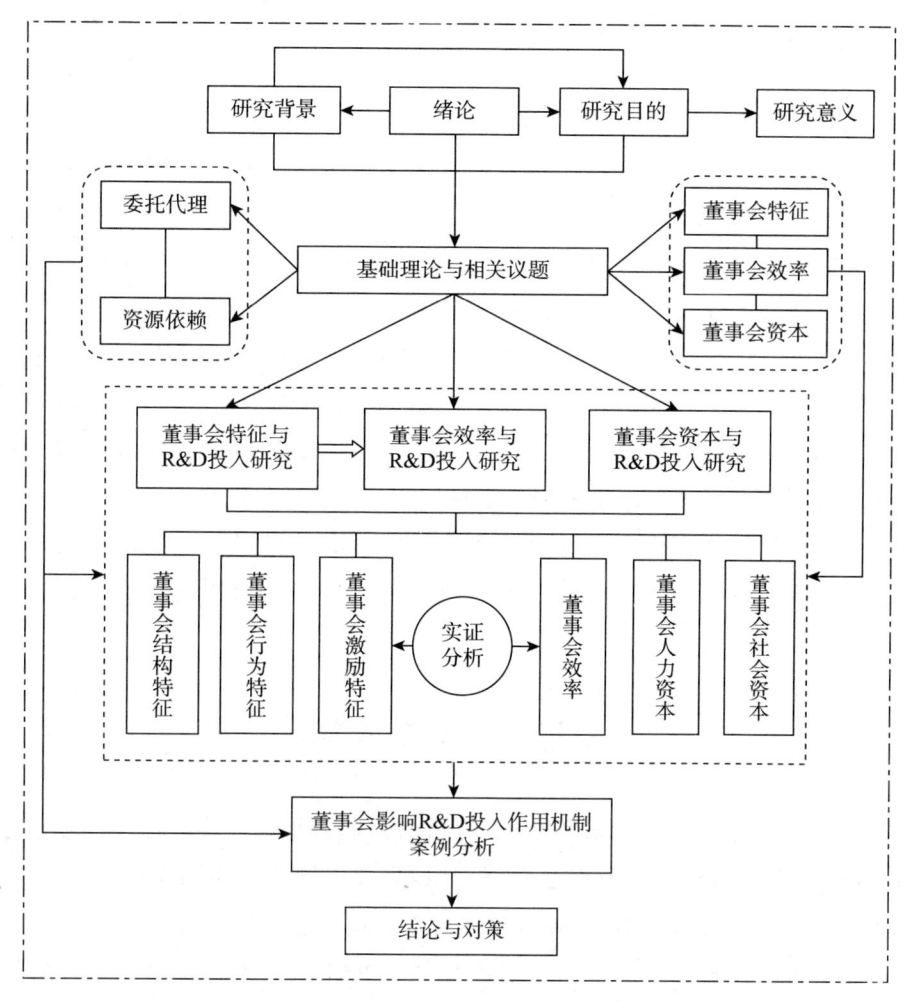

图1-1 本书技术路线

第四节 研究内容

本书主要运用委托代理理论和资源依赖理论，在对相关议题的国内外文献进行整理和分析的基础上，构建了本书的理论研究框架，进一步深入探究董事会对 R&D 投入的影响机制。具体而言，主要内容如下。

第一，回顾和整理了国内外理论研究的经典和最新进展，梳理了委托代理理论和资源依赖理论这两个基础理论的观点和论断，整理了有关董事会特征、董事会效率、董事会资本、公司治理与 R&D 投入、董事会与 R&D 投入、高管及高管市场与 R&D 投入等议题的相关研究成果。

第二，以中国沪深 A 股上市公司数据为样本，对构建的理论模型进行实证检验。通过研究设计、变量指标测度，结合搜集的上市公司数据进行描述性统计，发现董事会特征、董事会效率、董事会资本与 R&D 投入关系的基本规律和内在运行机理，并运用多元线性回归的分析方法，对构建的实证模型进行检验，然后对实证检验的结果进行分析，解释其内在含义。

第三，在三个实证研究的基础上结合理论分析构建董事会影响 R&D 投入的作用机制模型，采用多案例对比研究，通过对案例企业的数据搜集、整理和分析，对构建的理论模型进行检验。

第四，运用实证研究和案例研究的结果，提出我国上市公司应完善董事会的监督机制、高管的激励和约束机制，以提高公司创新能力和核心竞争优势的对策和建议。

第五节　章节安排

本书分为七个章节，如图 1-2 所示，分别为绪论、文献综述、董事会特征与 R&D 投入研究、董事会效率与 R&D 投入研究、董事会资本与 R&D 投入研究、董事会影响 R&D 投入机制的作用机制、结论与展望。

第一章为绪论，首先介绍了研究背景，在此基础上提出本书的研究问题、拟采用的研究方法、研究的基本技术路线、章节内容安排及研究意义和主要创新。

第二章为文献综述，综述了基础理论（委托代理理论、资源依赖理论）及相关议题（董事会特征、董事会效率、董事会资本）、相关议题研究（公司治理与 R&D 投入、董事会与 R&D 投入、高管和高管市场与 R&D 投入），为后续研究奠定理论基石。

第三章为董事会特征与 R&D 投入研究，采用样本统计的实证研究方法，检验董事会特征的六个维度要素与 R&D 投入的关系。具体而言，通过中国

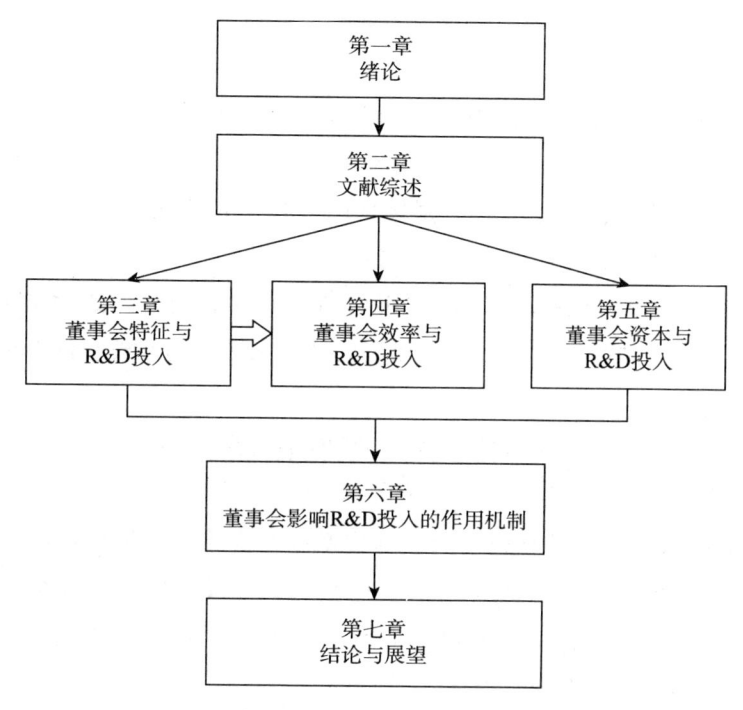

```
          ┌─────────────┐
          │   第一章     │
          │   绪论       │
          └──────┬──────┘
                 │
          ┌──────▼──────┐
          │   第二章     │
          │   文献综述   │
          └──┬───┬───┬──┘
             │   │   │
    ┌────────▼┐ ┌▼────────┐ ┌▼────────┐
    │ 第三章   │ │ 第四章   │ │ 第五章   │
    │董事会特征与│⇒│董事会效率与│ │董事会资本与│
    │R&D投入   │ │R&D投入   │ │R&D投入   │
    └────┬─────┘ └────┬────┘ └────┬────┘
         │            │           │
         └────────────┼───────────┘
                      │
             ┌────────▼─────────┐
             │     第六章        │
             │董事会影响R&D投入的作用机制│
             └────────┬─────────┘
                      │
             ┌────────▼─────────┐
             │     第七章        │
             │   结论与展望      │
             └──────────────────┘
```

图 1-2　本书章节安排

沪深 A 股 955 家上市公司 2007~2015 年的 6950 个观察值数据，基于委托代理理论视角，探索董事会结构特征、行为特征、激励特征三个层次六个维度因素与公司创新和 R&D 投入之间的影响机制。

第四章为董事会效率与 R&D 投入研究，采用样本统计的实证研究方法，进一步检验董事会特征的六个维度要素的综合测评结果与 R&D 投入的关系。具体而言，通过中国沪深 A 股 955 家上市公司 2007~2015 年的 6950 个观察值数据，基于委托代理理论视角，探究董事会效率与 R&D 投入之间的关系。同时探究内部高管激励、外部高管人才市场供给、公司聘请外部高管倾向三个因素对董事会效率与 R&D 投入之间关系的调节效应。

第五章为董事会资本与 R&D 投入研究，采用样本统计的实证研究方法，检验了董事会人力资本和社会资本与 R&D 投入之间的影响关系。具体而言，选择 2012~2015 年中国 A 股高科技电子行业 142 家上市公司的 568 个样本观察值数据，基于资源依赖理论视角，探究董事会资本与 R&D 投入之间的关系,以及 CEO 股权激励对两者关系的调节效应。

第六章为董事会影响 R&D 投入作用机制的案例研究,为了进一步探究董事会与 R&D 投入的关系以及高管与董事会关系的协调对两者关系的作用机制,在前三个实证研究的基础上构建董事会、高管对公司创新和 R&D 投入的影响机制模型,通过选取四家典型的上市公司作为对比研究的案例样本,搜集相关数据进行理论模型的检验。

第七章为结论与展望,总结本书的研究结论,讨论本书的理论贡献、研究不足,并总结管理意义和对策建议以及未来研究的突破和创新之处。

第六节 主要创新

本书对董事会与 R&D 投入的影响关系以及高管和高管市场的调节作用进行探究,有助于企业通过完善治理机制、引入外部资源、健全高管激励机制和减缓代理冲突,从而促进企业研发投入和创新能力的提升。本书主要创新之处体现在以下四个方面。

(1) 本书构建了董事会影响 R&D 投入的基本理论框架。近年来,有关公司治理与 R&D 投入的关系研究成为学术热点。然而现有研究大多笼统分析公司治理与企业 R&D 投入之间的关系,主要是理论探索和主观认识,缺乏对创新战略决策主体影响 R&D 投入的机理探究,亦未深入展现董事会、高管、治理机制在企业研发策略中发挥的综合效应,尚缺理论深度和实证依据。本书首先对作为公司决策主体的董事会和高管的内涵及相关理论进行分析,识别研发决策核心决策层的职能;其次分析了研发投入的内涵和理论,发现研发决策过程中存在的代理冲突和权衡机制;最后通过实证检验构建了董事会与高管影响 R&D 投入的理论模型。

(2) 本书系统研究了董事会特征的各个要素与 R&D 投入之间的关系,并使用六个要素作为测度董事会效率的综合指标。董事会特征体现了董事会成员和结构的特质,直接影响董事会职能的发挥。然而大多数学者从董事会的某一特征出发研究其与 R&D 投入之间的关系,研究结论并未统一。基于此,本书采用董事会效率指标体系测度董事会特征的综合指数并分析董事会规模、独立董事比例、董事长和总经理两职合一、董事会会议次数、董事薪酬和董事持股比例六个要素与 R&D 投入之间的关系,进一步探讨董事会效率对 R&D 投入的影响以及高管和高管市场的调节机制。

(3) 本书实证检验了董事会资本对 R&D 投入的影响,明确董事会资本将有效促进企业研发决策。现有文献中关于董事会资本的研究大多关注董事会人力资本和社会资本的组成结构和维度,缺乏有效的实证分析,且忽略了高管的影响因素。本书探究了高管激励可以缓和其与董事会之间的代理冲突,进而促进 R&D 投入。企业需通过选聘具有丰富人力资本和社会资本的董事会成员增加外部资源的通道和供给能力,加强高管激励以推动董事会资本作用的有效发挥并提高研发决策的有效性和科学性。

(4) 本书通过多案例扎根分析构建了董事会影响 R&D 投入的作用机制:"董事会驱动—董事会功能发挥—代理冲突减缓—R&D 决策促进"模式。董事会人力资本和社会资本以及董事会效率是董事会发挥作用的原始驱动力,促使董事会发挥监督和咨询两种职能及四种功能,即战略功能、服务功能、咨询功能以及控制功能,进而缓和代理冲突,降低董事会与高管之间的代理成本,促进企业创新决策的制定和 R&D 投入的提高。董事会影响 R&D 投入的作用机制较为系统地展现了董事会和高管在企业研发决策制定过程中的关系协调机制,有助于企业通过激励机制减缓代理冲突,促进企业创新投入和创新能力提升。

第二章 文献综述

本章为文献综述部分。首先，本章回顾本书用到的两个基础理论，并对它们分别进行阐述，其中，委托代理理论是研究公司治理领域问题的传统经典理论，资源依赖理论在公司治理领域多用来研究董事会的外部资源提供能力。其次，本章对董事会相关议题研究进行回顾，在文献计量分析部分对近 30 年董事会议题研究的趋势和研究热点进行探究，在此基础上对董事会特征、董事会效率、董事会资本、高管和高管市场等相关研究进行综述。再次，本章对 R&D 投入相关议题研究进行回顾，在文献计量分析部分主要对 R&D 投入议题研究的趋势、热点、关键词、高引文献聚类进行探究，在此基础上对公司治理与企业创新、董事会与 R&D 投入研究、高管和高管市场与 R&D 投入等相关研究进行综述。最后，本章对现有文献进行述评。

第一节 相关理论

一 委托代理理论

委托代理理论（Principal-Agent Theory，PAT）创立于 20 世纪 60 年代末至 70 年代初，它源于制度经济学中的契约理论，其创始人包括威尔逊（Wilson）、阿克尔洛夫（Akerlof）、斯宾塞（Spence）和泽克豪森（Zeckhauser）、斯蒂格利茨（Stiglitz）、罗斯（Ross）、莫里斯（Mirrless）、霍姆斯特姆（Holmstrom）以及格罗斯曼（Grossman）和哈特（Hart）等，是目前公司治理研究领域主流的一种分析框架和研究范式（李维安和郝臣，2015；冯根福，2004）。该理论的产生主要是因为上述经济学家突破了阿罗－德布鲁（Aroow-Debreu）的企业"黑箱"理论，从而对企业内部的信息不对称问题和激励问题进行深入研究。委托代理关系是委托代理理论的主要研究对象，即由一个或多个行为主体（即授权者和雇佣者）雇佣另外一些行为主体（即被授权者和受雇佣者）为其服务，并授予被授权者和受雇佣者一定的决策权，然后依据其服务的质量和数量支付一定报酬而形成的关系。这种关系通常在明示或隐含的契约下进行，其中雇佣者和授权者即为委托人，而受雇佣者和被授权者则为代理人。该理论解决的核心问题是在信息不对称和利益冲突的情形之下，委托人与雇佣的代理人之间的激励和代理冲突（李维安和郝臣，2015）。它尝试解决委托代理关系中存在的两类问题：第一，当目标和利益的冲突发生在委托人和代理人之间时，抑或当委托人监督代理人行为出现困难或者需要很高的成本时，第一类代理问题就会产生；第二，当委托人和代理人对风险持有不同态度时，就会出现第二类代理问题，即风险分担的问题。Jensen 和 Meckling（1976）整合了代理理论、产权理论和金融理论，提出了关于企业所有权结构的理论，并认为契约关系是企业的核心，契约关系不仅包括企业与员工之间的关系，还包括与供应商、消费者、债权人等之间的关系。

委托代理理论创立的基础是非对称信息博弈论。非对称信息（Asymmetric Information）指的是一部分人拥有而另外一部分人不拥有的不对称信息，可以从非对称发生的时间和信息内容这两个角度进行划分。从非对称发生时间的角度，可以将非对称信息博弈的模型划分为逆向选择模型（Adverse Selection Model）和道德风险模型（Moral Hazard Model），其中，前者指的是"事前非对称"，即非对称发生在当事人签约之前，而后者则指"事后非对称"，即非对称发生在当事人签约之后。从非对称信息内容的角度，可以将其划分为隐藏行为模型（Hidden Action Model）和隐藏知识模型（Hidden Knowledge Model），前者指某些参与人对行为信息进行隐藏，后者则指某些参与人对知识信息进行隐藏，从而导致委托人和代理人获取到的信息是不对称的。

现代公司（股份制公司尤甚）的产权安排更多地表现为两权分离，即所有权和经营权分离，通常情况下，公司的所有者即委托人拥有所有权，代理人则拥有经营权。公司所有者通过使用明示或隐藏的契约，授予雇佣的高层管理者经营权利。公司的所有者和高层管理者之间便存在一种委托代理关系，即两者之间追求的目标存在一定的不一致性和权利冲突，公司所有者追求资本增值和资本收益的最大化，而高层管理者追求自身利益和效用的最大化，从而资本者需要建立对代理人的激励措施和治理机制（李维安和郝臣，2015）。Berle 和 Means（1932）认为当所有权和控制权处在两权分离的状态下，管理者很可能追求利润最大化来获得个人利益。而董事会的监督作用能减少这种潜在的内在成本，从而提高公司的绩效和战略决策的有效性（Fama，1980；Mizruchi，1983；Zahra and Pearce，1989）。

传统委托代理理论基于股权结构分散化的假设，主要关注公司所有者（委托人）和高层管理者（代理人）之间的代理关系。公司的所有者即股东，通过聘请董事对管理者的行为进行监督，此为董事会的第一种功能，这种功能也可以被描述为"控制"角色（Boyd，1990；Zahra and Pearce，1989）。从委托代理理论的角度，由于企业所有权与控制权的分离，两者之间的矛盾和冲突出现，董事会代表着股东的利益，对代理人的行为进行监督，以保障公司所有者的利益不受侵害（Jensen and Meckling，1976）。对于董事会的监督职能，学者们研究了众多的监督活动，如监督 CEO、监督战略的实施、CEO 继位、评价 CEO 及高管团队等。

委托代理理论的核心思想是通过设计合理的激励机制和监督机制以达到最优的契约安排，从而降低委托人和代理人之间的代理冲突，降低代理成本，维护股东利益（Jensen and Meckling，1976；Fama and Jensen，1983）。Porta 等（1999）在研究中指出，上市公司的股权结构通常比较集中，然而美国上市公司的股权相对分散，这就造成控股的大股东对中小股东利益的侵占，继而产生第二重代理问题。所谓双重委托代理，是指在股权集中的中国上市公司中，同时存在两种代理关系：第一重委托代理关系为全体股东与代理人之间的代理冲突；第二重委托代理关系为大股东或控股股东与中小股东之间的代理冲突，它是与单委托代理相对应的一种委托代理方式（严若森，2006）。双重委托代理理论为公司治理研究提供了更为科学的解释（冯根福，2004）。委托代理理论的主要思想见图 2-1。

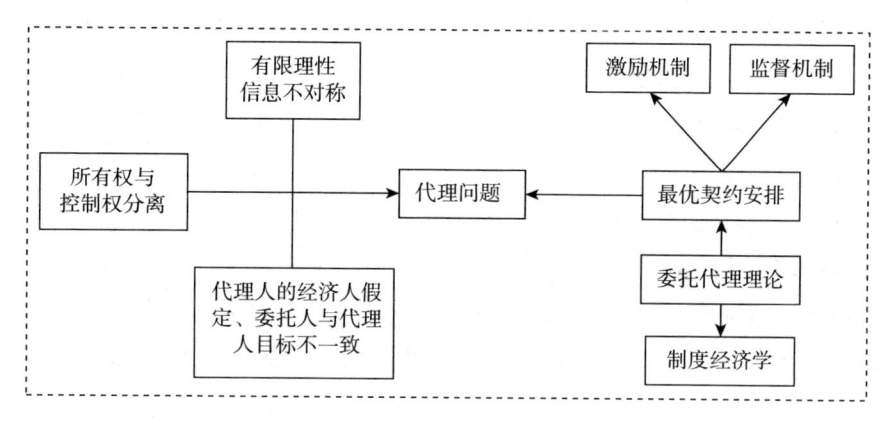

图 2-1 委托代理理论的主要思想

资料来源：任海云，《公司治理、R&D 投入与企业绩效》，中国经济出版社，2013。

二 资源依赖理论

资源依赖理论是解释企业面对快速变化和不确定性环境时所采取的策略的视角之一。组织之间的权力问题是资源依赖理论所关注的，为了使组织与环境更好地相适应，使唯一性依赖降低，组织可以通过提高自身的选择能力，了解并探寻其他依赖资源以取代原有的依赖关系，从某种意义上而言，这正是资源依赖理论想要揭示的。此外，组织可以通过实行各种战略措施来处理与环境的关系，从而选择和适应环境，并对环境中其他组织的互依性进行管理，这也是资源依赖理论的一个重要贡献。

Emerson（1962）提出了资源依赖理论的雏形并论述了组织与外部资源之间的二元关系：一方面，组织对外部资源具有依赖性；另一方面，外部资源对组织具有一定的权力。例如，资源方 A 和 B 之间是相互依赖的关系，一方面，资源方 A 需要 B 的资源，从而对 B 具有依赖性（用 Dab 表示）；另一方面，资源方 B 对 A 产生了一定的权力（用 Pba 表示），平衡状态下两者之间的关系是 $Dab = Pba$，当资源依赖关系发生改变，这种资源和权力的平衡关系则会形成 $Dab > Pba$ 或 $Dab < Pba$ 的非平衡状态。Pfeffer 和 Salancik 是资源依赖理论的集大成者，清晰定义了资源依赖理论，并指出"为了理解组织的行为，你必须了解组织行为的背景，即组织的生态"。资源依赖理

论通过研究组织与外部环境依赖，赋予组织开放性系统的特点（Pfeffer and Salancik，1978）。它既肯定了组织行为会受到外部因素的影响，同时也指出了外部环境会限制组织的行为，故而，组织尚需思考如何减少其对环境的依赖并降低环境的不确定性。

资源依赖理论强调企业与环境中的因素在进行资源互换的同时，存在相互依赖的关系，这些外界因素既包括企业、个人，也包括一些社团或政府机构等。根据这个理论，企业会受限于某些强大的资源交换方。面对这种环境资源限制，企业通常采取适应策略和规避策略（Pfeffer and Salancik，1978）。组织依从（Organizational Compliance）作为适应策略的一种，虽解决了资源的依赖性问题，但同时也失去了组织决策自主权（Nienhüser，2008；Pfeffer，1972）。因而企业可以有选择性地采用规避策略以减少某个主导的资源占有方所施加的限制。组织试图减少其他组织对其施加的权利，同时也企图增加对其他组织的权力控制，资源依赖视角和组织间关系的基本论断如下：组织是组织间关系基本的分析单元；组织不能自主、自治，也不是受制于其他组织的网状的依赖关系；组织采取的管理外部依赖性的行动创造出新的依赖和互依模式，这种依赖模式产生了两方面的权力，即组织间的权力和组织内部的权力，进而会影响组织的行为。

董事会的职能之一是作为资源的提供者，这正是资源依赖理论的体现。根据 Pfeffer 和 Salancik（1978）的观点，董事会能提供四种资源：建议和咨询、合法性、公司与外部组织信息交流的渠道、公司外部的支持。众多学者的研究将董事会看作资源的提供者，而非管理的监督者和评价者。董事会向公司提供资源的功能包含众多资源提供活动，如提供公司对外合法性形象、提供专业知识、提供管理建议和咨询、连接与外部其他组织重要利益相关者以获得资源和资本、建立公司外部关系和传播创新、帮助制定战略和重要的公司决策（Judge and Zeithaml，1992；Haunschild and Beckman，1998；李维安等，2009）。同时，资源依赖理论将公司董事会成员划分为外部董事和内部董事两种类型，董事会通过聘请外部董事而建立与外部资源的联系，从而将外部的关键资源引入公司内部，增加公司对行业和市场的风险评估的准确性，提高重要的战略决策如 R&D 投入的有效性。Pfeffer

（1973）通过对 55 家样本医院的董事会进行分析，发现董事会中董事的政治背景往往有助于企业得到外部政府资金的支持，从而对绩效产生正面影响。

组织间矛盾的一个根源就是资源稀缺，如果一个组织面临资源稀缺的问题，相互依赖的组织经常寻找协调冲突的途径。在学术领域，更加重要的研究主题就是关于不确定性对组织环境的描述。人们把不可知的未来世界不能被精确预期和预测的程度定义为不确定性，它倾向于和分散、非正式化的组织联系在一起。然而，组织的问题并不仅仅单纯因为不确定性，只有当不确定性对组织和环境（该环境对组织有重要意义）之间的相互作用产生影响时，它才会出现。此外，组织的环境包括三个维度（环境的结构特点、社会参与者之间的关系及结果），并且这些维度之间并不是真的相互独立，事实上这些维度在一定条件之下才是独立的。

图 2-2 描述了环境维度间简单的线性关系，它显示：环境的结构特点与社会参与者之间的关系存在区别，二者又都与不确定性有分别，而不确定性只是被看作结果。首先，环境有三个最根本的结构特点，其一是环境中的权威和力量分散的程度，即集中；其二是关键资源的稀缺性，即丰富；其三是组织间的联系或连接的方式及数量，即相关性。它们依次对社会参与者之间的关系，尤其是社会系统中呈现出的冲突和相互依赖程度产生决

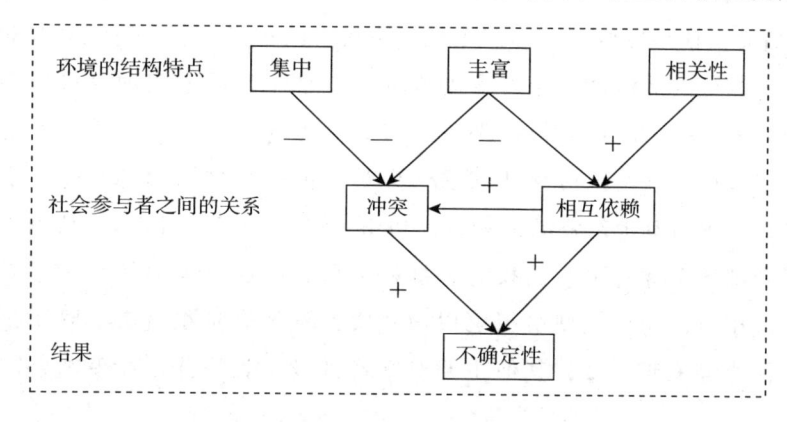

图 2-2 组织环境的维度之间的关系

资料来源：Pfeffer, J., Salancik, G. R., *The External Control of Organizations: A Resource Dependence Perspective* (Social Science Electronic Press, 1978)。

定作用。冲突和相互依赖轮流决定组织面临的不确定性。那么，不确定性被看作其他环境维度的产物。对中心组织的要求是另一个可能的结果。从组织行为的外部控制观点来看，应该弄清楚的是：集中、丰富和相关性的重要性在于它们所描述环境的基本维度。

20世纪70年代，组织和环境领域出现了两大理论：种群生态学和制度理论。尽管资源依赖理论与制度理论在某些方面也具有一定的相似性，但两种理论还是存在本质上的差别，关键在于它们对环境决定论、战略选择、外部限制条件和内部动力机制三个问题进行区分。有学者认为资源依赖理论成功的原因不仅在于该理论接受了检验和证明，而且它是一个有关组织的隐喻式声明。同时也有众多学者对资源依赖理论进行评价和深入研究，主要分为以下三个主题：①环境如何影响组织；②组织如何应对环境的约束；③环境制约如何对组织内部动力机制产生影响。

资源依赖理论通过三个核心观点解释组织如何管理自己同其他组织之间的关系。第一个观点是社会情境的作用，正如开放系统理论所指出的，在很大程度上，组织所实施的战略和措施其实是根据组织世界里其他组织的表现而做出的反应。第二个观点是组织为了实现自身利益的提高及独立性的增强，可以采取不同的策略，类似于Cyert等（1963）的"协定环境"① 概念所体现的观点。第三个观点是权力的作用，它是组织采取对外行动及组织进行内部活动的重要影响因素，这也是资源依赖理论最核心的观点和最明显的标志。资源依赖理论的核心观点与权变理论有某种程度上的类似，二者均认为组织应该选取受约束最小的途径来协调与其他组织之间的关系，减少对其他组织的依赖性。Pfeffer和Salancik（1978）认为大型组织对于外部环境拥有更多的权力和杠杆手段，拥有更强大的力量以对抗变化的直接压力，而且大型组织可以通过缓冲和冗余抵御衰败。除了这种组织的规模优势策略之外，其他主要对策都涉及某种形式的桥联机制，即控

---

① 他们认为组织在生存过程中不可避免地会遇到不确定因素。组织要对其采取策略以实现发展，然而他们认为，组织只需要对此时此地所获取的信息做出反应，从而解决当前所面临的迫切问题，而不必现在就采取长远战略来应对长期预测，即组织之间可以安排好一个"协商好了的环境"，以避免对组织的外部事件做预测。

制或协调组织之间的有关行动，比如共同决策、联盟、合并并购都是重要的桥联手段。

组织管理者决定选择哪些策略来应对组织之间的依赖关系会使组织面临一种两难选择，正如 Pfeffer 和 Salancik（1978）所说，"一方面，组织需要勇气来主动调整行动，并具备变革所需的能力，从而适应未来；另一方面，组织需要建立与其他组织的联系，形成组织之间的组织以保持稳定性和确定性，然而，失去对自身行为的自主权和控制力也许是其加入任何集体结构的代价"。这也说明组织不论采取何种策略，都是在主动变革、适应性、稳定性、确定性这些因素之间进行权衡和取舍。因此，各种策略构成一个连续体，从在保持自主前提下寻求独立的外部合作者，到通过董事会关联引入共同决策、建立联盟、参加协会，最终导致彻底收购，如图 2-3 所示。

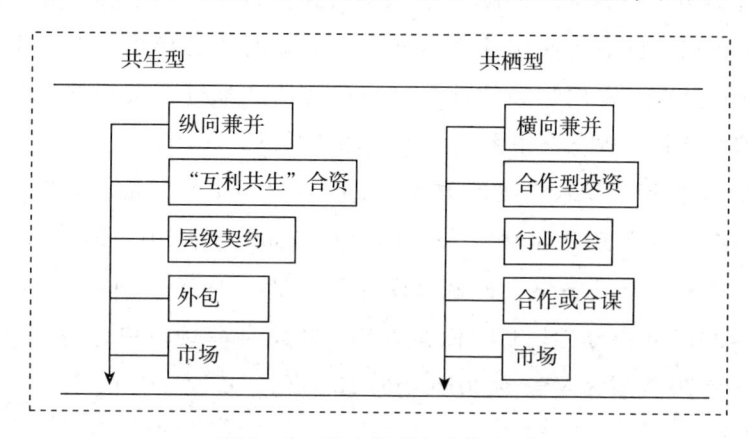

图 2-3　共生桥联与共栖桥联

资料来源：作者整理。

第二节　董事会相关议题

一　董事会文献计量分析

公司治理的核心是董事会，其结构设计是否合理及其运作是否有效是公司治理研究中的首要问题，本书对董事会相关理论的研究主要采用文献计量的方法，选用多种文献计量软件（Bibexcel、Ucinet、Histcite），利用各软件的优势功能进行可视化操作,展现董事会议题研究的发表趋势以及研究主题的网络分布情况。对某一研究领域的文献进行有效准确的选择是研究的根本。本书分三个步骤来搜集和分析数据。第一步是合理地选择数据库,本书选择美国科学情报研究所的 Web of Science(WOS)数据库进行文献搜索,它包括 SCI、SSCI 和 A&HCI 这三大引文库以及 CCR 和 IC 这两个化学数据库,并以 ISI Web of Knowledge(其被誉为社会科学领域中最好的同行评议期刊数据库)作为检索平台,故而 WOS 是同行评议最好的数据库。通过 Web of Science,利用引文可以有效地揭示过去、现在和将来的科学研究之间的内在联系。第二步是科学地搜索数据,按照"主题 = board of directors""学科类别 = Management""时间跨度"选择"1990 至 2016",并将"文件类型"选择为"Article",最终得到 1086 篇可用文献。第三步是有效地分析数据,首先,使用纯文本格式将文献的信息导出,以此作为研究的数据池;其次,采用相关软件对该数据池的文献进行文献计量分析,并在此基础上绘制可视化网络图(严若森和钱晶晶,2016)。

图 2-4 显示了学术界以董事会为议题发表的文献数量,其拟合曲线呈现上升趋势,虽在某些年份(如 2006 年、2008 年、2013 年)有所下降,但整体呈现不断上升态势。董事会议题产出量在 1990~2004 年增长缓慢,在 2004~2014 年波动性增长,而在 2014~2016 年呈现出快速增长的态势并从年产出量 70 篇快速增长到 2016 年的 122 篇。

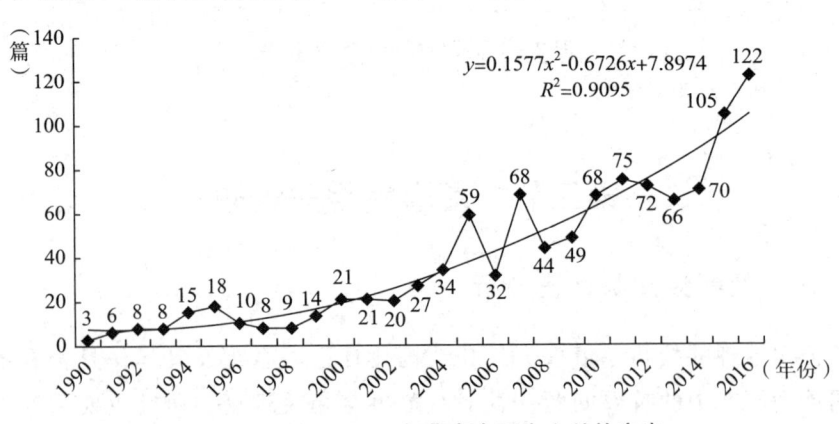

图 2-4　1990~2016 年董事会研究文献的产出

图 2-5 显示了 1990~2016 年发表文章数量前十名的机构名称，亚利桑那州立大学发表了 30 篇，位列第一；哈佛大学和德克萨斯农工大学分别发表了 23 篇，并列第二位；印第安纳大学发表了 21 篇，位居第四位；其余 6 所大学发表量均在 10 篇以上。发表董事会主题文章前十名的机构中除了博科尼大学位于意大利，其余均为美国的研究机构。

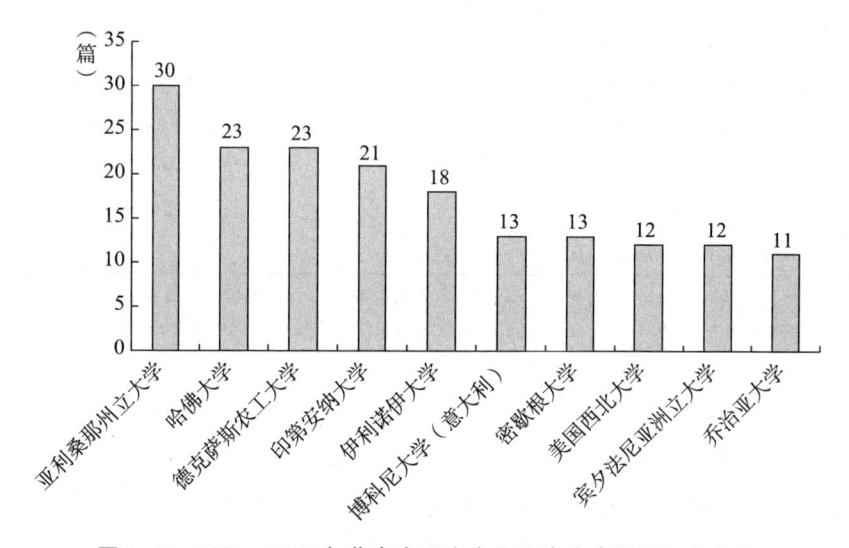

图 2-5　1990~2016 年董事会研究主题文章发表数量机构统计

表 2-1 显示了发表董事会研究主题文章数量前十位的期刊及其发表数量。从表 2-1 中可以看出，在管理类国际顶尖期刊 *Academy of Management Journal*、*Journal of Management* 和 *Administrative Science Quarterly* 等中均有董事会主题的文章发表，数量依次为 49 篇、25 篇和 19 篇。另外，发表董事会主题文章最多的期刊是 *Corporate Governance-an International Review*，其发表数量高达 248 篇，可见董事会的相关研究主题在公司治理领域中更加普遍。

表 2-1　1990~2016 年董事会研究主题最多的前十位期刊

单位：篇

名次	期刊	影响因子	综合影响因子	数量
1	Academy of Management Journal	6.233	10.588	49

续表

名次	期刊	影响因子	综合影响因子	数量
2	Journal of Management	6.051	10.48	25
3	Administrative Science Quarterly	5.316	7.517	19
4	Journal of Management Studies	4.131	6.497	30
5	Strategic Management Journal	3.38	5.972	77
6	Harvard Business Review	2.249	2.711	48
7	British Journal of Management	2.188	3.096	31
8	Corporate Governance-an International Review	2.169	2.679	248
9	Management Decision	1.134	1.868	22
10	Journal of Management & Organization	0.405	0.966	21

注：本书按照2015年的期刊影响因子进行名次的排列；综合影响因子是5年的综合指数。
资料来源：WOS数据库中的Journal Citation Reports，并根据可视化结果整理。

接下来，本书对高频关键词进行分析，该领域的前沿热点，即学者们共同关注的研究主题可以从中得以体现。通过借助Citespace软件并按照"关键词（keyword）"对数据池文献进行分析，本书共得到关键词1698个，其中，出现频次5次以上的关键词有93个。本书选取频次超过8次的44个关键词，根据关键词之间的共被引关系绘制了如图2-6所示的董事会研究主题网络分布。所选取的44个关键词按照出现频次高低依次是"公司治理（corporate governance）""董事会成员（board of directors）""代理理论（agency theory）""董事会构成（board composition）""公司绩效（firm performance）""治理（governance）""董事会（boards）""家族企业（family firms）""性别（gender）""中国（China）""董事（directors）""绩效（performance）""股权结构（ownership structure）""高管激励（executive compensation）""社会资本（social capital）""女性（women）""多样化（diversity）""性别多样化（gender diversity）""董事会结构（board structure）""公司社会责任（corporate social responsibility）""外部董事（outside directors）""股权（ownership）""财务绩效（financial performance）""审计委员会（audit committee）""董事会多样化（board diversity）""董事会独立性（board independence）""制度理论（institutional theory）""股权集中度（ownership concentration）""监督（monitoring）""董事会多样性（board diversity）""权力（power）""CEO 激励（CEO compensation）""非高管董事（non-executive directors）""董事会效率（board effectiveness）""高管团队（Top Management Teams）""董事会规模（board size）""董事会流程（board processes）""公司绩效（corporate performance）""人力资本（human capital）""创新（innovation）""管家理论（stewardship theory）""董事会（board）""台湾（Taiwan）""战略（strategy）"。其中，"公司治理（corporate governance）"和"董事会成员（board of directors）"出现频次位于前两位，分别是 333 次和 215 次，位于第三、第四和第五位的"代理理论（agency theory）"、"董事会构成（board composition）"和"公司绩效（firm performance）"出现频次分别为 60 次、58 次和 36 次。可见，公司治理领域的学者多从代理理论的视角研究董事会成员和董事会构成与公司绩效的关系。由董事会研究主题的网络分布还可以看出"公司治理（corporate governance）"位于网络中心，"董事会成员（board of directors）"和"董事会构成（board composition）"是两个次中心。

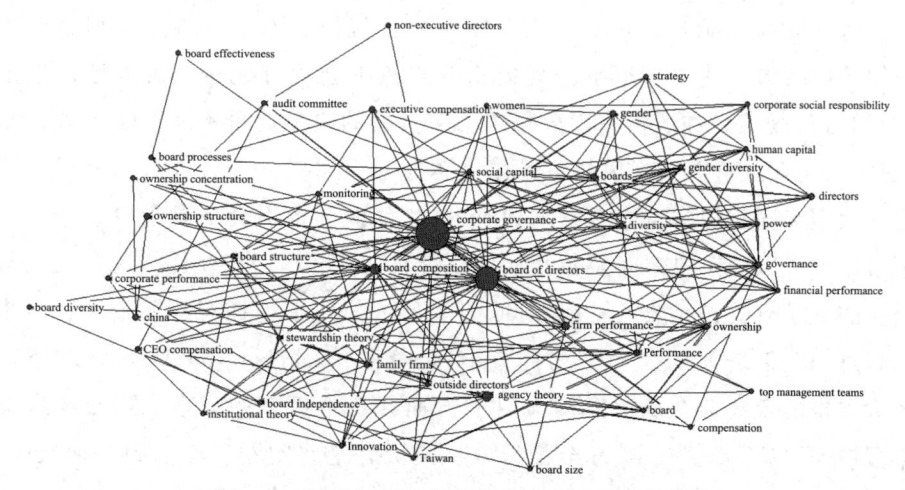

图 2-6 1990~2016 年董事会研究主题网络分布

由以上分析可知，近 30 年董事会主题研究体现出几个显著特征：第一，文献数量呈现拟合曲线型上升趋势，且自 2014 年以来成为公司治理领域的研究热点；第二，研究核心日益明显，最近的研究核心在于"董事会成员""董事会构成""董事会结构""董事会效率""董事会规模""董事会独立性"等主题；第三，研究的关联主题多聚焦于"社会资本""人力资本""高管激励""高管团队""创新""公司绩效""战略"等，探究董事会与这些主题之间的相互关系；第四，研究主题所采用的理论视角趋于多元化，主要涉及"代理理论""管家理论""人力和社会资本理论""创新理论"等，试图从多个理论视角探究董事会这个研究议题，但仍以代理理论为主。

二　董事会特征

董事会特征是指能够体现董事会成员和结构，反映董事会性质的特质和标志，且可以确认、计量并对外报告的若干变量及指标，它对于董事会监督机制的发挥具有重要的作用。董事会作为企业的最高决策机构，通过监督高管行为的控制机制确保决策的科学性和有效性（Williamson，1988）。董事会特征可以体现出董事会的特点，是公司内部治理作用得以有效发挥的基础。它具有多种分类方式，并且涉及的范围较广。本书基于可理解性和理论对照性的视角，将董事会特征划分为三个方面的六个指标。

（1）董事会结构特征。主要包括董事会规模、独立董事占比和董事会的领导权结构。其中，董事会规模指的是董事会现有成员的总人数，根据《公司法》规定，在股份有限公司中，董事会的成员数量不能低于 5 人，不能高于 19 人。董事会规模并不是越大越好，根据史滨莎管理顾问公司的数据，大型美国公司的董事会平均拥有 11 位董事（董事会一般会设置奇数的董事席位，以减小投票时票数相同的可能性）；此外，董事会的规模往往与公司的规模有关，年收入达到 1000 万美元的公司平均拥有 7 名董事，年收入超过 100 亿美元的公司平均拥有 11 名董事（Larcker and Tayan，2015）。较大规模的董事会在薪酬和协调日程方面会花费更多的成本，还会导致决策缓慢、讨论不坦率、责任分散以及风险厌恶这些问题。考虑到这种权衡，很多专家认为理论上存在一个最优的董事会规模，例如 Lipton 和 Lorsch（1992）认为董事会应该有八或九位成员而不能超过十位。独立董事占比是指公司从外部聘请的具有一定专业知识的董事占董事成员总人数的比例，证监会规定，上市公司的独立董事占比不得低于1/3。由于独立董事不仅身份独立，而且判断独立，其不拥有公司股份，与公司也无任何业务关系和物质利益关系，对董事会的相关决议享有独立的表决权与监督权。在公司重大问题上，独立董事可以从公司整体利益出发，对董事会议案做出独立的意愿表示，以确保董事会决策考虑的是所有股东的利益。较大的独立董事比例表明股东非常重视独立董事制度。董事会的领导权结构是指董事会成员兼任高管的情况，比如董事长是否兼任CEO，当领导权合一时，董事会对高管的监督作用便会减弱。

（2）董事会行为特征。主要包括董事会会议次数。董事会作为一种会议型机制，其职责的履行主要是通过召开董事会会议来体现。从董事会会议中，可以得知董事会履行职能的状况。董事会会议对于解决公司相关管理问题有着至关重要的作用。虽然过多的召开董事会会议可能增加经济成本，但是对于整个公司的管理成本来说是微乎其微的。董事会会议次数从某种程度来说可以反映董事会的工作情况，但董事会会议的质量才能真正反映董事履行职责的状况。

（3）董事会激励特征。主要包括董事会成员的薪酬和董事会成员的持股比例。其中，科学合理的薪酬结构可以激励董事为所在公司全心全意地工作，不合理的薪酬结构则可能会使董事产生不公平的心理状态，甚至导致腐败现象的发生。此外，董事会成员的持股比例是指各成员所持股份数量之和占公司总股本的比例。股权激励可以将个人利益和公司整体利益捆绑在一起，减少董事的短期行为，调动其工作积极性，将道德风险降到最低限度，除此之外，其对于提高公司治理效率，提高董事会监督效率和控制管理者的行为有着强有力的作用，是当代最有效的激励措施之一。

董事会作为联结股东与高管层的纽带，是公司治理的核心内容，如果董事会拥有科学的组织结构、有效合理的运作机制和激励方式，那么董事会现存的委托代理问题可以得到有效的抑制，并可监督高管层的行为和抑制高管层的委托代理问题。故而董事会功能可否有效地发挥在很大程度上取决于公司是否具有合理且科学的董事会特征。企业的R&D投入是一种维系技术创新和核心竞争优势的重要管理决策，董事会的特征要素通常亦会对其产生显著影响。

三 董事会效率

董事会效率指的是董事会各项职能特征发挥所产生的治理效果,其涵盖了董事会结构、董事会规模、董事会的战略决策及其对高层管理者的监督等,合理的治理结构和有效的治理机制是提高董事会效率的核心要素(刘玉敏,2006)。在有关董事会效率的研究方面,目前国内外学者仍处于探索阶段,学者运用案例和实证的研究方法,探讨了诸如董事会规模、董事会结构、董事持股、董事会会议次数与公司绩效之间的关系(Richard et al.,2005)。国内外学者在探究董事会效率的影响因素层面的研究结论并不一致。Jensen(1993)认为董事会效率受到董事会规模、领导权结构、董事会结构等因素影响。John 和 Senbet(1998)的研究表明,除了 Jensen(1993)指出的几种因素之外,董事会效率还将受到董事会成员素质、董事薪酬结构、内部委员会设置、董事长和总经理两职状态等因素影响。Warther(1998)在上述研究的基础上,建立了一个测度董事会效率的模型,该模型包括董事报酬、董事解聘、董事会信息获取能力、大股东的存在、两职状态等因素。因此,不仅董事会特征会影响董事会效率,影响因素还应该包括董事会成员的个人能力、知识水平、沟通能力等。刘玉敏(2006)则综合现有文献关于董事会效率与企业绩效的相关研究,指出董事会效率的量化因素主要包含董事会规模、独立和外部董事比例、董事会会议次数及董事会持股比例等,亦即董事会效率可由董事会特征的各变量量化而得。

四 董事会资本

(一)董事会资本的构念

董事会资本(Capital of Board Directors)概念的雏形来自学者对董事人力资本和社会资本的相关研究。Coleman(1988)的研究认为两者相互影响且难以分离。Geletkanycz 和 Hambrick(1997)以实证研究证实上述观点,并认为董事的社会网络资源能够带来创新的观点。Nahapiet 和 Ghoshal

(1998）指出，董事知识、技能和工作经验能够为企业带来收益，而且董事在社会网络中的关联和资本能够提高公司绩效。董事会资本的构念是由 Hillman 和 Dalziel（2003）在总结先前学者研究成果的基础上，从资源依赖理论的视角提出的。他们认为董事会资本由董事会人力资本和董事会社会资本组成，其中，董事会成员的相关技能、专业知识和工作经验的总和构成了董事会的人力资本，而其所具备的社会关联及潜在资源（包括企业内外部的）则组成了董事会社会资本。董事会社会资本又被分为董事会内部社会资本和董事会外部社会资本，且两种社会资本之间相互制约（Kim and Cannella，2008；周建等，2010）。冯慧群（2014）认为董事会资本构念的提出具有重要的理论和实践意义，一是通过董事会资本这一构念科学地定义了董事会作为资源提供者的角色，确定了董事会评价指标；二是改变了先前研究董事会内部特征的现象，转而考察董事会人力资本和社会资本为公司提供的外部资源；董事会资本的构念除了指导公司改变董事会的特征、结构等表象之外，还引导公司根据自身对外部资源的需要而聘请外部董事作为资源的提供者。

（二）董事会资本的重要论述

Hillman 和 Dalziel（2003）最先结合公司治理领域的委托代理理论和资源依赖理论，指出董事会在作为公司股东利益维护者角色的同时也为公司提供了关键的资源，因而提出董事会资本构念。之后 Kim 和 Cannella（2008）沿用他们的构念提出董事会社会资本由内部社会资本和外部社会资本组成，两者存在根本的差异，因而为公司提供不同形式的社会资本。董事会的内部社会资本是指董事会成员之间及其与公司内部成员之间的联系为公司带来的社会资本（Fischer and Pollock，2004；李维安和郝臣，2015），而董事会成员与公司外部社会人员的关联为公司带来的社会网络资源则被称为董事会的外部社会资本（Kim and Cannella，2008）。这两种类型的董事会社会资本具有不同的特征，为公司带来的社会资源的类型也有所不同，而且在某种程度上这两者之间是一种相互制约的关系，亦即当董事会拥有较多的内部社会资本时，其不太可能同时拥有较多的外部社会资本，反之亦然（Kim and Cannella，2008；李维安和郝臣，2015）。此外，Haynes 和 Hillman（2010）在 Hillman 和 Dalziel（2003）研究的基础上，以董事会人力资本和社会资本为基本概念，提出了一个测量董事会资本的模型，通过董事会资本的宽度和董事会资本的深度区分董事会资本对企业战略变革的影响。Dalziel 等（2011）在研究董事会与 R&D 投入关系时，认为董事会关系资本能够促进 R&D 投入、提升企业的创新能力。国内学者周建等（2010）对国外的董事会资本研究进行了综述，并提出了一个董事会资本研究的整合框架，认为董事会资本对企业绩效和公司价值的影响主要通过四种主要的中介变量实现，分别为战略变革、竞争行为、创新和董事会效能。

董事会具有为公司提供资源的能力，其由资源依赖理论的开创和集大成者 Pfeffer 和 Salancik（1978）提出，董事会希望为公司发展和战略实施提供建议和咨询，同时从外部为公司确立合法性，为公司的战略制定、建立公司与外部环境的协调关系提供交流通道。资源依赖理论所陈述的公司战略目标是将市场中潜在的机会与所能获得的资源进行连接（Pfeffer and Salancik，1978）。根据资源依赖理论，公司的董事会成员能够推动公司战略的形成和实现，因为董事会将公司与外部环境连接起来并提供有价值的信息和资源，从而可以帮助企业减少战略决策的未知性和风险（Haynes and Hillman，2010）。此外，董事会人力资本和董事会社会资本之间是一种相互依存的关系，二者并不是孤立的存在（Coleman，1988；Nahapiet and Ghoshal，1998）。Mizruchi 和 Stearns（1994）认为当公司聘请金融机构成员作为董事会成员时，他们不仅带来了专业的知识、技能（人力资本），同时也带来了他们在金融领域的社会关系和人脉资源（社会资本）。为此，Haynes 和 Hillman（2010）从董事会资本的宽度和董事会资本的深度两个维度构建了一个测量董事会资本的模型，其中，董事的年龄、任期、教育水平、工作背景以及连锁董事方面的异质性构成了董事会资本的宽度，而董事会资本的深度则指董事在公司所在产业的嵌入深度，比如董事在现在和先前产业的工作经验、连锁董事身份和背景嵌入公司目前所在行业的深度。

董事会资本为公司的战略变革和战略决策提供诸如知识、技能、咨询和建议等重要资源（Goodstein et al.，1994；Haynes and Hillman，2010）。

无论在大企业还是在小企业中,董事会并非直接影响组织绩效和战略结果(Daily and Dalton,1993)。董事通过分享他们的经验、知识,对公司面临的重大问题提出管理的正确判断和建议,以此监督和改进公司重大决策。董事会在某种程度上扮演着公司重大战略决策的"守门员"角色,其守护职责有关公司的战略变革和重要的资源配置决策(Stiles and Taylor,2001)。董事会通过人力资本和社会资本影响公司的战略决策,将董事的教育、能力和职业经验与公司的战略决策联系在一起(Judge and Zeithaml,1992;Jensen and Zajac,2004)。比如,董事会成员战略背景决定了公司战略决策制定过程中董事会的贡献和能力(Carpenter and Westphal,2001)。公司聘请的董事若来自与公司经营和治理具有相同的环境和背景的行业或公司,则有利于发挥董事咨询和建议的职能。Jensen和Zajac(2004)也认为董事会成员不同的背景会为公司战略决策带来不同的偏向和走势。总之,董事会人力资本和社会资本在公司战略管理的建议和咨询方面发挥着重要的作用,且这两种因素的作用发挥是相互协同的。

五 高管和高管市场

(一) 高管和高管市场的含义

高管(高层管理者)的分类具有广义和狭义之分:广义的高管是包含董事、监事、高级管理人员在内的所有高层管理人员;而狭义的高管是为企业进行经营并负责经营收益的高级经理人或经营者(李维安和牛建波,2014)。本书中提到的高管如没有特殊说明,则一律指高级管理层(经营者、经理人员、高级管理者或高级执行人员),主要指副总经理及以上直接对企业发展和战略决策负责的高级管理人员。有关公司治理与R&D投入之间关系的研究,以往学者主要关注公司治理的机制如何影响企业的R&D决策,而近来学者们主要聚焦于如何通过约束和激励等手段控制经理人的机会主义倾向,促使其配置有效资源,做出有利于企业长期发展的R&D决策,从而最终影响企业的绩效(任海云,2013)。

影响高管R&D决策的不仅有企业对高管的激励措施,外部高管市场

(或经理人市场)的需求和供给情况及企业从高管市场聘请高管的倾向也是关键因素。高管市场是指企业选择高管的市场，它可以为企业提供所需要的合格高管人员，因此高管市场通过竞争来发挥它的外部治理作用（李维安和郝臣，2015）。高管与高管市场之间进行着一场反复博弈的战斗，高管在通过努力工作提高企业业绩的同时会提高自身作为高管人员的声誉和价值，而高管市场则会根据高管的业绩表现不断重复定价（张维迎，2005）。由于中国的市场化发展较西方呈现发展中的状态并不断趋于成熟，在过去，由于缺乏较为完善的高管市场，上市公司的高管选拔往往由股东委派或是存在人才提拔的行政干预，也就是说主要是由上级主管部门最终认定（高明华，2001）。随着现代企业的发展、制度环境的变迁及市场环境的完善，高管市场也逐步发展并对上市公司的高管选拔产生一定影响。

（二）高管行为决策

Hambrick 和 Mason（1984）在《高阶：组织作为高层管理人员的反映》一文中指出，作为组织战略决策主体的高管层会根据自身的心理、有限理性对组织和行业的情形进行判断，继而做出战略决策。因此，若要掌握组织运营过程和机制，需要了解高管的人格特质（陶建宏等，2013）。然而，价值观和认知模式等特质很难进行准确的描述和度量，而高层管理者的人口特征（包含年龄、教育背景、任职经验等）可以有效解释高管的绩效，从侧面反映了高管的特质（李维安和郝臣，2015）。可见，高层管理者自身所具有的价值观、性格和个人经验等个性化特征会融入高管的行为中，从而对公司战略的形成以及他人的行动产生影响，即高管会根据其所处情境、面临的选择做出不同的行为决策。本书将根据 Hambrick 和 Mason（1984）所绘制的这一过程示意（见图 2-7）对高层管理人员所面临的战略情境，或存在于组织内外的无数事件、趋势和条件进行阐述，这种情境所包含现象的数量远远超出高层管理人员所能够领会的范围。

高层管理人员面对这些情境时会采用高层取向（Executive's Orientation）。它涵盖两部分内容：一是高管的心理特征，其由价值观、认知和个性等相互交织在一起组成；二是可观测到的高管经验，其包括高管年龄、

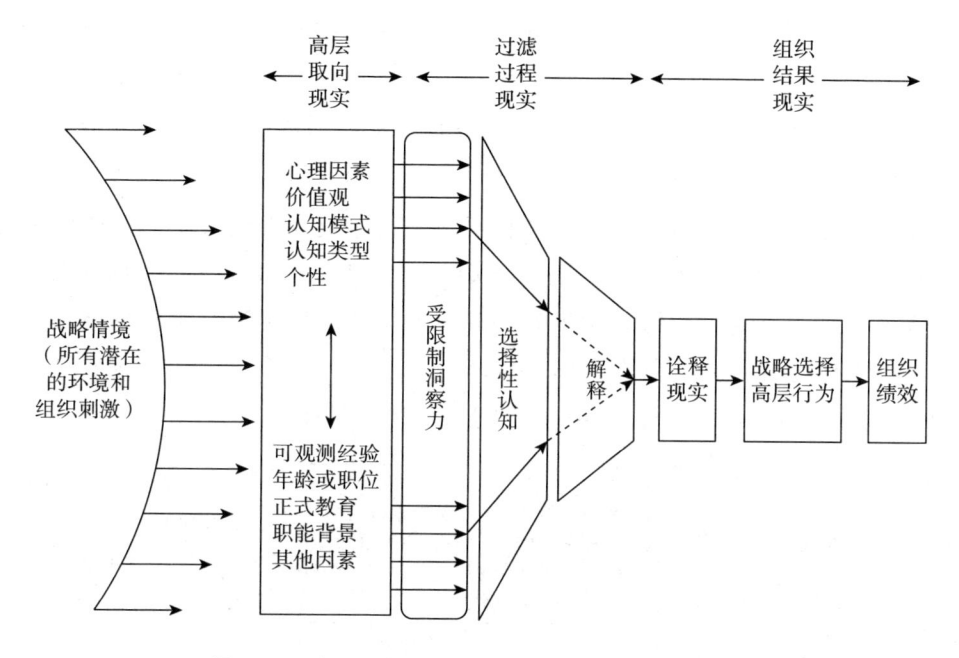

图 2-7　有限理性下的战略选择：高管诠释的现实

资料来源：Hambrick, D. C., Mason, P. A., "Upper Echelons: The Organization as a Reflection of Its Top Managers", *Academy of Management Annual Meeting Proceedings* 9 (2), 1984; Finkelstein, S., Hambrick, D. C., *Strategic Leadership: Top Executives and Their Effects on Organizations* (Minneapolis, US: West Publishing, 1996)。

职能背景等。高层管理人员以该取向为基础，通过三个步骤（即受限制洞察力、选择性认知和解释）的信息筛选过程，从而形成具有高管高度个性化特征的"被诠释的现实"（Construed Reality）。最终对组织结果（包括战略选择和高层行为、组织绩效）产生影响。以下便对这三个步骤进行具体阐述。

作为筛选过程的第一步，高层管理人员的取向会影响其洞察力的范围——注意力所指引的部分，即一名高层管理人员，乃至整个高层经理团队，无法考察环境和组织的各个方面。第二步，在其洞察力范围以内，该高层管理人员将带有选择性地仅仅感知到部分现象，因此其认知将进一步受到限制。也就是说，一名高层管理人员所看到或注意到的，仅仅是位于"雷达屏幕"上的一个子集。作为这一连续筛选过程的第三步，高层管理人员会对已注意到的刺激进行诠释或赋予其意义。下面举例来说明这三个步骤的过程，可以想象：①一名高层管理人员（或高管团队）专注审视着技术环境，而非客户环境；②接着，对于所有获得的技术信息，他只留意或理解了其中的一个子集（选择性认知）；③然后，考虑到机遇与风险、事件发生的概率等，该高层管理人员会对那些已留意到的信息和含义进行一番权衡（诠释）。作为三个步骤的筛选过程的结果，这名高层管理人员对战略情境的最终解读或"被诠释的现实"可能和总体的客观条件仅仅有小部分的重合。或者，换种方式而言，对于某一既定的情境，两个取向不同的高层管理人员所得出的诠释可能会大不一样（Kjaergarol，2016）。本书将从三个层面对高管和高管团队的相关研究成果进行叙述（见图2-8）。

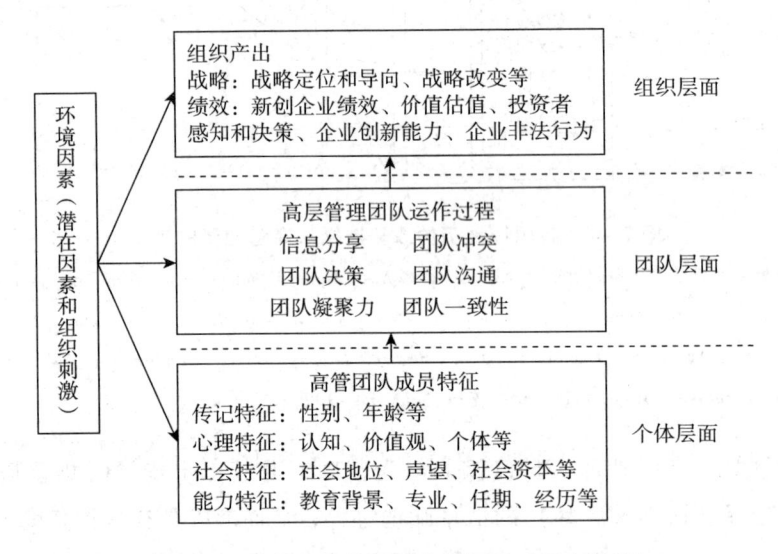

图 2-8　高管和高管团队分析框架（三个维度）

资料来源：陶建宏、师萍、段伟宇，《高阶理论研究综述——基于跨层次整合视角》，《科技管理研究》2013年第10期。

（1）微观个体层面的研究。现有文献关于高管团队成员的组成和界定并没有形成一个确定的标准（见表2-2）。Abraham 等（2006，2011）的研究将高管团队界定为由首席执行官、首席运营官、财务总监及副总裁以上成员组成。Christophe 和 Walter（2009）认为组成高管团队的成员主要是参与战略决策的高层管理者。中国学者张平（2007）、贺远琼和陈昀（2009）

的研究则将高管的组成个体分为总经理、副总经理、部门总监等人员。

表 2-2 高管团队成员构成

高管团队成员构成	主要文献	高管团队规模（标准差）
CEO 识别的参与战略决策的高层管理人员	Amason（1996） Christophe 和 Walter（2009）	3.45（1.2） 5.27（1.44）
副总经理及以上人员	Keck（1997）	水泥行业：5.27（3.6） 计算机制造：7.8（4.9）
执行副总裁及以上人员	Tihanyi 等（2000） Carpenter 和 Fredrickson（2001）	13.20（9.00） 5.48（2.21）
董事长、副董事长、总经理、CEO、COO、副总经理	Kor（2003）	6.21（2.06）
证监部门所要求披露的管理人员	Carpenter 等（2003）	6.5（1.92）
CEO、COO、CFO、副总裁以上人员	Abraham 和 John（2006） Abraham 等（2011）	5.86（3.31） 5.95（3.45）
副总裁或副总经理、总会计师、总经济师、财务总监、总工程师等以上高管	张平（2007）	5.81（2.04）
董事长、总经理、总经理助理、副总经理、职能总监、总会计师、总经济师、总工程师、党委书记	贺远琼和陈昀（2009）	10.99（2.73）

资料来源：陶建宏、师萍、段伟宇，《高阶理论研究综述——基于跨层次整合视角》，《科技管理研究》2013 年第 10 期。

陶建宏等（2013）通过梳理近 30 年来该领域的文献，发现对高管团队个体特征的研究总体而言可以分为四个方面：①性别、年龄等传记方面的特征；②价值观、性格等心理方面的特征；③社会地位、社会资本等社会方面的特征；④教育背景、工作经验等能力方面的特征。团队层面的特征往往是在对团队个体特征进行同质性和异质性整合的基础之上形成，同质性特征用均值衡量，而异质性特征用标准差系数衡量。就团队规模而言，Eisenhart 和 Schoonhoven（1990）认为规模较大的团队拥有更多的资源和解决问题的能力，从而保障了决策的有效性，进而提高了组织的绩效。Smith 等（1994）的看法则完全不同，他们认为较大规模的团队会产生某种程度上的内耗，使得团队冲突和矛盾增加，从而降低团队的决策效率和组织绩效。部分学者从性别组成的角度考察团队的整体特征，Dempster 和 Hart（2002）认为，性别差异产生对问题的不同认知，女性管理者更倾向于采用创新的方式解决问题。Wiersema 和 Bantel（1992）认为高管团队的年龄将对组织的战略决策产生重要影响，Finkelstein 和 Hambrick（1996）、刘运国和刘雯（2007）的研究阐明高管任期对组织 R&D 投入和企业绩效产生显著的正向影响。

（2）中观团队层面的研究。高管团队的整体特征往往不会直接对组织的产出形成直接的关联，因此陶建宏等（2013）认为对团队内部运行过程的研究更加有意义和贴合实际情况。陶建宏等（2013）梳理现有文献发现，研究团队内部运作过程的文献主要是探讨沟通、冲突、权力分配、行为整合、凝聚力及决策的角色和作用。有效的沟通是一个高管团队发展良好的基础特征。学者也针对这一维度进行了相关研究，Tjosvold 和 Deemer（1980）认为团队成员的合作和竞争关系会在很大程度上影响高管团队的沟通效果。Amason（1996）认为高管团队成员的认知和情绪冲突会影响到团队决策的效果。关于高管团队的权力分配，有学者认为权力分配平等对组织绩效产生消极影响，而权力分配的不平等则对其有积极作用。目前中国学者也进行了众多研究，尝试解析高管团队内部运作的机理和运行机制，关注团队内部运行对团队整体决策效率和效果影响的研究。

（3）宏观组织层面的研究。高管团队的内部运作过程对组织产出的影响也受到学界的普遍关注和深入研究。Bowers 等（2000）的研究表明，有效利用高异质性团队产生的冲突将有利于团队的管理，进而正面影响组织的绩效。Ensley 等（2002）的研究验证了高管团队的凝聚力以及团队冲突对组织绩效的影响，其结果表明高管团队的凝聚力越高，则组织的绩效越好，团队冲突与团队凝聚力之间的作用相反。Hambrick（1997）的实证研究表明行为整合较好的高管团队所在的国际化公司在后期的发展中优于行为整合较差的公司。中国学者也进行了卓有成效的相关研究。陈国权和赵慧群（2009）的研究证实了竞争型冲突的高管团队与合作型冲突的高管团队对组织创新的影响是相反的，后者更有利于组织的创新。汤学俊（2010）的研究结果表明高管团队的内聚力特征将有效地缓和高管团队中的冲突，进而改善团队的有效性和组织绩效。雷红生和陈忠卫（2008）的研究认为高管团队的情感冲突通过影响高管的企业家精神，进而影响公司的成长性绩效。从宏观层面而言，除了国家地域之间产生的文化制度差异和行业背景差异是影响组织的环境因素以外，不同性质的组织也会对高层管理者的特征产生不同的影响（陶建宏等，2013）。

（三）高管市场运行机理

有关高管市场（经理人市场）的研究开始于 Fama（1980）和 Jensen（1984）。Fama（1980）最早指出经理人受到高管市场激励和约束机制的影响：一方面，经理人会通过努力工作提高所在企业的绩效进而提升自身在高管市场的价值，高管市场根据经理人的个人表现给予人力资本和高管市场的价值估计；另一方面，外部高管市场的需求和供给情况给企业造成一定的压力，企业根据经理人的绩效对其进行筛选并支付合理的报酬。Jensen（1984）在《经理人薪酬与经理人市场》一文中，通过实证研究表明经理人的薪酬与公司的股票价格有显著正相关关系。他同时还认为经理人的薪酬奖励有助于捆绑经理人和股东之间的利益关系，经理人倾向于选择提高现金奖励的收益。Renneboog 和 Trojianowski（2005）的研究表明，经理人薪酬和经理人变更是经理人市场的基本运行机制，具有较好绩效表现的经理人薪酬较高，实施经理人变更对绩效较差的公司而言是一种有效的约束机制。

Khurana（2002）指出经理人市场受到供需关系缺失、市场合法性缺失和参与者高风险三个因素的限制。首先，对于高管市场的供需而言，需求方和供给方对市场机遇缺乏有效的认知，从而导致高管市场交易受限制。其次，在高管市场中需求方和供给方均承受着巨大的风险，需求方在存在信息不对称风险情况下做出的 CEO 聘任选择会对企业绩效和股价产生直接或间接的影响，而供给方多数为在职的 CEO，需要保持交易的保密性以免让现有雇主察觉离职倾向。Rajgopal 等（2012）的研究表明猎头公司在高管市场的运行机制中发挥着重要的作用，猎头公司通过搜索潜在雇主和经理人，代表双方进行谈判。猎头公司的存在实现了雇主和经理人之间的双赢并有效提高了高管市场的交易率。

(四) 中国高管市场研究

国外学者对中国的高管市场进行了相关研究，Groves 等（1995）在《中国正在形成经理人市场》一文中强调中国高管市场的建立始于国企改制，中国经济体制的改变加快了高管市场根据市场供需力量对经理人资源进行估值和分配的步伐。根据高管市场的供需规则，绩效差的企业较绩效好的企业而言，更有可能通过公开竞聘的方式变更经理人和要求参选经理人提供更高的保证金，并且将经理人的薪酬与企业的利润进行挂钩，缩短对经理人的考核周期。

"选聘优秀企业经营者"不仅是在国企改制过程中得到的结论，成为国有大中型企业扭亏为盈的首要因素，而且是所有企业需要关注的重要因素。该观点早在 1999 年由国务院发展研究中心等多家单位联合发布的《中国企业经营者问卷调查报告》中就得以验证。随着 20 世纪 90 年代中国对国企实行了一系列深入的改革措施，理论界也开始研究建立高管市场的必要性及中国高管市场运行的阻碍因素。2013 年十八届三中全会发布《中共中央关于全面深化改革若干重大问题的决定》，其中有关国企改革部分指出国有企业应建立职业经理人制度，增加经理人的市场化选聘比例。我国学者对高管市场这一领域的研究大体分为三个方面：构建高管市场的必要性探讨，高管市场的运行障碍，高管市场对国企人才的冲击。

首先，随着国企改革的深入，学者开始关注对经理人进行市场化分配的必要性和合理激励措施。张明（1996）的研究表明，职业经理人市场会根据经理人的表现预测他们的市场价值，这种市场机制对在职经理人是一种潜在的竞争机制，促进职业经理人通过努力工作提高绩效和自身的市场价值。李新春（2003）从信息不对称、相互信任的阻碍、创业机会的存在等几个方面分析了企业与经理人之间进行交易的阻碍。其次，有关高管市场的运行障碍，学者们也进行了相关研究。赵国庆（1997）认为阻碍我国职业经理人市场发展的因素主要有体制上的政企不分、外部法律制度的不完善、经理人激励机制的缺乏、企业职业经理人的素质和认知水平普遍较低等。周立群（1998）强调经理人在企业的创新、管理、经营等活动中发挥着重要的作用，企业应该建立一整套激励机制和约束机制以加快经理人的职业化发展，提出打破干部任命和终身制的传统经理人制度。最后，市场化经济下民营企业的发展促发对经理人的强烈需求，学者们也纷纷开始关注国企经理人流失的现状。芮明杰和赵春明（1996）的研究认为，非国有企业的发展加大了对职业经理人的需求，国有企业单方面的向经理人市场输出人才，出现了国有企业经理人跳槽的现象，对国有企业的人才储备和发展造成了冲击。

第三节 R&D 投入相关议题

一 R&D 投入文献计量分析

与前文分析董事会主题研究类似，企业研发投入（R&D investment or input）研究也同样采用文献计量的方法，选用多种文献计量软件展现 R&D 投入议题研究的发表趋势以及研究主题的网络分布情况。对某一研究领域的文献进行有效准确的选择是根本。本书分三个步骤来搜集和分析数据：第一步是选择美国科学情报研究所的 Web of Science（WOS）数据库搜索文献，它是同行评议最好的数据库。第二步以"R&D input""R&D investment""R&D expense""technology innovation input""technology innovation investment""technology innovation expense"为关键词在 Web of Science（WOS）数据库中检索 1990 年以来有关 R&D 投入的外文文献，选择类别为"Mangament or Business"，文献类型为"Article"，一共获得 2231 篇文献。第三步是有效地分析数据，选取文献记录的时间跨度为"1990 – 1 – 1 至 2016 – 12 – 31"，并使用纯文本格式将文献的信息导出，以此作为研究的数据池；然后采用相关软件对该数据池的文献进行文献计量分析，并在此基础上绘制知识图谱。

图 2 – 9 显示 R&D 投入议题的文献数量呈现缓慢渐进上升趋势，虽在某些年份（如 1993 年、1998 年、2000 年、2006 年）有下降趋势，但整体呈现缓慢渐进上升态势。R&D 投入议题的文献数量在 1990 ~ 2004 年增长缓慢，在 2007 ~ 2016 年呈现出快速增长的态势，从年产出量 90 篇快速增长到

2016 年的 217 篇。尤其在 2014~2016 年短短两年时间内，R&D 投入相关研究文献发表数量由 162 篇快速增长至 217 篇，呈现爆炸式增长态势，足以见得创新和 R&D 投入受到学者的广泛关注。

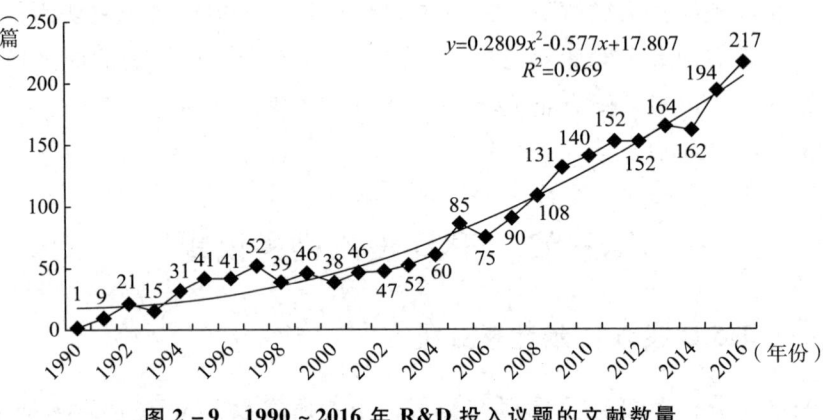

图 2-9　1990~2016 年 R&D 投入议题的文献数量

表 2-3 显示了 1990~2016 年发表文章数量前十名的机构名称，哈佛大学发表了 36 篇，位列第一；明尼苏达大学发表了 30 篇，位列第二；宾夕法尼亚大学发表了 29 篇，位列第三；国立首尔大学发表了 28 篇，位列第四；加州大学伯克利分校发表了 26 篇，位列第五；苏塞克斯大学发表了 25 篇，位列第六；鲁汶大学发表了 24 篇，位列第七；麻省理工学院和米兰大学均发表了 23 篇，并列第八；国立新加坡大学发表了 22 篇，位列第九。与前文董事会议题的文献分析相比，R&D 投入议题发表文章数量前十位的研究机构呈现出国别的多样化特征，除了美国机构占据一半席位之外，来自英国、意大利等国的各个大学均发表了相当数量的重要期刊论文（见表 2-3），这预示着创新这一个国际性的热门话题和研究议题，吸引着来自全球的研究机构和学者的目光。

表 2-3　R&D 投入议题发表文章数量前十位机构

单位：篇

名次	机构名称	发表数量
1	Harvard Univ（哈佛大学－美国）	36
2	Univ Minnesota（明尼苏达大学－美国）	30

续表

名次	机构名称	发表数量
3	Univ Penn（宾夕法尼亚大学－美国）	29
4	Seoul Natl Univ（国立首尔大学－韩国）	28
5	Univ Calif Berkeley（加州大学伯克利分校－美国）	26
6	Univ Sussex（苏塞克斯大学－英国）	25
7	Katholieke Univ Leuven（鲁汶大学－比利时）	24
8	MIT（麻省理工学院－美国）	23
8	Politecn Milan（米兰大学－意大利）	23
9	Natl Univ Singapore（国立新加坡大学－新加坡）	22

相较于前文董事会议题的文献分析而言，董事会研究主要存在于公司治理制度比较完善的欧美国家，而相关 R&D 投入的文献依然是美国发表最多（739篇），除此之外则分布于较多地区，如中国（149 + 132 = 281篇）、韩国（107篇）等亚洲国家（见图 2-10）。我国正处于经济新常态和行业技术追赶欧美国家的经济转型时期，社会发展和国家政策越来越重视企业的技术创新和 R&D 投入，以实现产品和服务的转型升级为目的的创新创业和企业的 R&D 投入正在企业间如火如荼地进行，自然也引起学界的普遍关注和深入的研究探索。

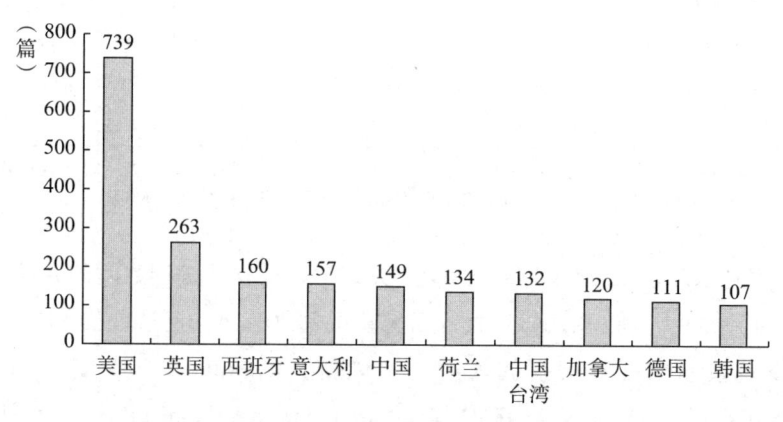

图 2-10　1990~2016 年 R&D 投入研究前十名国家统计

表 2-4 显示了发表 R&D 投入议题文章数量前十位的期刊及其发表数

量。从表2-4中可以看出，在国际知名期刊 Research Policy、Strategic Management Journal、Technological Forecasting and Social Change 和 Technovation 等中均有 R&D 投入主题的文章发表，数量依次为 283 篇、52 篇、126 篇和 97 篇。这四部重要期刊中也包含了发表 R&D 投入议题文章最多的期刊，即 Research Policy。R&D 投入议题文献的集中发表反映 R&D 投入是公司的战略决策之一，需要董事会充分发挥其决策的功能，并且在执行该政策决议时，落实其监督职能，并协调好与高管之间的关系，从而使得企业的 R&D 投入发挥作用，以实现公司价值的最大化。

表2-4　1990~2016年 R&D 投入议题文章前十位的期刊

单位：篇

名次	期刊名称	影响因子	综合影响因子	数量
1	Research Policy	3.47	5.118	283
2	Strategic Management Journal	3.38	5.972	52
3	Technological Forecasting and Social Change	2.678	3.005	126
4	Technovation	2.243	3.833	97
5	Journal of Product Innovation Management	2.086	3.178	58
6	Small Business Economics	1.795	2.318	62
7	R&D Management	1.19	2.47	72
8	Research-Technology Management	1.052	1.217	55
9	International Journal of Technology Management	0.867	0.861	94
10	Technology Analysis & Strategic Management	0.845	1.086	55

注：本书按照2015年的期刊影响因子进行名次的排列；综合影响因子是5年的综合指数。
资料来源：WOS 数据库中的 Journal Citation Reports，并根据可视化结果整理。

本书选取频次11次及以上的54个关键词，根据关键词之间的共被引关系绘制了如图2-11所示的 R&D 投入研究主题网络分布。所选取的54个关键词的前29位按照出现频次高低依次是"创新（innovation）""研发（R&D）""中国（China）""研究与开发（research and development）""专利（patents）""生产力（productivity）""创业（entrepreneurship）""技术转移（technology transfer）""对外直接投资（foreign direct investment）""技术

(technology)""中小企业（SMEs）""企业绩效（firm performance）""信息技术（information technology）""风险资本（venture capital）""吸收能力（absorptive capacity）""公司治理（corporate governance）""创新政策（innovation policy）""对外直接投资（FDI）""知识溢出（knowledge spillovers）""技术创新（technological innovation）""技术政策（technology policy）""知识产权（intellectual property rights）""研发强度（R&D intensity）""人力资本（human capital）""技术改变（technological change）""开放式创新（open innovation）""医疗行业（pharmaceutical industry）""新产品开发（new product development）""战略（strategy）"。其中，"创新（innovation）"和"研发（R&D）"出现频次位于前两位，分别是285次和200次，位于第三、第四和第五位的是"中国（China）"、"研究与开发（research and development）"和"专利（patents）"，出现频次分别为79次、67次和56次。可见，企业的R&D投入和专利数通常是学者用来研究创新领域和衡量企业创新的重要指标，且越来越多的学者开始关注中国企业的创新和R&D投入问题。由R&D投入主题网络分布还可以看出"创新（innovation）"位于网络中心，"研发（R&D）"、"研究与开发（research and development）"和"中国（China）"是三个次中心。

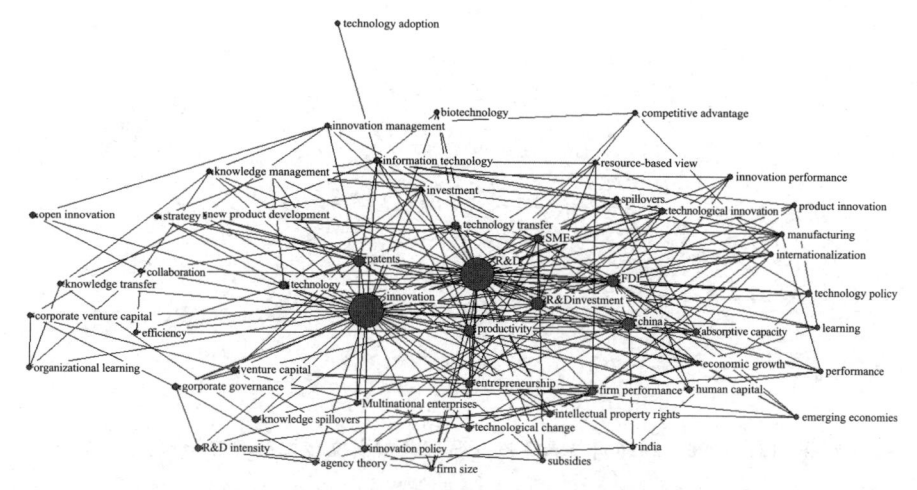

图2-11　1990~2016年R&D投入研究主题网络分布

关于R&D投入研究的知识基础，本书采用了文献计量的常用方法之一：共被引研究。其研究所采用的样本是被引用的参考文献。共被引研究的原理是假设两篇文献同时被另外一篇文献所引用，这证明这两篇文献之间存在一定的关联性。共被引研究将被引用的参考文献按照共同被引用的原理组成网络分布和聚类分布，将有助于识别某一研究领域的学术共同体。为了探究 R&D 投入研究主题的知识基础和学术共同体的聚类特征，本书借助社会网络分析工具对 R&D 投入研究数据池的文献展开研究。

图 2-12 以前述的 2231 篇文献的 65536 篇参考文献为基础，选取频次高于 60 次的 60 篇核心文献组成共被引网络及聚类（60 篇文献的具体信息见附表 1）。绘制网络聚类图谱主要遵循以下几个步骤：①将检索到的 R&D 投入研究主题的题录输入文献计量软件 Bibexcel，题录中包含了众多信息，如作者、发表年份、发表机构、期刊、摘要、关键词、被引文献等；②选择引用频次 60 次以上的 60 篇文献，通过文献计量软件 Ucinet 构建共被引矩阵；③根据 Hidalgo 等（2007）的做法将矩阵通过标准化方式转化为 0-1 矩阵；④将矩阵导入 Ucinet 软件，采用其内置的 Netdraw 软件绘制网络聚类图谱，本书的聚类数据根据网络 Modular-Q 值判定为 3，即通过软件分析将 60 篇高引文献分为三个聚类，如图 2-12 所示。

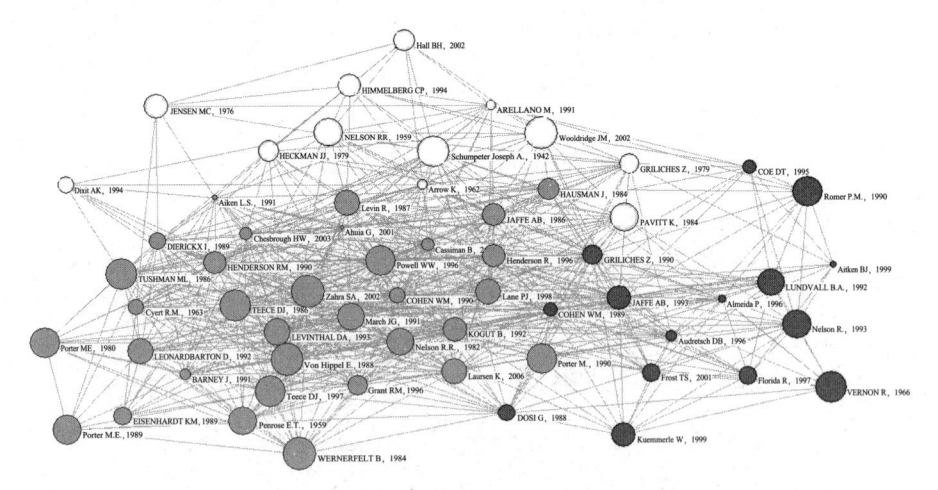

图 2-12　1990~2016 年 R&D 投入研究共被引文献网络分布与聚类分布

图 2-12 中显示了网络图谱的三个聚类，其中，聚类 1 处于网络核心位置，而另外两个聚类群处于网络边缘。图 2-12 中圆圈大小代表着文献被引频次的多少，因此节点较大的圆圈代表着重要的文献。接下来，本书根据

这些高引文献的具体内容对这三个聚类加以分析。

聚类 1 包含 33 篇文献（见表 2-5），可以分为三类：创新理论构建、经典理论基础和理论融合以及方法论。其中创新理论构建的文献包含技术相关和创新相关两个方面，共有 15 篇，分别是 Cohen（1990）、Zahra（2002）、Lane（1998）、Kogut（1992）、Ahuja（2001）、Cassiman（2006）、Jaffe（1986）、Henderson（1996）、Tushman（1986）、Levin（1987）、Chesbrough（2003）、Laursen（2006）、Von Hippel（1988）、Henderson（1990）和 Powell（1996）。经典理论基础和理论融合的文献有 15 篇，包含竞争优势与核心能力相关理论和组织行为相关理论两个方面，分别是 Wernerfelt（1984）、Barney（1991）、Leonardbarton（1992）、Teece（1986，1997）、Porter（1980，1985）、Dierickxi（1989）、Porter（1990）、Nelson（1982）、Penrose（1959）、Cyert（1963）、Grant（1996）、March（1991）和 Levinthal（1993）。方法论的文献有 3 篇，分别是理论构建案例的 Eisenhardt（1989）、量化研究的 Aiken（1991）和 Hausman（1984）。

表 2-5 R&D 投入相关文献共被引网络聚类 1 文献分类

文献分类	文献名称及主要内容
创新理论构建	1. 技术的相关理论构建 技术吸收能力：Cohen（1990）、Zahra（2002）、Lane（1998） 技术转移：Kogut（1992） 技术并购：Ahuja（2001）、Cassiman（2006） 技术溢出效应：Jaffe（1986）、Henderson（1996） 技术不持续性：Tushman（1986） 2. 创新的相关理论构建 产业研发：Levin（1987） 开放式创新：Chesbrough（2003）、Laursen（2006） 创新的来源：Von Hippel（1988） 创新的结构观：Henderson（1990） 组织间合作和创新：Powell（1996）
经典理论基础和理论融合	1. 竞争优势和核心能力相关理论 资源基础观：Wernerfelt（1984）、Barney（1991） 核心能力理论：Leonardbarton（1992） 动态能力理论：Teece（1986，1997） 竞争战略：Porter（1980，1985） 持续竞争优势：Dierickxi（1989）

续表

文献分类	文献名称及主要内容
经典理论基础和理论融合	国家竞争优势：Porter（1990） 2. 组织行为相关理论 演化理论：Nelson（1982） 企业成长理论：Penrose（1959） 行为理论：Cyert（1963） 企业知识观：Grant（1996） 技术探索和开发：March（1991） 知识学习理论：Levinthal（1993）
方法论	1. 质性研究 理论构建案例研究：Eisenhardt（1989） 2. 量化研究 多元回归：Aiken（1991） 经济模型应用：Hausman（1984）

资料来源：作者整理。

聚类2包含12篇文献（见表2-6），可以分为两类：R&D投入核心议题、R&D投入基础理论和方法。其中关于R&D投入核心议题研究的文献有5篇，分别为Griliches（1979）、Hall（2002）、Himmelberg（1994）、Pavitt（1984）和Dixit（1994）；关于R&D投入基础理论和方法的文献有7篇，分别为Jensen（1976）、Schumpeter（1942）、Arrow（1962）、Nelson（1959）、Wooldridge（2002）、Arellano（1991）和Heckman（1979）。

表2-6　R&D投入相关文献共被引网络聚类2文献分类

文献分类	文献名称及主要内容
R&D投入核心议题	评价R&D投入对企业增长的贡献：Griliches（1979） R&D投入中的金融学：Hall（2002） R&D投入和内部金融：Himmelberg（1994） 技术变迁的专利作用：Pavitt（1984） 不确定性下的投资：Dixit（1994）
R&D投入基础理论和方法	代理成本和股权结构：Jensen（1976） 资本主义和创新：Schumpeter（1942） 资源配置的经济和社会因素：Arrow（1962） 科研的经济学基础：Nelson（1959） 样本数据的经济分析：Wooldridge（2002）

续表

文献分类	文献名称及主要内容
R&D 投入基础理论和方法	样本数据的检验：Arellano（1991） 样本选择：Heckman（1979）

资料来源：作者整理。

聚类 3 包含 15 篇文献（见表 2-7），可以分为两类：R&D 投入与投资、R&D 投入与专利。其中关于 R&D 投入与投资的文献有 12 篇，分别为 Cohen（1989）、Kuemmerle（1999）、Lundvall（1992）、Nelson（1993）、Vernon（1966）、Florada（1997）、Frost（2001）、Coe（1995）、Audretsch（1996）、Aitken（1999）、Dosi（1988）和 Romer（1990）。关于 R&D 投入与专利的文献有 3 篇，分别为 Griliches（1990）、Jaffe（1993）和 Almeida（1996）。

表 2-7 R&D 投入相关文献共被引网络聚类 3 文献分类

文献分类	文献名称及主要内容
R&D 投入与投资	R&D 投入的两面（创新和学习）：Cohen（1989） R&D 决策对外直接投资的动因：Kuemmerle（1999） 国家创新系统：Lundvall（1992）、Nelson（1993） R&D 决策的国际投资：Vernon（1966）、Florada（1997）、Frost（2001） R&D 投资溢出效应：Coe（1995）、Audretsch（1996）、Aitken（1999） 创新的来源和过程：Dosi（1988） 技术变迁：Romer（1990）
R&D 投入与专利	专利统计：Griliches（1990） 专利使用的地域本土化和知识溢出：Jaffe（1993） 知识来源和专利使用：Almeida（1996）

资料来源：作者整理。

由以上分析可知，近 30 年 R&D 投入主题研究体现出几个显著特征：第一，文献数量呈现缓慢上升趋势，且自 2014 年以来增长迅速；第二，研究核心日益明显，最近的研究核心在于"创新"和"R&D"；第三，创新和 R&D 投入的议题正在成为一个国际性的热门话题，吸引着来自全球的研究机构和学者的热衷；第四，通过对本书数据池的高引文献的聚类分析发现，引用频次较高的文献大体可以分为以下几个类别：创新理论构建、经典理论基础和理论融合、方法论、R&D 投入核心议题、R&D 投入基础理论和方法、R&D 投入与投资和 R&D 投入与专利等七个方面。

二　公司治理与 R&D 投入

（一）公司治理与创新

创新是企业追求利润最大化的结果（Nelson，1991），然而不同国家的公司治理结构、一国之内不同公司的治理结构之间存在差异，会对创新产生不同影响（Tylecote and Conesa，1999；Lazonick and O'Sullivan，2000；Lee and O'Neill，2003）。Fagerberg 等（2005）指出，一些规模和市场影响力相近的企业，创新表现却不同，说明创新并不能用企业追求利润最大化的行为来解释，需从企业内部进行考察，将创新与企业的组织特征联系起来。Belloc（2011）认为，从企业内部来看，创新取决于个体是否投资于创新项目、个体如何将他们的人力资本和物质资本整合到企业里，而这些均是由公司治理体系决定的。这种讨论基于公司治理的利益相关者理论，但是利益相关者理论也没有涉及创新问题。Miozzo 和 Dewick（2002）也指出，公司治理的主要理论没有整合有关创新的经济学分析，以至有关治理与创新关系的研究进展缓慢。鉴于创新对于企业生存和发展的重要性，一些学者尝试将创新引入公司治理的理论中。O'Sullivan（2000）和 Lazonick（2000）提出以创新企业为基础的公司治理理论，即公司治理的组织控制理论。虽然公司治理的组织控制理论对治理与创新的关系做了全面分析，但理论检验类似于比较公司治理的方法，通过历史资料比较美、德、法等国的治理演变，分析创新的变化及经济绩效的差异（O'Sullivan，2000；Lazonick，2000），然而目前明显缺乏更深入、规范的实证检验。

首先，关于治理模式与创新研究。在公司治理领域，经常把治理模式分为以英美公司为代表的外部治理模式和以德日公司为代表的内部治理模式。Tylecote 和 Conesa（1999）认为，公司治理对企业技术创新具有重要作用，且治理模式的差异化与部门专业性优势具有很强的相关性。Miozzo 和

Dewick（2002）则认为与外部治理的结构（如英美）相比，内部治理的结构（如德国）有利于R&D投入。中国学者也进行了相关研究，华锦阳（2002）比较了德日的内部治理模式、英美的外部治理模式以及中国国企传统的治理模式。王昌林（2004）的研究认为，不同的治理模式导致技术创新特性的差异和企业技术发展路径的差异，并最终形成一国的产业专业化。

其次，关于董事会制度与创新研究。Tricker（1994）认为，董事会结构是董事会发挥作用的基础，它关系到董事会权利的平衡，决定了董事会的效能以及在公司事务中所承担的责任。一些实证研究也说明了规模较小的董事会效能更好（Yemack，1996；Eisenberg等，1998），而Cleyn和Braet（2012）使用比利时49个制造企业数据实证研究得出，董事会规模和企业的产品创新显著正相关。Boone等（2007）、冯根福和温军（2008）、Chen（2013）的研究认为董事会独立性有利于R&D投入或企业创新。Zahra等（2000）通过231个中等规模的制造业企业的数据研究得出，董事会规模适中（最优11人）、董事长和CEO两职分离有利于企业创新。Hoskisson等（2002）认为以内部董事为主的董事会倾向于内部创新，而以外部董事为主的董事会则倾向于外部创新（如收购创新企业）。我国学者王永明和宋艳伟（2010）使用中国2004~2007年的上市公司数据实证分析得出，独立董事的规模与企业技术创新投资没有直接关系。刘晓敏等（2005）在对公司治理机制对企业技术创新的影响路径研究中引入经营管理者行为这一独立研究变量，分析认为CEO和董事长职务分离有利于经营者关注企业长期发展和发挥自身能力。刘伟和刘星（2007）对我国信息技术类企业的实证研究也证实了董事长兼任总经理对信息技术投入具有显著的负面影响。

最后，关于治理激励机制与创新研究。Rajna和Zingales（2000）认为企业治理的焦点应转移到研究企业向人力资本提供激励的机制这一方向上来。在股权激励研究方面，Berle和Means在其经典著作《现代公司与私人财产》中认为，随着经理人拥有的公司股份比例增加，他们与股东的利益趋于一致，他们与企业利益最大化的偏离则会减轻。关于管理层持股的进一步研究出现了两种观点：利益一致性效应（Covergence of Interests Effect）和经营者防御效应（Managerial Entrenchment Effect）。就利益一致性效应而言，其认为经理人持有较多股份可使其与股东利益一致进而促进公司的创新发展（Jensen and Meckling，1976；Jensen and Murphy，1990）。Zahra 等学者（2000）通过中等规模企业创新活动的研究发现，企业经理人持股以及外部董事持股有利于企业技术创新活动。Miller 等（2002）关于"拥有股权的管理者更愿意承受风险"的研究结论进一步证明，高管持股可以减少股东与高管之间的利益冲突，使高管与股东对待风险的态度趋同，有利于提高技术创新的投入。关于经营者防御效应，Fama 和 Jensen（1983）的研究认为，如果经营者持股水平过高，处于较高地位的经营者出于自身职务安全考虑，以保守的态度甚至滥用特权做出一些反接管行为，这将不利于企业资源的有效分配和经营活动的最优选择。

（二）公司治理与 R&D 投入

R&D 投入能够降低现有产品的生产成本，提高产品的创新竞争力，从而帮助企业建立某种程度上的市场垄断能力，并获得超额利润。现有的实证研究从不同角度验证了 R&D 投入与企业绩效或公司价值之间的相关关系。Hirschey 和 Weygandt（1985）基于市场价值的视角进行研究，认为 R&D 投入作为一种无形资产，将持续而系统地影响企业的市场价值。进一步对比企业广告营销投入和 R&D 投入对公司市场价值层面的改变和影响，Bublitz 和 Ettredge（1989）的研究表明在前者的影响下公司获得的价值较为短暂，而 R&D 投入使公司获得的市场价值更为长远和持续。Hall（1993）则以托宾 Q 理论为视角，通过测度长期均衡市场价值，认为在制造业上市公司中 R&D 投入所产生的股票市场的公司无形资产自 20 世纪 80 年代开始下滑。Sougiannis（1994）认为企业实施 R&D 投入之后产生的披露收益能够真实反映 R&D 投入为公司带来的真正意义上的价值，并进一步将 R&D 投入对企业产生的影响分为直接价值和间接价值，前者反映了由 R&D 投入传递和产生的价值，后者是 R&D 投入间接产生的资本化价值，其中，后者的作用更为明显。

通过梳理现有关于公司治理影响 R&D 投入与企业绩效的文献，发现学者基于不同的样本来源、绩效指标、调节变量等进行了大量卓有成效的研究（见表2-8）。Chung等（2003）研究公司治理中的外部董事、机构投资者以及财务分析师如何监督高管行为，继而对R&D投入产生影响的。他们的研究结果表明，机构投资者对R&D投入与企业市场价值（托宾Q）之间的关系没有调节效应；而对于外部董事和财务分析师较多的企业而言，R&D投入与企业市场价值呈现显著正相关关系；对于这两种因素都较少的企业而言，这种关系并不显著。Le等（2006）验证了独立董事、机构投资者和证券分析师三种外部监督机制对R&D投入与企业绩效之间关系的调节作用，研究结论指出：证券分析师对两者之间的关系不存在调节效应；独立董事通过建立和完善公司内部治理机制、采取薪酬股权等激励措施影响高管R&D决策，对R&D投入与企业绩效之间关系的调节作用是间接的；机构投资者直接拥有R&D投入的决策权，进而对两者之间关系的调节作用比较明显而直接。Hall和Oriani（2006）通过不同国别之间的横向比较验证R&D投入与企业市场价值之间的关系。Chang等（2008）、Yeh等（2008）、Chung和Shen（2009）以企业宣布R&D投入的信息作为R&D投入的代理变量，验证公司治理对于R&D投入信息发布与企业获得的超常收益率（CAR）之间关系的调节效应。Chang等（2008）的研究表明，对于拥有较高内部持股比例、较大董事会规模和股权集中的公司治理机制的企业而言，当增加R&D投入的信息发布后，公司在股票市场的价值提高更为显著，这说明好的公司治理机制正向调节R&D投入与股票市场价值两者之间的关系。Yeh等（2008）的实证研究表明，对于董事会规模较小和独立董事较多且独立性强的企业，企业的R&D投入与股票市场的公司价值存在正相关关系。Chung和Shen（2009）认为公司治理具有监督（董事会和审计）和契约（经理人薪酬）两种机制，其实证结果表明，具有高效监督机制的公司会在公司宣布R&D投入时使自身在资本市场获得较高回报，而具有完备契约机制的公司会在公司宣布资本投资时在资本市场获得较高收益。中国学者在这方面的研究较国外少，陈守明等（2012）运用Heckman两阶段模型综合验证了股权性质和领导权结构两个因素对R&D投入与企业价值之间关系的调节效应，其结果表明，股权性质的调节效应为负，而领导权结构对两者之间关系的调节效应为正。

其中，有不少关于股权结构影响 R&D 投入的研究。股权结构是指构成股份公司的各主体股份的占比和性质等股权特征，其决定了股东结构、股权集中度、大股东身份，并最终影响董事会人选和高管层的代理权等治理机制（李维安和郝臣，2015）。近年来，众多学者关注股权结构对公司管理模式和战略决策的影响，总结起来主要存在三个侧重点：股权性质、所有权性质、股权集中度。首先，学者关于股权性质的研究存在着不同的观点。Love 等（1996）的研究认为公司股权为外资所有会对企业的产品创新产生促进作用，然而 Dixon 和 Seddighi（1996）的研究则认为股权性质与 R&D 投入之间并没有显著的相关关系。

其次，学者关于所有权性质对 R&D 投入影响的研究结论较为一致。其中，Margolis 和 Kammen（1999）的研究表明如果产业中的 R&D 投入主要源于政府投资，R&D 投入将长期保持在较低的水平。冯根福和温军（2008）的研究认为国有股东虚置产权主体、缺乏监管的动力和能力、内部人控制现象严重，故而其不利于企业技术创新投入的提高。白艺昕等（2008）认为私有产权控股的公司与国有产权控股的公司相比，其 R&D 投入与企业的创新效率更强，企业更具有生命力。刘小玄（2000）亦认为国有企业的 R&D 投入明显低于其他股权性质的企业。

最后，学者就股权集中度与 R&D 投入关系进行了结构的横向比较以及区域的纵向比较。Hill 和 Snell（1989）的研究认为股权越集中，单个股东之间就越容易协调行动并运用其投票权影响管理层的决策，使企业管理者更倾向于做出对股东利益有利的决策。Baysinger 等（1991）的研究分析也认为，股权集中度越高越有利于企业技术创新。Francis 和 Smith（1995）的研究指出在股权高度分散的情况下，由于中小股东持股比例很小，监督收益不足以弥补监督成本，"搭便车"行为成为最优选择，因而不利于企业技术创新中代理问题的解决。Lee 和 O'Neill（2003）则通过对美国和日本两国样本企业的对比研究发现，美国公司的股权集中度与 R&D 投入之间存在显著正相关关系，而日本公司的股权集中度与 R&D 投入之间不存在相关关系，进一步验证了两者的关系在不同国家和地区之间是存在差异的，这可能与各国的制度环境和文化特征对其存在一定的影响有关。国内学者杨勇等

（2007）的实证研究认为，股权集中度对企业技术创新投资具有显著的正向影响。冯根福和温军（2008）的研究表明股权集中度与企业技术创新存在倒 U 形关系，适度集中的股权结构更有利于企业技术创新。白艺昕等（2008）认为中国上市公司的第一大股东持股与 R&D 投入呈现先下降后上升的二次非线性关系，且股权制衡与 R&D 投入之间没有显著关系。于骥和宋海霞（2009）分析指出股权集中和分散的程度将直接影响企业的技术创新的动力及决策选择。

表 2-8 总结了公司治理对 R&D 投入与企业绩效影响的主要研究成果。

表 2-8　公司治理对 R&D 投入与企业绩效影响的主要研究成果

作者	年份	样本来源	数据性质	R&D 指标	绩效指标	研究方法	调节变量	结论
Hu Albert	2001	中国北京市海淀区科技型企业	界面数据	R&D 流量	产品销售收入或新产品销售收入	调节变量回归分析	产权性质	国有产权反向调节
Chung 等	2003	COMPUSTAT 数据库中的 1448 家企业	面板数据（1991~1995 年）	R&D 流量	托宾 Q 值	调节变量回归分析	公司治理	分析师和外部董事比例正向调节，机构投资者没有调节作用
Le 等	2006	美国 196 家上市公司	截面数据（三年平均数）	R&D 流量	滞后三年的股东平均总回报	调节变量回归分析	外部治理机制	机构投资者调节两者方向，外部董事比例调节两者关系的强度，分析师没有调节作用
Hall 和 Oriani	2006	法国、德国、意大利制造业上市公司	非平衡面板数据（1989~1998 年）	R&D 存量	托宾 Q 值	调节变量回归分析	大股东控制	反向调节作用显著
吴延兵	2008	中国大中型工业企业数据	产业序列数据（1993~2002 年）	R&D 存量	产品销售收入	分组分析	技术水平、企业规模、国有产权比重	技术水平、企业规模正向调节，国有产权反向调节

续表

作者	时间	样本来源	数据性质	R&D指标	绩效指标	研究方法	调节变量	结论
Chang 等	2008	纳斯达克证券交易所108家企业公布的243个增加R&D投资信息	混合数据（1988~2001年）	计划增加R&D支出的信息	累计超常收益率（C-AR）	分组分析	内部治理机制	内部人持股、董事会规模、股权集中度、两职分离正向调节
Yeh 等	2008	116家中国台湾上市公司公布的229个增加R&D投资的信息	混合数据（2000~2006年）	计划增加R&D支出的信息	累计超常收益率（C-AR）	分组分析、调节变量回归分析	董事会结构、行业内竞争	董事会规模反向调节，董事会独立性正向调节，行业内竞争反向调节
Chung、Shen	2009	美国上市公司	混合数据（2001~2006年）	计划增加R&D支出的信息	累计超常收益率（C-AR）	分组分析	公司治理机制	监督机制（董事会结构与审计体制）正向调节
陈守明等	2012	中国制造业上市公司	混合数据（2007~2009年）	R&D流量	托宾Q值	调节变量回归分析	国有股权领导权结构	国有股权负向调节，两职合一正向调节

资料来源：任海云，《公司治理、R&D投入与企业绩效》，中国经济出版社，2013。

三 董事会与R&D投入

就董事会规模对R&D投入影响而言，董事会治理领域的学者持有截然不同的观点。有一部分学者认为，规模较大的董事会为R&D投入提供更为充分的行业分析、专业知识和管理经验，提高决策的科学性。Dutta等（2004）的研究验证了董事会规模越大，R&D投入的强度越高。然而，也有部分学者反对以上观点，认为较大规模的董事会本身存在较高的沟通成本及较大的协调和调度难度，而且，当R&D投入等决策与董事自身的实际损益关联不大时，董事"搭便车"的消极治理效应会出现，进而降低董事会的决策效率。Rao和Lee-Sing（1995）以及Boone等（2007）的研究则验证了董事会规模较大反而会降低R&D投入强度的论断。除了以上两种截然相反的观点之外，Zahra 等（2000）认为中等董事会规模将更有利于 R&D 决策；周杰和薛有志（2008）及杨勇等（2007）则认为董事会规模并不会影响企业的 R&D 投入；刘胜强和刘星（2010）的研究表明董事会规模对 R&D 投入的影响呈倒 U 形，即董事会规模超过某个临界点会降低效率。

董事会的独立性主要表现为独立董事占比和董事会领导权结构。其中，就董事会人员结构对 R&D 投入影响而言，学者主要考察董事会中内外董事的占比对 R&D 投入的影响，研究结果不尽相同。多数学者认为外部董事能够代表股东的利益，从而消除委托人与代理人之间的代理冲突（Fama and Jensen，1983；Subrahmanyam 等，1997）。Chung 等（2003）、Boone 等（2007）及张宗益和张湄（2007）的研究表明，外部董事在公司中所占的比例与 R&D 投入呈正相关关系，有外部董事参与的董事会将促进 R&D 投入等相关的公司战略决策。然而也有学者认为外部董事与 R&D 投入不存在显著正相关关系（周杰和薛有志，2008；Rao and Lee-Sing，1995；David 等，2001），甚至存在负相关关系（Hill and Snell，1989）。

董事会代表公司股东的利益来监督经营者的管理和决策行为，决定重要作用发挥的关键因素之一是董事会的独立性。董事会的成员有外部董事和内部董事之分，至于两者之间谁更具监督作用，学者各执一词。一方面，有部分学者认为外部独立董事比内部董事更具监督作用，有益于公司的绩效。Mizruchi（1983）认为公司聘请的外部董事与经理人之间的关系相对独立，更能代表公司股东的利益，而对经理人的决策起到咨询和监督的作用。Hart（1995）和 Jensen（1993）的研究表明，内部董事通常由公司内部提拔而来，与经理人的关系较为密切，因而很难起到对经理层决策的监督作用。Fama 和 Jensen（1983）认为外部独立董事通常是公司从外部经理人市场聘请的其他公司的杰出领导人，其为了维护自身的声誉和价值，而产生动机监督经理人的决策行为，以提高公司的绩效水平。学者们在实证研究中验证了以上观点，认为外部独立董事与股东的利益是协同关系，在一个拥有较多外部董事的公司中，当业绩较差时，经理人更易被免去职务（Weisbach，1988；Warner et al.，1988）。另一方面，也有部分学者认为外部董事虽然更有动力监督经理人的战略决策等行为，但他们容易由于缺乏对公司的了解而做出错误的监督行为。Baysinger 和 Hoskisson（1990）认为，外部董事可能通过严格监督经理人决策而保护股东的短期投资不受侵害，然而也可能无意间对经理人的战略决策产生不恰当的判断和监督而影响企业的长期绩效。Lorsch 和 MacIver（1989）的研究表明，外部董事无法获得关于战略决策的丰富且全面的信息，而内部董事由于熟知行业动向和商业法则，可以根据企业的内在情况做出正确的战略决策。Dutta 等的研究（2004）也表明，外部董事无法全面掌握公司的内部战略类型和行业技术发展情况，因而不能有效地促进企业的 R&D 决策。

董事会领导权结构是董事长与总经理的兼任情况，一般划分为两职合一和两职分离两种情形。根据委托代理理论的观点，学者们比较支持两职分离的董事会领导权结构，以此消除机会主义动机和代理人的"败德行为"。当董事会的领导权为两职合一时，这就意味着公司失去对经理人的监督机制，从而失去董事会的监督能力。Weir 等（2002）认为由 CEO 主导的董事会根本无法控制，且不利于公司的治理绩效。Lehn 和 Zhao（2006）也认为两职合一的董事会结构将削弱董事会的监督职能。国内学者张宗益和张湄（2007）也认为两职分离与 R&D 投入呈正相关关系。

董事会会议举办次数增加一般发生在公司的股价下跌之后，公司为了改变绩效，通过董事会会议改善公司的运行绩效（Vafeas，1999）。董事会会议次数同时也是反映董事会参与公司治理积极性和有效性的显性指标（Lipton and Lorsch，1992）。董事会会议次数增加使得董事会成员更好地履行监督的职责，使得高管层能够在与股东利益协调一致的前提下进行公司治理的行为（李常青和赖建清，2004；赖建清等，2014）。董事会的薪酬激励和股权激励能够促使委托人和代理人之间的代理成本降低，从而增加高管与股东利益一致性的协同效应并降低代理成本（周建波和孙菊生，2003）。董事会持股比例反映了公司对股权激励的重视程度。现代企业的很多董事并非拥有公司的股权，因此，其监督的积极性会降低并产生诸如"搭便车"的现象。为了重塑董事会的监督机制，董事可重新成为股东（刘亭立，2009）。公司实施激励性计划，通过增加董事对公司的持股，可以提高董事持有的权益额并最终使股东获益（Jensen and Meckling，1976）。

四 高管和高管市场与 R&D 投入

（一）高管内部治理与 R&D 投入

（1）高管特征与 R&D 投入。高管的特征是指高管的年龄、教育程度、任职年限等要素特征，又可以分为共享性特征和异质性特征，其均在不同程度上影响企业的 R&D 投入等战略决策。众多的文献中有关高管特征对 R&D 投入影响的结论存在显著差别。就高管的教育程度而言，Barker 和 Mueller（2002）的研究表明，CEO 教育程度与 R&D 投入不存在显著相关关系，而 CEO 具有高级学位时会促发 R&D 投入水平提高。就高管的年龄和任职年限而言，刘运国和刘雯（2007）认为高管任期与 R&D 投入水平显著正相关，且年龄较小的高管在任期内对 R&D 投入得更多，高管的离任会显著降低 R&D 投入水平。Barker 和 Mueller（2002）也认为 CEO 年龄越小且任期越久，R&D 投入水平越高。而张兆国等（2014）的最新研究则认为，高管任期对 R&D 投入的影响存在临界值（倒 U 形关系），即高管刚开始具有获取个人财富和实现成就感的强烈愿望，随着高管任期的增加，R&D 投入也增加；当任期超过临界值后，高管就会逐渐表现出不思进取的心理及行为特征，随着既有任期的延长，R&D 投入反而减少。

（2）高管激励与 R&D 投入。企业所有权和经营权的分离导致企业所有者（委托人）和企业经营者（代理人）存在代理冲突，代理问题的存在导致高管追求自身利益最大化而非股东财富最大化，因而削弱了高管对 R&D 投入等高风险企业战略决策的倾向和追求（Wright et al.，1996）。Jensen 和 Meckling（1976）认为对高管进行期权和股权的激励能使委托人和代理人利益趋同，从而提高战略决策和投入的一致性。Nakahara（1997）的研究表明，高层管理者（或经营者）在企业的技术创新中起到关键作用，获得高管支持是企业进行技术创新和R&D投入的至关重要的因素，这种支持需要对高管进行股权、薪酬和期权等方式的激励，高效的激励措施将有效刺激高管进行企业创新的动力和意愿。中国学者也认为高管持股、高管激励、高管薪酬、股权激励都会显著影响企业的R&D投入（刘运国和刘雯，2007；杨勇等，2007；张宗益和张湄，2007；王燕妮，2011）。

然而，也有学者持有不同的观点和意见。Balkin等（2000）认为在一般企业中高管的长期和短期报酬并不会显著提高企业的创新能力，而在高科技企业中高管的短期报酬与企业的创新行为和R&D投入有一定关系。Wiseman和Gomez-Mejia（1998）的研究表明，高管做出的战略决策主要是出于风险规避的角度，股权和薪酬等高管激励措施在某种程度上降低了高管的决策风险，因此高管激励并不能彻底解决高管的风险规避倾向。Mcconnell和Servaes（1990）、Hubbard和Palia（1995）的研究表明，高管持股与企业创新之间的关系是非线性的，存在一个范围的临界值，而处于临界值两边时相关关系完全相反。此外，中国部分学者以中国国有上市公司为样本验证两者关系，认为国有公司高管的持股比例和高管薪酬与企业的技术创新和R&D投入之间不存在显著相关关系（魏锋和刘星，2004；梁琛和杨俊，2009）。

（二）高管外部治理与R&D投入

R&D投入等创新活动的高风险特征使高管与股东之间存在代理问题，有效的外部高管市场对高管在R&D投入等创新决策和活动中表现出特有的治理优势，为此有关学者进行了相关研究。Gabaix和Landier（2008）的研究表明，外部高管市场会根据经理人的业绩表现进行价值评估和薪酬水平的制定，有效的高管市场可以让公司的股东和董事会将本公司的R&D投入和R&D决策与市场中其他公司和经理人进行比较，进而制定经理人的薪酬水平和激励措施。马慧和陈胜蓝（2014）认为有效的高管市场为公司雇佣方与受聘的经理人之间的相互选择提供了实现最优匹配的途径和方式。在高管市场的机制作用下,若高管对 R&D 投入等战略决策采取风险规避的措施,公司将进行经理人变更和薪酬水平降级,这会对经理人声誉产生消极的影响。

外部高管市场机制作用的发挥一般体现在高管市场供给和公司聘请外部高管倾向两方面,学者也对此进行了相关研究。关于高管市场供给,Gutierrez 和 Surroca(2014)的研究表明,当外部高管市场的供给充足时,公司可以从高管市场中选择符合股东和公司发展需求的高管为公司服务,从而使更换在职高管的策略得以实现。Zhang 和 Rajagopalan(2003)及 Aguilera(2005)的实证研究表明,公司更换在职高管的概率会随着外部高管市场人才供给的增加而提高。因此,高管为了减少因外部高管市场供给影响而被公司更换和解聘的可能,会关注通过 R&D 投入等长期投入增加公司的长期效益,实现与股东利益的协同发展。关于公司聘请外部高管倾向,Park 等(2012)认为美国高新技术公司为了给在职高管施加压力以促使其加强对 R&D 投入等创新活动的关注,会提高聘请外部高管的倾向。随着外部高管市场机制的不断完善和治理作用的逐步发挥,公司聘请外部高管的倾向也在逐步呈上升态势。Holmstrom 和 Kaplan(2003)的研究表明,上市公司聘请外部高管的倾向在 20 世纪 70 至 90 年代从 15% 上升到 26.5%。陈冬华等(2011)也认为,虽中国高管市场起步较西方晚,但公司聘请高管的倾向也在逐步增加。然而,尚需说明的是,聘请高管的倾向并非越高越好,较高频率的高管更换造成高管任期的缩短,从而使高管较少关注企业长期发展的绩效而产生一种"短视"行为,降低了高管市场的治理效果(Cheng,2004)。

第四节　文献述评

本章包括两个方面:一方面,对委托代理、资源依赖的相关基础理论进行了系统的分析和回顾,理清其基本含义和主要观点;另一方面,对董事会相关议题和 R&D 投入相关议题进行文献计量分析和文献综述。整体而言，近 30 年董事会主题研究体现出几个显著特征：文献数量呈现拟合曲线型上升趋势；研究核心日益明显，"董事会成员""董事会构成""董事会结构""董事会效率""董事会规模""董事会独立性"等成为研究核心主题。同时，近 30 年 R&D 投入主题研究体现出几个显著特征：最近的研究核心在于"创新"和"R&D"；创新和 R&D 投入正在成为一个国际性的热门话题和研究议题，吸引着来自全球的研究机构和学者的关注；引用频次较高的文献大体可以分为创新理论构建、经典理论基础和理论融合、方法论、R&D 投入核心议题、R&D 投入基础理论和方法、R&D 投入与投资和 R&D 投入与专利等七个门类。

  本书研究的核心问题是董事会对 R&D 投入的影响机制。R&D 投入是公司一项重要的战略决策，公司治理研究领域的学者认为董事会在一定情形下将违背公司高管层的行为倾向，制定有利于公司长远利益和发展的战略决策。董事会作为公司战略制定的决策主体，在公司治理过程中主要发挥着四种重要的功能，分别是控制监督、资源供给、战略决策和服务咨询。董事会监督角色作用的发挥涉及公司治理中的一个传统理论，即委托代理理论，公司的所有者通常聘请董事对公司管理者的经营行为进行监督。董事会资源供给角色作用的发挥则涉及资源依赖理论，董事会通常为公司提供合法性形象、专业知识、管理建议和咨询，通过连接公司外部组织和利益相关者而获得外部资源。与此同时，董事会对公司战略决策的制定（如 R&D 投入）又会受到其价值观、认知模式、个性特征等特质的影响。高层决策者会根据自身的心理、认知和有限理性对组织和行业的情形做出判断继而制定战略决策。

  董事会特征主要由董事会结构特征（董事会规模、董事独立性、董事会领导权）、董事会行为特征（董事会会议次数）和董事会激励特征（董事薪酬激励和董事持股激励）决定，董事会特征通过影响董事会成员的监督、咨询等职能的发挥，继而对公司创新和 R&D 投入产生影响。现有文献仅从某一个要素角度出发探究其与公司绩效和 R&D 投入之间的关系，而本书将首先探究决定董事会特征的这六个要素与 R&D 投入之间的相关关系。然后，使用董事会效率的综合测评指标对董事会特征进行统一量化，验证一定的董事会规模、独立外部董事、两职分离、适当的董事会会议次数、适当的董事会激励将促使董事会整体职能的发挥，有助于董事会做出符合企业长期发展的技术创新和 R&D 决策。

此外，高管作为公司运营管理过程中的重要负责人，很可能会因为缺乏有效的治理约束而追求利己主义和风险规避，忽视对高风险创新活动的战略支持和投入。因此，本书在考察董事会效率与 R&D 投入之间关系的时候，研究了高管激励、高管市场供给、高管外聘倾向对两者之间关系的调节机制。内部高管激励能够将高管自身的利益与公司长期绩效和收益进行捆绑，从而减少高管机会主义投机的可能性，实现高管与董事会和股东的立场一致，加大企业创新和 R&D 投入的力度。目前对高管市场与 R&D 投入之间关系的研究并不多见，然而，高管市场作为约束高管行为的外部机制，主要体现在高管市场供给和公司聘请外部高管倾向两个方面。本书认为外部高管市场供给充足会增加公司解聘高管和替换高管的可能性，从而使高管更加关注自身在高管市场的价值和业绩表现，同时，公司聘请外部高管的倾向也会影响高管的行为。因此，本书将考察高管激励、高管市场供给以及高管外聘倾向对董事会效率与 R&D 投入之间关系的调节机制。

董事会资本与 R&D 投入的相关研究表明，董事会人力资本和社会资本为公司的战略变革和战略决策提供诸如知识、技能、咨询和建议等重要的资源，最终对公司的 R&D 投入产生影响。董事会人力资本指代董事会成员在教育、工作过程中获取的专业知识、技能，使董事会成员能够做出合理的 R&D 决策。董事会社会资本通过董事会成员的外部连锁董事等关联为企业带来相关战略资源，减少 R&D 投入的未知性。既有文献研究了 CEO 的年龄、教育背景、任期等特征变量，以及董事股权激励、公司领导权、CEO 权力等变量对董事会资本与 R&D 投入之间关系的调节作用。本书则从 CEO 股权激励的角度探究其对两者关系的调节机制。

综上所述，根据本书研究主题和相关理论绘制出研究框架，见图2-13。

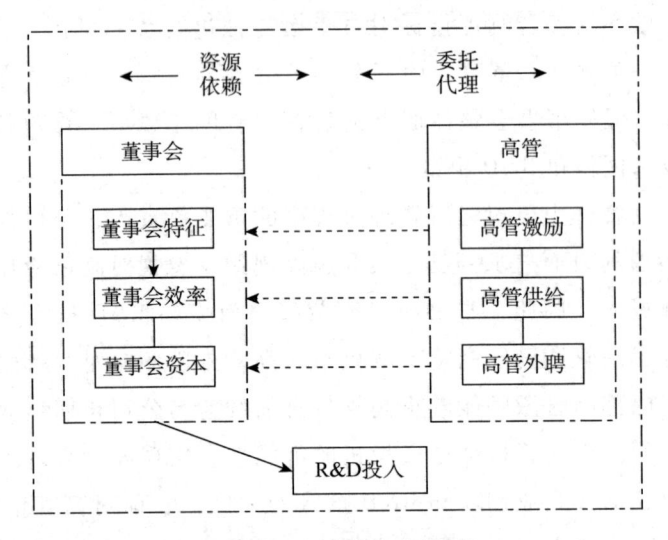

图2-13　本书研究框架

资料来源：作者整理。

第三章　董事会特征与 R&D 投入

本章为子研究一，即董事会特征对 R&D 投入的影响研究。本研究主要涵盖董事会结构特征（董事会规模、独立董事占比、董事会领导权结构）、董事会行为特征（董事会会议次数）、董事会激励特征（董事薪酬以及董事持股）与 R&D 投入的关系。研究结果表明：①董事会规模与 R&D 投入显著负相关，过于庞大的董事会规模会造成效率低下和运行障碍；②独立董事占比与 R&D 投入正相关但不显著；③董事会领导权两职合一与 R&D 投入显著负相关，董事长与 CEO 两职合一会造成权力的过度集中而不利于董事会职能的发挥；④董事会会议次数与 R&D 投入的相关性不显著；⑤董事薪酬和董事持股与 R&D 投入显著正相关，无论对董事会成员实行短期的薪酬激励还是长期的股权激励，都有助于提高企业的技术创新和 R&D 投入的强度。本章研究框架见图 3-1 阴影部分。

第一节　引言

众所周知，技术创新是经济发展的主要推动力，然而理论和实践界对如何促进技术创新存在一定的争议，公司治理作为技术创新的制度保障，必然有益于技术创新并有效促进机制的建立（O'Sullivan, 2000；Belloc, 2012；鲁桐和党印，2014）。企业技术创新的战略导向将决定企业 R&D 投入的强度，目前国内外关于公司治理对企业技术创新影响的研究，实质也是在探讨公司治理的运行和激励机制将如何影响高管层的 R&D 决策（任海云，2013）。有关公司治理与 R&D 投入的关系研究在国外受到广泛关注，国内这方面的研究并不是很多。这一领域的早期研究大多是围绕公司治理

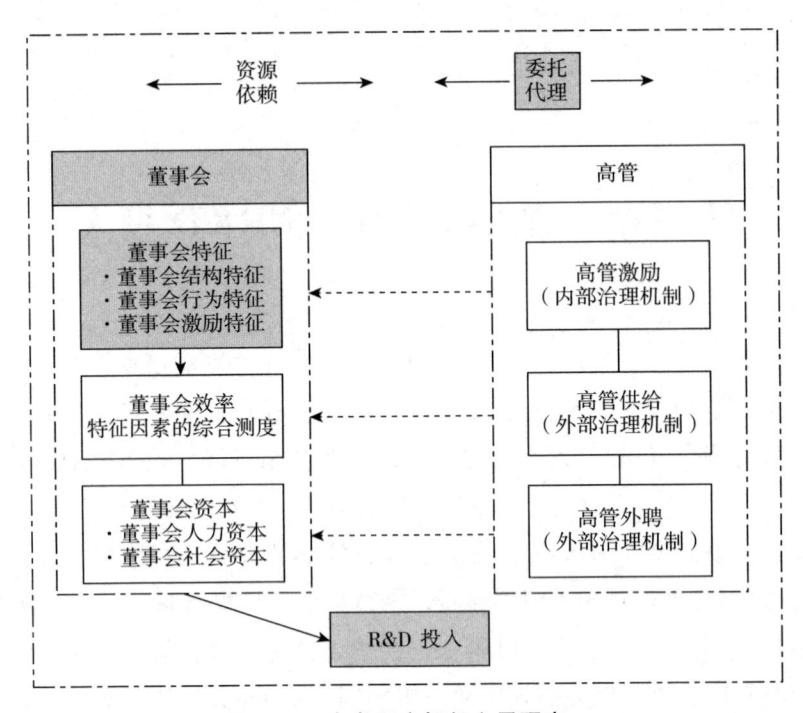

图 3-1 本书研究框架之子研究一

对 R&D 决策的影响展开的，近年来，学者们对这一领域的研究不断加强，研究内容也不断深入，在原有研究的基础上，人们日益发现，高管（或经理人）的机会主义行为也可以通过公司治理的激励和监督机制来加以约束和控制。

根据公司治理领域委托代理理论的论述，公司的股东（委托人）与高管（代理人）之间存在代理冲突，高管往往基于机会主义的倾向，规避高风险的技术创新活动和 R&D 投入，追求企业的短期绩效以获得短期利益。现代公司中所有权和控制权的分离导致双重代理问题的产生，即公司所有者与经理人之间及大股东与小股东之间的代理冲突。董事会作为公司治理的核心机制必然会对高管层进行监督以保证企业重大决策的合理性和有效性。就本书所梳理的文献范围而言，关于中国企业的经验证据相对不是很多。

因此，本章以中国沪深 A 股上市公司数据为样本，探究董事会三个维度，即董事会结构特征、董事会行为特征和董事会激励特征对 R&D 投入的影响。将围绕以下问题展开：第一，董事会结构特征中的董事会规模、独立董事占比、董事会领导权结构与 R&D 投入有何关系；第二，董事会行为特征中的董事会会议次数与 R&D 投入有何关系；第三，董事会激励特征中的董事薪酬和董事持股比例与 R&D 投入有何关系。

第二节　理论分析与研究假设

根据委托代理理论，公司的高层管理人员在制定战略决策时往往存在机会主义和利己主义的倾向，而能够实时监督经理人决策行为的通常是董事会而非股东。董事会能够在制定战略决策（如 R&D 投入）时提供建议和指导，从而保证决策制定的有效性和合法性，维护股东的投资利益。因此，董事会在 R&D 投入等战略决策制定和实施过程中必然发挥着关键的核心作用。

一　董事会规模与 R&D 投入

董事会结构会对公司的技术创新战略及企业的 R&D 投入强度产生显著影响。董事会结构作为财务报告质量的重要决定因素，包括董事会组织结构特征和人员结构特征两个方面。本书主要以董事会规模考量董事会组织结构特征，以独立董事占比和董事会领导权结构考量董事会人员结构特征。其中，董事会规模是指董事会成员的数量，其规模大小主要与公司规模有关。一般认为，大规模的董事会拥有更多的资源和多元化的经验来履行其咨询和监督的职能，董事会作为高层决策机构，其功能的发挥是由董事会成员所拥有的科学解决问题的知识、经验和资源所决定的（Hambrick and D'Aveni，1992）。因此，在对高管进行监督的时候，较小的董事会规模会因缺乏信息处理能力和有效评估高管能力，而将监督的目标放在财务控制层面，通过减少技术创新活动和 R&D 投入来保证公司短期绩效目标的实现（Hitt et al.，1996）。随着董事会规模的增大和董事会成员背景的多元化，董事会信息捕捉、信息处理、高管评估方面的能力提高了，从而更加关注公司通过创新战略和R&D投入获得长期发展（Eisenhardt and Schoonhoven，1990）。所以，董事会规模越大，R&D投入的强度越大（Dutta et al.，2004）。

然而，董事会主要通过其高效的运行实现对高管执行战略决策的评估和监督，较小规模的董事会反而更加高效。较大规模的董事会本身存在较高的沟通成本及较大的协调和调度难度，当R&D投入等决策与董事自身的实际损益关联不大时，会出现董事"搭便车"的消极治理效应，降低董事会的决策效率（Rao and Lee-Sing，1995；Boone et al.，2007）。Yermack（1996）也发现，董事会规模越大，公司就越不太可能解雇绩效不佳的CEO。规模较大的董事会在高管薪酬和日程协调方面会花费更多的成本，还会面临决策缓慢、讨论不坦率、责任分散以及风险厌恶等问题（鲁桐和党印，2014）。这便使得董事会不太可能有效地发挥作用，且容易被CEO控制（Jensen，1993）。考虑到这种现象，很多学者认为董事会规模并不是越大越好，理论上存在一个最优的董事会规模。例如，Lipton和Lorsch（1992）认为董事会应该有八或九位成员，不能超过十位。基于此，本章提出第一个研究假设。

研究假设3-1：在给定其他条件不变的情况下，董事会规模与R&D投入具有负相关关系，即董事会规模并不是越大越好，当达到一定规模之后，董事会规模的扩大反而抑制企业的R&D投入。

二 独立董事占比与R&D投入

独立性（Independence）被定义为"与上市公司不存在重大关系（无论是直接的关系还是作为合作伙伴、股东或与公司有关的组织官员）"。这些标准的目的是确保董事们能够独立判断，履行职责。董事会独立性对企业的技术创新及R&D投入水平产生一定影响，而独立董事在董事会中占的比例从一定程度上反映了董事会独立性。独立性使董事能够客观地评价高层管理人员、公司战略、商业模式以及管理层提出的风险管理政策，也能够使董事会更加客观地评估公司运营和财务业绩,独立性也意味着董事会能够通过独立谈判的方式确定 CEO 薪酬方案,并能在维护股东最佳利益的基础上确定收购计划(Larcker and Tayan,2015)。董事会成员结构一般由外部董事、内部董事、外部董事的非独立董事(灰色董事)和独立董事组成。公司聘请的外部董事与经理人之间的关系相对独立,更能代表公司股东的利益,而对经理人的决策起到提议和监督的作用(Mizruchi,1983)。此外,资源依赖理论认为独立董事的引入可以给公司带来一定的资源,从而提高董事会技术创新的决策质量(冯根福和温军,2008)。内部董事则通常由公司内部提拔而来,与经理人的关系较为密切,因而很难起到监督经理层的作用(Hart,1995;Fama and Jensen,1993)。

当公司处于初创或规模较小阶段时,独立董事在董事会结构中所占比例较小,高管兼任内部董事的情况较为常见,从而使董事会实际处于"内部人控制"的状态,并存在短期机会主义倾向,而较少追求通过高风险的技术创新和 R&D 投入决策获得企业长期绩效(张子峰,2010)。然而,外部独立董事通常是公司从外部经理人市场聘请的其他公司的杰出职业经理人,他们为了维护自身的声誉和价值,积极监督经理人的经营管理行为,以提高公司的绩效水平(Fama and Jensen,1983)。因此,为了确保董事会对高管的决策进行科学和有效的评估和监督,从外部引入独立董事对完善董事会结构具有一定的帮助。外部独立董事的引入,一方面带来多元化的教育和职业背景以及广泛的管理和技术知识,有利于董事会博采众长,为公司战略决策和创新投入做出科学判断;另一方面可增强董事会的监督职能,促进通过技术创新和 R&D 决策提高公司的长期绩效(杨建君和刘刃,2007;张子峰,2010;赵旭峰和温军,2011)。基于此,本章提出第二个研究假设。

研究假设 3-2:在给定其他条件不变的情况下,独立董事占比与 R&D 投入具有正相关关系,即董事会中独立董事所占比例较大可以促进企业的 R&D 投入增加。

三 董事会领导权结构与 R&D 投入

董事会领导权结构是指董事会中成员兼任高管,通常分为董事长、副董事长、总经理(CEO)、副总经理相互兼任的四种情况。本书主要研究董事长与总经理两职合一或两职分离时对 R&D 投入水平的影响,两职合一是指存在兼任情况,而两职分离指不存在兼任情况。董事会领导权两职合一时,董事会将失去对高管的监督机制,进而失去监督高管行为的能力,导致高管的机会主义倾向和"败德行为"。由总经理(或 CEO)主导的董事会根本无法控制,并不利于公司的治理绩效,高管并不会关注通过技术创新等高风险的资本投入获取公司的长期绩效(Weir et al., 2002;Lehn and Zhao, 2006)。这种状况可能是由于人的认知模式和信息来源的有限性所决定的(Hambrick and Fukutomi, 1991),董事会两职合一会致使董事会和高管层的决策权力集中在一人之手,缺乏对信息的处理判断能力,缺少董事会对高管的监督制约(Sander and Carpenter, 1998),引发高管的自利行为,阻碍利于公司长期发展的战略决策和 R&D 投入。因而,董事长与总经理两职分离的状态有益于 R&D 投入,推动公司获得长期投资回报。基于以上分析,本章提出第三个研究假设。

研究假设 3-3:在给定其他条件不变的情况下,领导权两职合一情况与 R&D 投入具有负相关关系,即两职分离有利于 R&D 投入,两职合一抑制企业的 R&D 投入。

四 董事会会议次数与 R&D 投入

董事会行为特征(董事会会议次数)较少得到学者的关注,更多的研究关注董事会结构特征和激励特征(于东智,2002)。董事会行为特征主要表现为公司董事会每年举行的会议次数,用来表征和度量董事会行为(Vafeas, 1999;沈艺峰等,2002)。董事会会议举办次数增加一般发生在公司的股价下跌之后,公司为了改变绩效,通过增加董事会会议次数改善公司的运行绩效（Vafeas，1999）。董事会会议次数同时也是反映董事会参与公司治理积极性和有效性的显性指标（Lipton and Lorsch，1992）。在大多数情况下，董事会日程表和会议讨论的日常事务均是由总经理（或 CEO）制定的，由于外部董事对公司经营状况缺乏了解，董事会的行为往往比较被动。因此，董事会会议次数增加，使得董事会成员更好地履行监督的职责，使得高管层能够与股东利益协调一致地进行公司治理的行为（李常青和赖建清，2004；赖建清等，2014）。董事会会议次数在决定公司重要的战略决策方面发挥着重要作用，且相较于董事会的结构特征和所有权结构等成本更小、见效更明显。董事会会议频率越高，董事对高管监督的参与度越高，更能与股东的长期利益保持一致，也越有利于解决公司技术创新和 R&D 投入等战略决策中存在的问题，从而保证 R&D 活动的有序开展（Lipton and Lorsch，1992）。基于上述分析，本章提出第四个研究假设。

研究假设 3-4：在给定其他条件不变的情况下，董事会会议次数与 R&D 投入具有正相关关系，即董事会会议的召开有利于企业的 R&D 投入。

五 董事会激励与 R&D 投入

公司股东（委托人）和高管（代理人）之间存在信息不对称和代理冲突的客观情况，使激励措施成为协调股东与高管的重要机制，通过激励性的薪酬和持股，减少代理冲突（刘亭立，2009）。董事会成员的薪酬激励和持股激励体现了公司对董事会成员的有效激励，本章将考察董事会激励特征与 R&D 投入之间的关系和影响机制。

薪酬激励和股权激励能够促使委托人和代理人之间的代理成本降低，从而增加股东利益一致性的协同效应。故为了有效提高董事会和股东之间的代理协同效应，增加董事会成员的薪酬或对董事会实施股权激励能够有效地促进股东利益与董事利益趋同，降低代理成本（周建波和孙菊生，2003）。其中，董事会持股比例的增加反映了公司对股权激励的重视程度。传统的董事会成员通常为公司的大股东，对高管层的监督具有自发性。现代企业的很多董事并非拥有公司的股权,因此,其监督的积极性会降低,产生了诸如"搭便车"的现象。为了重塑董事的监督机制,董事可重新成为股东(刘亭立,2009)。公司实施的激励性计划,通过增加董事对公司的持股,可以提高董事持有的权益额(Jensen and Meckling,1976)。当董事开始持有公司的股份,董事与股东之间的利益实现了捆绑,监督和质疑高层经营管理的积极性便得到了有效提高(Patton and Baker,1987)。有研究表明,董事会成员的持股比例越高,公司存在财务欺诈的可能性越小(Gerety and Lehn,1997)。基于此,本章提出第五和第六个研究假设。

研究假设3-5:在给定其他条件不变的情况下,董事薪酬与R&D投入具有正相关关系,即董事薪酬可以激励董事会成员在短期内支持企业的R&D投入。

研究假设3-6:在给定其他条件不变的情况下,董事持股比例与R&D投入具有正相关关系,即董事会拥有公司股份可以激励董事会成员长期支持企业的R&D投入。

根据以上研究假设,图3-2显示了本章的董事会特征与R&D投入的研究模型框架。下文将首先对样本选择和研究设计进行说明,然后对实证结果和实证检验进行分析,并在此基础上得出研究结论、开展进一步的讨论。

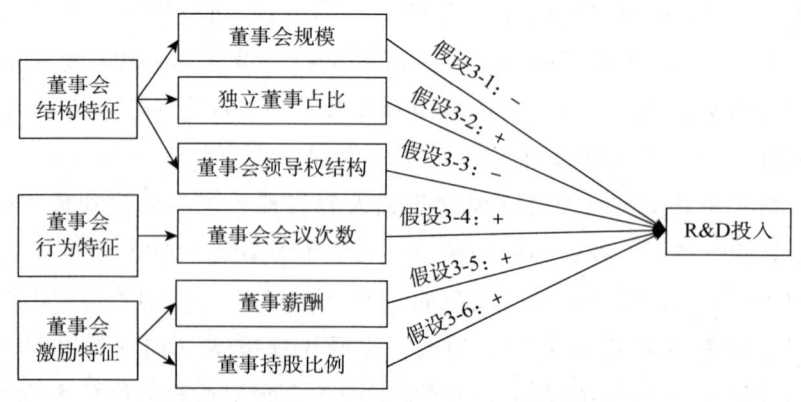

图3-2 董事会特征与R&D投入的研究假设

第三节 研究设计

一 样本和数据

本章的研究样本来自2007~2015年上海、深圳交易所上市的所有A股主板（非金融）上市公司①，其数据源于国泰安（CSMAR）数据库和万德（WIND）数据库，为尽可能多地获取完整样本，进一步根据公司年报手工整理部分缺失值。继而，对该初始样本数据做以下筛选：①剔除2015年ST或*ST、PT上市公司；②剔除变量观察值缺失严重的样本；③删除经营异常的上市公司②；④为进一步检验董事会特征和效率对公司R&D活动投入的影响，删除没有R&D投入数据的样本。

此外，本书的样本数据属于混合面板数据，它由不同公司不同年度的数据所组成，以至于给定公司的年度观察值不满足独立性要求。故而，本书采用聚类（clustering）的方法对每个年度进行处理，从而对系数估计值的标准误进行调整，以纠正"高估回归结果的统计显著性"问题。本书对除哑变量以外的所有变量值，即连续变量值在1%和99%水平上进行Winsorize缩尾处理以排除异常值，从而对极端值所带来的偏误和影响进行控制。根据以上标准，最后本章共筛选得到6950个观察值。其样本选择过程如表3-1所示。

---

① 以2007年作为样本选取起始时间，是考虑到中国证监会于2007年12月17日发布《公开发行证券的公司信息披露内容与格式准则第2号——年度报告的内容与格式》，强制要求上市公司自2007年开始，其年度报告需要单独披露R&D投入数据，这可以尽可能保证样本数据在各个年度之间的一贯性。此外，2007年我国新企业会计准则实施前，上市公司对R&D投入披露相对不规范，研究者在收集相关数据以及构建研究变量过程中存在选择标准主观性问题，导致研究结果的科学性和可比性相对较低。新会计准则的全面执行在一定程度上保证了研发数据披露的规范性与准确性，这使公司研发数据的可比性大大提高。

② 剔除经营异常样本主要是考虑到该部分样本企业甚少开展主营业务经营。至于具体界定，我们借鉴胡一帆等（2005）对公司状况的变量定义，关注员工人数、净资产、销售收入和资产负债率四个指标。据此，我们剔除员工人数少于20人、净资产小于0元、营业收入小于100万元以及资产负债率大于100%的企业样本。

表 3-1 样本选取过程

单位：个

步骤	选取过程描述	观察值
1	选取 2007~2015 年的沪深 A 股（非金融）上市公司作为样本，共计 2828 家	25452
2	剔除 2015 年 ST 或 *ST、PT 上市公司的样本 179 家，余下样本 2649 家	23841
3	剔除变量观察值缺失严重及经营异常的上市公司，余下样本 1083 家	8800
4	剔除没有直接披露 R&D 投入信息的样本，余下样本 955 家，并进行缩尾处理	6950

各年度样本分布状况如表 3-2 及图 3-3 所示。可以直观看出，样本数量分布呈逐年上升趋势，2007~2015 年，随着上市公司信息披露机制的逐年规范，直接披露 R&D 投入数据的上市公司逐年增加。

表 3-2 有效样本的分布情况

年份	观察值（个）	频率（%）	累计比例（%）
2007	474	6.82	6.82
2008	634	9.12	15.94
2009	657	9.45	25.40
2010	764	10.99	36.39
2011	804	11.57	47.96
2012	894	12.86	60.82
2013	900	12.95	73.77
2014	908	13.06	86.83
2015	915	13.17	100
合计	6950	100	

全样本按照证监会 2012 年修订的《上市公司行业分类指引》中的行业分类标准对样本进行分类，样本行业分布情况如表 3-3 所示。样本共涉及 16 个一级行业，其中制造业（C）样本最多，共计 5875 个，占总体有效样本的比例高达 84.53%；其次是信息传输、软件和信息技术服务业（I）样本，共计 309 个，占比达 4.45%；这两者的样本数量共计 6184 个，所占比例高达 88.98%。鉴于制造业样本集中的状况，本书的研究模型控制行业特征，

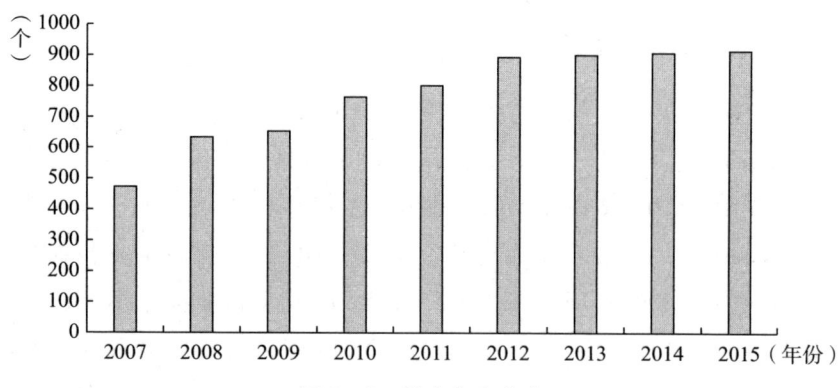

图 3-3 样本年度分布

并将制造业的行业代码取 3 位，其他行业取 1 位。

表 3-3 样本公司的行业分布

序号	行业代码	行业名称	观察值（个）	比例（%）	累计比例（%）
1	A	农、林、牧、渔业	103	1.480	1.480
2	B	采矿业	82	1.180	2.660
3	C	制造业	5875	84.53	87.19
4	D	电力、热力、燃气及水生产和供应业	84	1.210	88.40
5	E	建筑业	173	2.490	90.89
6	F	批发和零售业	75	1.080	91.97
7	G	交通运输、仓储和邮政业	22	0.320	92.29
8	H	住宿和餐饮业	13	0.190	92.47
9	I	信息传输、软件和信息技术服务业	309	4.450	96.92
10	K	房地产业	40	0.580	97.50
11	L	租赁和商务服务业	21	0.300	97.80
12	M	科学研究和技术服务业	38	0.550	98.35
13	N	水利、环境和公共设施管理业	42	0.600	98.95
14	Q	卫生和社会工作	5	0.070	99.02
15	R	文化、体育和娱乐业	47	0.680	99.70
16	S	综合	21	0.300	100
		合计	6950	100	

二 变量定义及测量

（1）被解释变量。企业的研发投入，即 R&D 投入是本书的被解释变量，以 R&D 投入强度这一相对数值作为代理变量，并用变量 RD 表示。既有国内外相关研究中 R&D 投入的测量方法主要有 R&D 投入与企业营业收入之比（Brossard 等，2013；张兆国等，2014）、R&D 投入与企业总资产之比（刘运国和刘雯，2007；周建等，2012）、R&D 投入取自然对数、R&D 投入的人均值等。其中，研发支出占营业收入的比重和研发支出占总资产的比重是文献中常用来衡量 R&D 投入强度的两个指标（鲁桐和党印，2014）。然而，R&D 投入终究是一个年度流量的概念，故本书采用研发支出占营业收入的比重，亦即 R&D 投入的强度 = 研发支出/营业收入，从而使度量兼具代表性和科学性，并以研发支出占总资产的比重作为稳健性检验的代理变量。数值越大表明 R&D 投入的强度越大，企业越倾向于 R&D 投入。

（2）解释变量。董事会特征的各因素变量是本章的解释变量，主要借鉴刘玉敏（2006）、郑剑英（2012）、鲁桐和党印（2014）等的测量方法。具体而言，在董事会结构特征方面选取了三项指标，①董事会规模（以 $DSGM$ 表示），定义为董事会总人数；②独立董事占比（以 $DDZB$ 表示），定义为董事会中独立董事的比例；③董事长和 CEO 的两职合一情况（以 $DUAL$ 表示），用虚拟变量表示，即两职分离时取值为 0，两职合一时取值为 1。在董事会行为特征方面，用董事会会议次数（以 $DSHY$ 表示）度量，即一个经营年度内董事会召开会议的次数。在董事会激励特征方面选取了两项指标，①董事薪酬（以 $DSXC$ 表示），即薪酬排名前三位的董事薪酬之和的自然对数；②董事持股比例（以 $DSCG$ 表示），定义为董事会成员持股数量与总股数的比值。

（3）控制变量。由于公司治理的董事会并不是影响 R&D 投入水平的唯一因素，故而，为了使实证结果具有更为合理的解释意义，就需要在进行相关实证检验时，控制可能影响 R&D 投入水平的其他或有因素。本书结合既有国内外学者的研究成果（张子峰，2010；Block，2012）等，设置以下控制变量：①滞后一期的研发投入（以 RD_{t-1} 表示）；②公司规模（以 $SIZE$

表示），定义为公司总资产的自然对数；③公司绩效（以 ROA 表示），定义为净利润与总资产之比；④企业成长性（以 GROW 表示），定义为主营业务收入增长率，即（本年度主营业务收入－上年度主营业务收入）/上年度主营业务收入；⑤公司年龄（以 FAGE 表示），定义为公司注册成立月数的自然对数；⑥现金持有水平（以 CASH 表示），定义为公司现金和短期投资之和与总资产的比值；⑦资产负债率（以 LEVERAGE 表示），定义为公司长期负债与期末总资产的比率；⑧股权集中度（以 OWN 表示），定义为公司年末第一大股东持股数量与总股数的比例；⑨行业类别（以 IND 表示），本书对 16 个行业取 15 个虚拟变量，若该样本属于该行业，取值为 1，否则为 0；⑩年度效应（以 YEAR 表示），定义为年度虚拟变量，若该样本属于该年度，取值为 1，否则为 0，从而控制时间变化对 R&D 的影响。表 3-4 为研究变量的定义及计算方法。

表 3-4 研究变量的定义及计算方法

变量属性	变量名称	变量符号	变量描述
被解释变量	R&D 投入	RD	研发支出/营业收入
解释变量	董事会特征	DSGM	董事会规模：董事会总人数
		DDZB	独立董事占比：董事会中独立董事的比例
		DUAL	两职合一：用虚拟变量表示，即董事长和 CEO 两职分离时取值为 0，两职合一时取值为 1
		DSHY	董事会会议次数：一个经营年度内董事会召开会议的次数
		DSXC	董事薪酬：薪酬排名前三位的董事薪酬之和的自然对数
		DSCG	董事持股比例：董事会成员持股数量/总股数
控制变量	历史 R&D 投入	RD_{t-1}	滞后一期的研发投入
	公司规模	SIZE	公司总资产的自然对数
	公司绩效	ROA	总资产收益率，即净利润与总资产之比
	企业成长性	GROW	（本年度主营业务收入－上年度主营业务收入）/上年度主营业务收入

续表

变量属性	变量名称	变量符号	变量描述
控制变量	公司年龄	FAGE	公司注册成立月数的自然对数
	现金持有水平	CASH	(现金＋短期投资)／总资产
	资产负债率	LEVERAGE	公司长期负债与期末总资产比率
	股权集中度	OWN	公司年末第一大股东持股数量与总股数的比例
	行业类别	IND	虚拟变量控制行业效应，根据证监会2012年行业代码，其中制造业（C）取3位代码，其他行业取1位代码。若样本属于该行业，取值为1，否则为0
	年度效应	YEAR	虚拟变量控制年度效应，若该样本属于该年度，取值为1，否则为0

资料来源：作者整理。

三 模型设定

基于前文理论分析和基本假设，本章设置回归模型（3-1），然后，再将每个自变量与因变量单独进行回归，见模型（3-2）至模型（3-7）①，以清晰地反映董事会治理的各特征变量与公司创新 R&D 投入之间的具体关系，从而进一步验证研究假设 3-1 至假设 3-6。

$$RD_{i,t} = \alpha + \beta_1 DSGM_{i,t} + \beta_2 DDZB_{i,t} + \beta_3 DUAL_{i,t} + \beta_4 DSHY_{i,t} + \beta_5 DSXC_{i,t} + \beta_6 DSCG_{i,t}$$
$$+ \beta_7 RD_{i,t-1} + \beta_8 SIZE_{i,t} + \beta_9 ROA_{i,t} + \beta_{10} GROW_{i,t} + \beta_{11} FAGE_{i,t} + \beta_{12} CASH_{i,t}$$
$$+ \beta_{13} LEVERAGE_{i,t} + \beta_{14} OWN_{i,t} + IND + YEAR + \varepsilon_{i,t} \qquad (3-1)$$

$$RD_{i,t} = \alpha + \beta_1 DSGM_{i,t} + \beta_2 RD_{i,t-1} + \beta_3 SIZE_{i,t} + \beta_4 ROA_{i,t} + \beta_5 GROW_{i,t} + \beta_6 FAGE_{i,t}$$
$$+ \beta_7 CASH_{i,t} + \beta_8 LEVERAGE_{i,t} + \beta_9 OWN_{i,t} + IND + YEAR + \varepsilon_{i,t} \qquad (3-2)$$

$$RD_{i,t} = \alpha + \beta_1 DDZB_{i,t} + \beta_2 RD_{i,t-1} + \beta_3 SIZE_{i,t} + \beta_4 ROA_{i,t} + \beta_5 GROW_{i,t} + \beta_6 FAGE_{i,t}$$
$$+ \beta_7 CASH_{i,t} + \beta_8 LEVERAGE_{i,t} + \beta_9 OWN_{i,t} + IND + YEAR + \varepsilon_{i,t} \qquad (3-3)$$

$$RD_{i,t} = \alpha + \beta_1 DUAL_{i,t} + \beta_2 RD_{i,t-1} + \beta_3 SIZE_{i,t} + \beta_4 ROA_{i,t} + \beta_5 GROW_{i,t} + \beta_6 FAGE_{i,t}$$
$$+ \beta_7 CASH_{i,t} + \beta_8 LEVERAGE_{i,t} + \beta_9 OWN_{i,t} + IND + YEAR + \varepsilon_{i,t} \qquad (3-4)$$

---

① 模型的编号与研究假设的编号依次对应，例如，模型（3-2）对应待验证的假设3-1。

$$RD_{i,t} = \alpha + \beta_1 DSHY_{i,t} + \beta_2 RD_{i,t-1} + \beta_3 SIZE_{i,t} + \beta_4 ROA_{i,t} + \beta_5 GROW_{i,t} + \beta_6 FAGE_{i,t}$$
$$+ \beta_7 CASH_{i,t} + \beta_8 LEVERAGE_{i,t} + \beta_9 OWN_{i,t} + IND + YEAR + \varepsilon_{i,t} \quad (3-5)$$

$$RD_{i,t} = \alpha + \beta_1 DSXC_{i,t} + \beta_2 RD_{i,t-1} + \beta_3 SIZE_{i,t} + \beta_4 ROA_{i,t} + \beta_5 GROW_{i,t} + \beta_6 FAGE_{i,t}$$
$$+ \beta_7 CASH_{i,t} + \beta_8 LEVERAGE_{i,t} + \beta_9 OWN_{i,t} + IND + YEAR + \varepsilon_{i,t} \quad (3-6)$$

$$RD_{i,t} = \alpha + \beta_1 DSCG_{i,t} + \beta_2 RD_{i,t-1} + \beta_3 SIZE_{i,t} + \beta_4 ROA_{i,t} + \beta_5 GROW_{i,t} + \beta_6 FAGE_{i,t}$$
$$+ \beta_7 CASH_{i,t} + \beta_8 LEVERAGE_{i,t} + \beta_9 OWN_{i,t} + IND + YEAR + \varepsilon_{i,t} \quad (3-7)$$

其中，α 为常数项，$\beta_1 \sim \beta_{14}$ 为系数，ε 则为残差。公式中的 i 和 t 分别表示公司和年度。本书的实证分析使用 Stata 14.0 统计分析软件，并通过豪斯曼（Hausman）检验说明应该利用面板数据的固定效应回归模型[①]进行估计和回归分析。

第四节 实证结果

一 描述性统计

运用 Stata 14.0 统计分析软件，我们得到了主要变量的描述性统计结果，如表 3-5 所示。

表 3-5 变量的描述性统计

变量	观察值（个）	均值	标准差	最小值	百分位数 25%	百分位数 50%	百分位数 75%	最大值
RD	6950	0.035	0.037	0	0.012	0.031	0.044	0.516
DSGM	6950	9.055	1.808	3	8	9	9	18
DDZB	6950	0.369	0.052	0.143	0.333	0.333	0.4	0.714
DUAL	6950	0.319	0.466	0	0	0	1	1
DSHY	6950	9.235	3.797	1	7	9	11	49
DSXC	6950	13.91	0.764	9.532	13.46	13.93	14.39	16.67

[①] 固定效应回归是一种控制面板数据随个体变化但不随时间变化的一类变量方法。由于采用大样本，固定效应模型可减弱多重共线性的影响，主要用于发现基本的关系。

续表

变量	观察值（个）	均值	标准差	最小值	百分位数 25%	百分位数 50%	百分位数 75%	最大值
DSCG	6950	0.156	0.232	0	0	0.025	0.266	0.973
SIZE	6950	21.31	1.149	17.95	20.54	21.27	21.96	25.91
ROA	6950	7.140	8.704	-83.25	2.511	6.088	10.62	230.1
GROW	6950	21.17	1645	-1	-0.039	0.1	0.266	130000
FAGE	6950	5.117	0.377	3.178	4.883	5.193	5.375	6.122
CASH	6950	0.21	0.15	0.001	0.103	0.167	0.273	0.915
LEVERAGE	6950	41.39	20.98	0.752	25.43	40.37	56.19	333.1
OWN	6950	35.67	14.99	3.89	23.78	34.1	45.18	95.95

注：变量定义见表3-4。

从表3-5中数据可以看出，样本企业R&D投入（RD）的均值为0.035，表明企业营业收入的3.5%用于研发。对比国际经验，当研发投入强度低于2%，企业勉强能够维持生存，只有在该比例达到5%时，企业才具有较强的技术创新能力（麦肯锡，2006），这说明中国企业的整体研发能力与国际领先水平还有一定的差距。此外，R&D投入的代理变量RD的最大值为51.6%，最小值为0，表明企业之间还是有差异的。

在不同层次的董事会特征变量中：①董事会规模（DSGM）的均值为9.055，最小值为3，最大值为18，标准差为1.808，表明董事会规模存在差距；②独立董事占比（DDZB）的均值为0.369，中位数为0.333，表明超过50%的公司满足关于独立董事比例不低于1/3的规定；③两职合一（DUAL）的均值为0.319，总体来看，大多数公司中董事长和CEO两职合一的现象较少；④董事会会议次数（DSHY）的均值为9.235，标准差为3.797，总体来看大部分公司的会议次数在10次左右，但是也有高达49次的，差异较大；⑤董事薪酬（DSXC）的标准差为0.764，最小值为9.532，最大值为16.67，表明上市公司之间的差距很大；⑥董事持股比例（DSCG）也有很大差异，中位数为0.025，四分之三分位数为0.266，但是均值为0.156，有50%以上的公司低于均值，说明董事要么没有持股，要么持有较大比例的股份。

为更好地把握董事会特征，本章接下来进一步刻画董事会特征分年度的描述性统计情况。

（一）董事会结构特征的描述性统计

从表3-6中，我们可以看出如下几点。

表3-6 董事会结构特征的描述性统计情况

变量名称	描述	2007年	2008年	2009年	2010年	2011年	2012年	2013年	2014年	2015年
董事会规模	最小值（人）	3	4	4	4	5	4	4	4	5
	最大值（人）	17	17	17	17	17	17	18	18	17
	均值（人）	9.451	9.32	9.224	9.17	9.132	9.091	9.036	8.849	8.753
	中位数（人）	9	9	9	9	9	9	9	9	9
	标准差	1.993	1.922	1.854	1.839	1.803	1.796	1.765	1.722	1.706
独立董事占比	最小值	0.222	0.250	0.143	0.143	0.250	0.182	0.250	0.250	0.182
	最大值	0.500	0.667	0.571	0.667	0.667	0.600	0.714	0.714	0.714
	均值	0.347	0.365	0.368	0.368	0.369	0.370	0.372	0.371	0.373
	中位数	0.333	0.333	0.333	0.333	0.333	0.333	0.333	0.333	0.333
	标准差	0.041	0.048	0.049	0.051	0.050	0.053	0.055	0.053	0.053
两职合一	最小值	0	0	0	0	0	0	0	0	0
	最大值	1	1	1	1	1	1	1	1	1
	均值	0.181	0.361	0.356	0.324	0.316	0.307	0.313	0.306	0.305
	中位数	0	0	0	0	0	0	0	0	0
	标准差	0.387	0.481	0.479	0.468	0.465	0.462	0.464	0.461	0.461

（1）我国上市公司的董事会规模的最小值从2007年的3人发展到2015年的5人，《公司法》第一百零九条规定："股份有限公司设董事会，其成员为五人至十九人。"可见我国上市公司的董事会人数已符合规范，目前符

合公司法规定的下限；最大值为 18 人，符合上市公司董事会规模的上限；其中位数为 9 人；董事会规模的均值从 2007 年的 9.451 人减少到 2015 年的 8.753 人，可以看出，董事会规模的总体变化趋势是显著下降的。此外，其标准差亦呈现出逐年下降的趋势，从 2007 年的 1.993 减少到 2015 年的 1.706，该情况也说明国内上市公司董事会规模的总体差异越来越小。

（2）我国证监会在《关于在上市公司建立独立董事制度的指导意见》中规定，上市公司董事会成员中应当至少包括 1/3 的独立董事。从 2007 ~ 2015 年，独立董事占比的中位数均为 0.333，可见，50% 以上的上市公司符合要求；独立董事占比的最小值从 2007 年的 0.222 发展到 2015 年的 0.182，有所下降；其最大值从 2007 年的 0.500 上升到 2015 年的 0.714，且其均值也从 2007 年的 0.347 上升到 2015 年的 0.373，其上升趋势是明显的。该情况也可能说明独立董事在提升 R&D 决策能力和竞争力的过程中起到一定的作用，这导致其比例的上升；独立董事占比的标准差从 2007 年的 0.041 上升到 2015 年的 0.053，说明国内上市公司独立董事占比的总体差异越来越大。

（3）两职合一由于本身属于虚拟变量，只有两个取值，当两职分离时，其值为 0；当两职合一时，其值为 1，故从表 3-6 中可以看出我国上市公司董事会领导权构成情况的最小值和最大值都没有变化。其均值从 2007 年的 0.181 上升到 2008 年的 0.361，随后逐渐下降到 2015 年的 0.305，该数据说明董事长和总经理这两个职务同时由一人担任的情况在我国上市公司里是先增加后减少的。其中位数均为 0，表明 50% 以上的公司领导权是两职分离的；两职合一的标准差从 2007 年的 0.387 上升到 2015 年的 0.461，说明总体差异较大。

（二）董事会行为特征的描述性统计

《公司法》第一百一十条规定，"董事会每年度至少召开两次会议"，从表 3-7 可以看出我国上市公司董事会会议次数的最小值从 2007 年的 3 次到 2015 年的 2 次，略有下降，符合《公司法》对于股份有限公司规定的下限。董事会会议次数的最大值却从 2007 年的 26 次上升到 2015 年的 48 次，其均值亦从 2007 年的 9.510 次上升到 2015 年的 10.34 次，说明董事会会议次数普遍增加了。2007~2015 年的中位数均小于均值，说明 50% 以上的上市公司董事会会议次数低于均值。其标准差从 2007 年的 3.057 上升到 2015 年的 4.584，该情况说明国内上市公司董事会会议次数的总体差异越来越大。

表 3-7　董事会行为特征的描述性统计情况

单位：次

变量名称	描述	2007 年	2008 年	2009 年	2010 年	2011 年	2012 年	2013 年	2014 年	2015 年
董事会议次数	最小值	3	3	1	2	4	3	2	2	2
	最大值	26	33	34	32	33	49	46	48	48
	均值	9.510	9.430	8.272	8.595	9.452	9.221	8.731	9.270	10.34
	中位数	9	9	8	8	9	9	8	8	9
	标准差	3.057	3.220	3.644	3.593	3.606	3.565	3.587	4.035	4.584

（三）董事会激励特征的描述性统计

从表 3-8 中，我们可以看出如下几点。

表 3-8　董事会激励特征的描述性统计情况

变量名称	描述	2007 年	2008 年	2009 年	2010 年	2011 年	2012 年	2013 年	2014 年	2015 年
董事薪酬	最小值	11.18	10.13	10.03	9.532	11.18	10.31	11.00	11.00	10.25
	最大值	15.50	16.22	15.94	16.17	16.22	15.96	16.58	16.66	16.67
	均值	13.37	13.44	13.58	13.69	13.85	13.93	14.01	14.08	14.16
	中位数	13.42	13.49	13.62	13.73	13.85	13.94	14.01	14.07	14.16
	标准差	0.747	0.818	0.787	0.821	0.721	0.708	0.702	0.693	0.717
董事持股比例	最小值	0	0	0	0	0	0	0	0	0
	最大值	0.766	0.973	0.730	0.730	0.865	0.892	0.879	0.904	0.927
	均值	0.128	0.152	0.137	0.124	0.134	0.133	0.143	0.162	0.237
	中位数	0	0.010	0.022	0.021	0.033	0.020	0.021	0.036	0.041
	标准差	0.212	0.219	0.190	0.169	0.175	0.182	0.193	0.212	0.368

（1）我国上市公司董事薪酬的最小值从 2007 年的 11.18 减少到 2015 年的 10.25；董事薪酬的最大值从 2007 年的 15.50 上升到 2015 年的 16.67，且其均值从 13.37 上升到 14.16。中位数大部分大于或等于均值，该情况的出现说明 50% 以上的国内上市公司高管薪酬较高；标准差从 2007 年的 0.747 下降到 2015 年的 0.717，说明董事会成员薪酬的总体差异减小，但是，最小值与最大值的差值在增大。

（2）董事持股比例的最小值一直为 0，说明仍有公司未实行该激励方式；最大值从 2007 年的 0.766 上升到 2015 年的 0.927；均值从 0.128 上升到 0.237；与此同时，中位数亦从 0 上升到 0.041。从以上数据可以看出，一方面，董事持股比例的最大值、均值和中位数都表现出明显的上升趋势，说明上市公司越来越重视对董事的长期股权激励；另一方面，每一年度的中位数均远远小于均值，说明绝大部分公司在董事股权激励方面做得不够，存在很大差距，董事要么不持股，要么就持有高比例的股份。此外，其标准差从 2007 年的 0.212 上升到 2015 年的 0.368，说明上市公司的董事持股比例总体差异越来越大。

为了更进一步直观描述董事会各特征均值的年度变化情况，本章绘制了图 3–4。

二 相关性分析

在做多元回归分析之前，我们运用 Stata 14.0 统计软件对变量之间的 Pearson 相关系数进行初步分析，结果如表 3–9 所示。可以发现：①R&D 投入（RD）与董事会规模（$DSGM$）的相关系数为 -0.0562，且在 1% 水平上显著，表明 R&D 投入与董事会规模呈显著的负向关系；②变量 RD 与独立董事占比（$DDZB$）的相关系数为 0.046，且在 1% 水平上显著，表明 R&D 投入与独立董事占比呈显著的正向关系；③变量 RD 与两职合一（$DUAL$）的相关系数为 0.0683，且在 1% 水平上显著，表明可能存在其他因素影响 RD 与两职合一之间的关系；④变量 RD 与董事会会议次数（$DSHY$）的相关系数为 0.0211，且在 10% 水平上显著，表明 R&D 投入与董事会会议次数正相关；⑤变量 RD 与董事薪酬（$DSXC$）的相关系数为 0.127，且在 1% 水

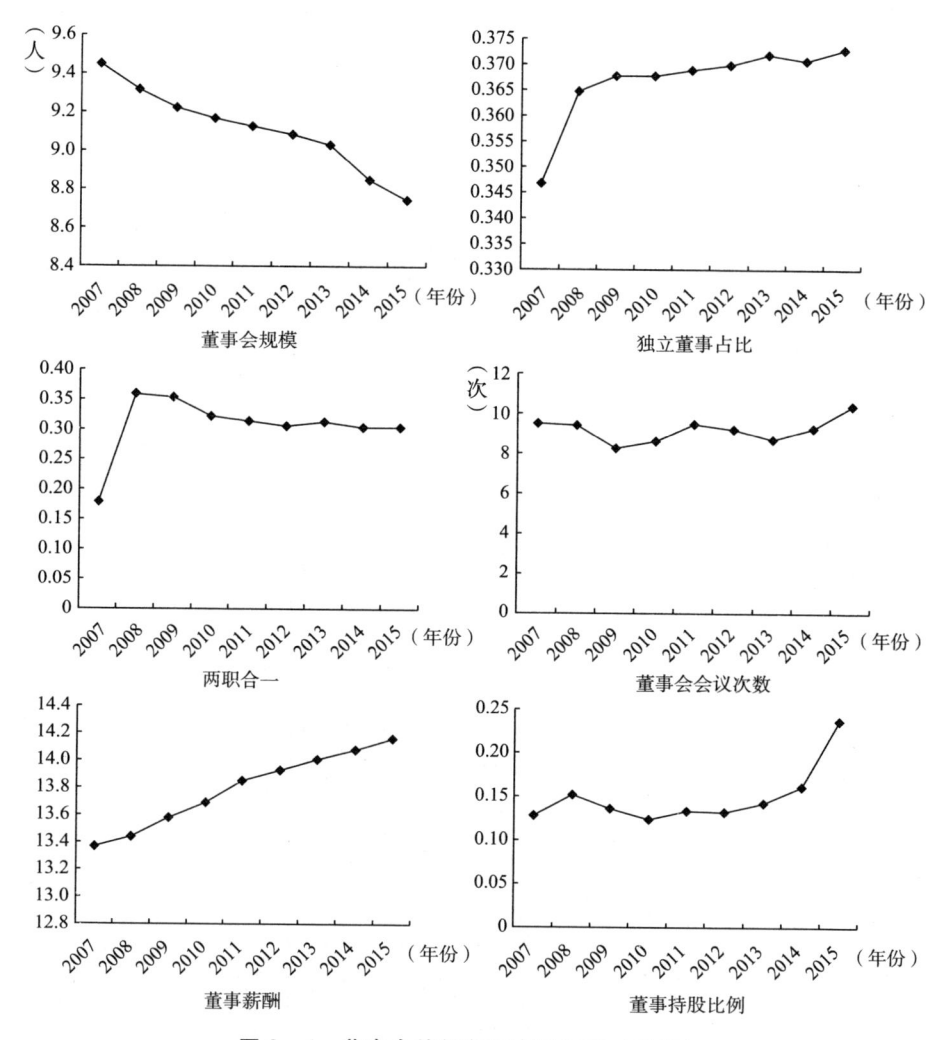

图 3-4 董事会特征各因素的趋势（均值）

平上显著，表明 R&D 投入水平与董事薪酬显著正相关；⑥变量 RD 与董事持股（$DSCG$）的相关系数为 0.1016，且在 1% 水平上显著，表明 R&D 投入水平与董事持股显著正相关。

此外，在控制变量方面，R&D 投入（RD）与公司规模（$SIZE$）显著负相关（$\beta = -0.1217$，$p < 0.01$），表明企业规模越大，并不意味着 R&D 投入越高，规模大的企业反而不太愿意进行高风险的活动；R&D 投入与企业

表 3-9 变量 Pearson 相关系数矩阵

	RD	DSGM	DDZB	DUAL	DSHY	DSXC	DSCG	RD_{t-1}	SIZE	ROA	GROW	FAGE	CASH	LEVERAGE	OWN
RD	1														
DSGM	-0.0562***	1													
DDZB	0.0460***	-0.4054***	1												
DUAL	0.0683***	-0.1592***	0.1119***	1											
DSHY	0.0211*	-0.0381***	0.0370***	0.0376***	1										
DSXC	0.1270***	0.1469***	-0.0196	-0.0025	0.0236*	1									
DSCG	0.1016***	-0.1588***	0.1292***	0.1221***	0.0532***	0.0755***	1								
RD_{t-1}	0.8955***	-0.0555***	0.0377***	0.0599***	0.0167	0.1121***	0.0965***	1							
SIZE	-0.1217***	0.2315***	-0.0286***	-0.1437***	0.0021	0.3521***	-0.1377***	-0.1315***	1						
ROA	0.0651***	0.0160	0.0312***	0.0404***	-0.0231***	0.1870***	0.1082***	0.0744***	-0.2827***	1					
GROW	0.0052*	0.0040	-0.0087	-0.0088	0.0024	0.0002	0.0016*	0.0051	-0.0034	0.0032*	1				
FAGE	-0.0071	-0.0053	-0.0142	-0.0736***	0.0247***	0.1384***	-0.1075***	-0.0211	0.3907***	-0.2888***	0.0099	1			
CASH	0.2296***	-0.0504***	0.0196	0.0615***	-0.0389***	0.0364***	0.0615***	0.2148***	-0.1605***	0.2401***	0.0015	-0.1191***	1		
LEVERAGE	-0.3015***	0.1204***	-0.0612***	-0.0640***	-0.0068	-0.0894***	-0.1899***	-0.2885***	0.2026***	-0.2517***	-0.0067	-0.0256***	-0.4519***	1	
OWN	-0.0991***	-0.0587***	0.0690***	0.0039	-0.0577***	-0.0554***	-0.0667***	-0.1021***	0.0862***	0.1082***	-0.0269***	-0.1761***	0.0751***	0.0009	1

注：变量定义见表 3-4；***、**、* 分别表示 1%、5% 和 10% 的显著性水平。

绩效（ROA）显著正相关（$\beta = 0.0651$，$p < 0.01$），表明较高的绩效可促进 R&D 投入；R&D 投入与企业成长性（GROW）的相关系数为正（$\beta = 0.0052$，$p < 0.1$），表明成长性越好，R&D 投入越高；R&D 投入与公司年龄（FAGE）的相关系数为 -0.0071，说明经营年限长的企业可能会因为倾向于规避风险而降低 R&D 投入，但是该负向相关关系并不显著；R&D 投入与现金持有水平（CASH）显著正相关（$\beta = 0.2296$，$p < 0.01$），表明现金持有越多，越有利于 R&D 投入；R&D 投入与资产负债率（LEVERAGE）显著负相关（$\beta = -0.3015$，$p < 0.01$），表明较高的负债率会抑制 R&D 投入；R&D 投入与股权集中度（OWN）显著负相关（$\beta = -0.0991$，$p < 0.01$），表明股权越集中，越不利于 R&D 投入。

三　单因素分析

本书首先按照分年度分行业 R&D 投入水平的中位数将全样本分为低 R&D 投入和高 R&D 投入两组，表 3-10 列示了不同组别样本的董事会特征变量的平均数和中位数差异。从表 3-10 中可以看出：低 R&D 投入组的董事会规模显著高于高 R&D 投入组，均值检验的 t 值为 1.7492，中位数检验的 z 值为 1.685，在 10% 水平上显著，说明董事会规模与企业创新投入负相关，初步验证了假设 3-1。低 R&D 投入组的独立董事占比、董事会会议次数、董事薪酬和董事持股比例在均值检验和中位数检验两方面，均显著低于高 R&D 投入组，其显著性水平分别是 5%、10%、1%、1%，说明它们的提高有利于企业创新水平的提升，以上结果初步证实了假设 3-2、假设 3-4、假设 3-5 和假设 3-6。然而，两职合一未能通过均值和中位数检验，尚需在后续实证分析中做进一步验证。

表 3-10　低 R&D 投入组和高 R&D 投入组的均值、中位数分析结果

变量	组别	均值检验		中位数检验	
		平均值	t 值	中位数	z 值
董事会规模（DSGM）	低 R&D 投入	9.063814	1.7492*	9	1.685*
	高 R&D 投入	9.046886		9	

续表

变量	组别	均值检验		中位数检验	
		平均值	t 值	中位数	z 值
独立董事占比（DDZB）	低 R&D 投入	0.3679149	-2.4745**	0.333333	-2.281**
	高 R&D 投入	0.3711139		0.333333	
两职合一（DUAL）	低 R&D 投入	0.2825822	-1.7683*	0	-1.349
	高 R&D 投入	0.3562421		0	
董事会会议次数（DSHY）	低 R&D 投入	9.180169	-1.7497*	9	-1.824*
	高 R&D 投入	9.289432		9	
董事薪酬（DSXC）	低 R&D 投入	13.83686	-7.1948***	13.86306	-7.730***
	高 R&D 投入	13.98315		13.9985	
董事持股比例（DSCG）	低 R&D 投入	0.1297396	-8.8662***	0.001579	-12.934***
	高 R&D 投入	0.184599		0.0891282	

注：均值差异的检验使用独立样本 t 检验，中位数差异的检验使用秩和检验；***、**、*分别表示1%、5%和10%的显著性水平。

四　多元回归分析

在进行多元回归分析之前，除了自变量和因变量存在相关性以外，自变量之间也有一定程度的相关性。故而，在进行回归分析之前，先考虑变量的多重共线性问题，对其进行方差膨胀因子（VIF）检验，检验结果如表3-11所示，自变量的 VIF 最大值为3.35，远低于 VIF=10 的阈值，这表明本研究的模型通过了多重共线性检验。

表3-11　方差膨胀因子检验

变量	VIF	1/VIF
DSGM	1.38	0.7247
DDZB	1.25	0.7979
DUAL	1.07	0.9389
DSHY	1.01	0.9863
DSXC	1.28	0.7819
DSCG	1.12	0.8935

续表

变量	VIF	1/VIF
RD_{t-1}	1.15	0.8722
SIZE	3.35	0.2985
ROA	1.35	0.7396
GROW	1.00	0.9980
FAGE	1.07	0.9348
CASH	1.27	0.7865
LEVERAGE	1.82	0.5496
OWN	1.10	0.9116
Mean VIF	1.46	

在对变量进行相关性和单因素分析之后，为了实证检验前文的研究假设，本研究根据前述理论模型相应地进行了多元回归分析，得到董事会特征六个变量与 R&D 投入的回归分析结果，如表 3-12 所示。表 3-12 中的模型（3-1）报告了全样本回归结果，董事会规模（DSGM）与企业 R&D 投入（RD）在 10% 的显著性水平上负相关（$\beta = -0.002$，$p < 0.1$），董事会独立董事占比（DDZB）与企业 R&D 投入的关系不显著，董事会领导权两职合一（DUAL）与企业 R&D 投入在 10% 的显著性水平上负相关（$\beta = -0.001$，$p < 0.1$），董事会会议次数（DSHY）与企业 R&D 投入的关系不显著，董事薪酬（DSXC）与企业 R&D 投入在 1% 的显著性水平上正相关（$\beta = 0.002$，$p < 0.01$），董事持股比例（DSCG）与 R&D 投入在 10% 的显著性水平上正相关（$\beta = 0.002$，$p < 0.1$）。

表 3-12 董事会特征与 R&D 投入的回归结果

变量	模型(3-1)	模型(3-2)	模型(3-3)	模型(3-4)	模型(3-5)	模型(3-6)	模型(3-7)
DSGM	-0.002* (-1.79)	-0.004* (-1.80)					
DDZB	0.003 (0.31)		0.005 (0.56)				

（表头 R&D）

续表

变量	R&D 模型(3-1)	模型(3-2)	模型(3-3)	模型(3-4)	模型(3-5)	模型(3-6)	模型(3-7)
DUAL	-0.001* (-1.73)			-0.003*** (-2.77)			
DSHY	-0.000ᵃ (-0.15)				-0.001 (-0.09)		
DSXC	0.002*** (3.14)					0.003*** (3.94)	
DSCG	0.002* (1.81)						0.002** (2.12)
RD_{t-1}	0.461*** (29.48)	0.468*** (30.83)	0.461*** (30.78)	0.458*** (30.72)	0.457*** (30.39)	0.443*** (28.72)	0.437*** (28.65)
SIZE	-0.001 (-1.60)	-0.001 (-1.60)	-0.001* (-1.66)	-0.001 (-1.63)	-0.001 (-1.49)	-0.002** (-2.24)	-0.001 (-1.29)
ROA	0.000*** (6.49)	0.000*** (5.67)	0.000*** (6.17)	0.000*** (6.36)	0.000*** (6.57)	0.000*** (6.49)	0.000*** (6.38)
GROW	0.000 (0.11)	0.000 (0.10)	0.000 (0.10)	0.000 (0.10)	0.000 (0.10)	0.000 (0.10)	0.000 (0.11)
FAGE	-0.005 (-0.77)	-0.007** (-2.05)	-0.007** (-2.11)	-0.008* (-1.73)	-0.007** (-2.17)	-0.008 (-1.18)	-0.007* (-1.71)
CASH	0.003 (1.20)	0.002 (0.70)	0.002 (0.60)	0.002 (0.69)	0.002 (0.81)	0.002 (0.62)	0.002 (0.83)
LEVERAGE	-0.000*** (-6.74)	-0.000*** (-7.01)	-0.000*** (-6.52)	-0.000*** (-6.77)	-0.000*** (-6.55)	-0.000*** (-6.51)	-0.000*** (-6.68)
OWN	-0.000 (-0.79)	-0.000 (-0.94)	-0.000 (-0.98)	-0.000 (-1.03)	-0.000 (-1.19)	-0.000 (-0.91)	-0.000 (-0.55)
YEAR	控制	控制	控制	控制	控制	控制	控制
IND	控制	控制	控制	控制	控制	控制	控制
截距	0.095*** (2.70)	0.081** (2.21)	0.094*** (2.64)	0.096*** (2.72)	0.088** (2.45)	0.069* (1.84)	0.086** (2.35)
N	6950	6950	6950	6950	6950	6950	6950
R^2	0.272	0.272	0.271	0.271	0.269	0.255	0.254

注：①括号内的数字为 t 统计量；②***、**、* 分别表示1%、5%和10%的显著性水平；③YEAR、IND 分别表示时间虚拟变量和行业虚拟变量，使用固定效应稳健标准误差进行模型估计，行业效应通过面板数据个体固定效应进行控制；④a 表示由于实证结果中的数值均保留了3位小数，所以小数位数后第四位数字未显现。下同。

模型（3-2）至模型（3-7）分别将每个特征变量与企业创新投入单独进行了回归，其结果是对模型（3-1）的补充和深化，以清晰反映董事会治理各特征变量与 R&D 投入的关系。模型（3-2）至模型（3-7）分组回归的参数估计值符号未发生变化，且部分变量的显著性水平有所提高。

其中，就董事会结构而言，在模型（3-2）中，企业 R&D 投入的代理变量 RD 与董事会规模的代理变量 $DSGM$ 显著负相关（$\beta = -0.004$，$p < 0.1$），这说明董事会规模并不是越大越好，过度地增加规模会造成效率低、意见难统一、利益集团过多等问题，从而抑制 R&D 投入，较小的董事会规模则有利于企业做出正确的创新决策，这与赵旭峰和温军（2011）的研究结论相似，该实证结果依然支持研究假设 3-1。在模型（3-3）中，R&D 投入与独立董事占比（$DDZB$）呈正向相关关系（$\beta = 0.005$），但其在统计学意义上不显著，研究假设 3-2 未通过检验。胡勤勤和沈艺峰（2002）对 41 家沪深上市公司进行经验分析，结果表明外部独立董事制度的作用未能发挥。周杰和薛有志（2008）亦认为，外部独立董事与企业研发投入水平不存在显著关系。我们认为，除了样本数量和指标选择的不同会造成研究结论的差异性外，中国当前转型经济的制度环境亦会影响我国上市公司的董事会治理特征，由于现阶段我国的董事会治理机制有待完善，独立董事也并没有做到真正意义上的独立，大多数上市公司建设董事会只是为了符合上市的需要或满足相关监管要求，仅停留于符合证监会的规定要求水平。虽然其在形式上已经完备，但是，"官员独董"、"花瓶独董"以及"独董不独"等独立董事有名无实的不合理现象依然存在并深受诟病。不难看出，在现阶段，我国上市公司的独立董事并未达到公众对其的期望，也没有真正发挥其应有的实质性作用。从模型（3-4）的回归结果（$\beta = -0.003$，$p < 0.01$）可以看出，R&D 投入的代理变量 RD 与两职合一的代理变量 $DUAL$ 在 1% 的显著性水平上负相关，这说明董事长与 CEO 两职合一会造成权力的集中，不利于董事会职能的发挥，从而抑制企业创新，该结果亦验证了研究假设 3-3。

就董事会行为而言，在模型（3-5）中，R&D 投入与董事会会议次数（$DSHY$）的系数在统计学意义上不显著，虽然并没有验证假设 3-4，但这个结果说明董事会行为中或许存在效率的浪费,从而导致董事并没有通过董事会会议在企业研发投入中发挥有效的作用。

在董事会激励方面,模型(3-6)的回归结果($\beta=0.003$,$p<0.01$)和模型(3-7)的回归结果($\beta=0.002$,$p<0.01$)表明,R&D 投入与董事薪酬(*DSXC*)和董事持股比例(*DSCG*)均在1%水平上显著正相关,实证结果也支持了研究假设3-5和3-6。这意味着,企业若想提高创新 R&D 投入,既可以通过薪酬激励对董事会成员进行短期激励,也可以通过股权激励对董事会成员进行长期激励。这可能是因为良好的激励措施一方面能够促使董事的个人目标与企业目标一致,有利于减轻代理问题,激励董事成员们为公司长远利益着想,并利用自身的能力、资源等为 R&D 投入献计献策,以促进企业发展;另一方面,它可以激发董事对高管层监控的动力,减少高管的自利行为和代理成本,督促高管的经营活动,从而更好地维护股东及利益相关者的利益。

五 结果检验

(一) 内生性检验

为了处理董事会的不同特征变量与 R&D 投入之间"互为因果"或遗漏变量可能存在的内生性问题,本研究定义的工具变量为"分年度分行业的平均值"(*InstruDSGM*、*InstruDDZB*、*InstruDUAL*、*InstruDSHY*、*InstruDSXC* 和 *InstruDSCG*),以其为董事会各特征的工具变量,并进行两阶段最小二乘回归(2SLS),从而考察它们和 R&D 投入之间的关系。具体而言,在第一阶段,我们用内生性变量(*DSGM*、*DDZB*、*DUAL*、*DSHY*、*DSXC* 和 *DSCG*)对工具变量(*InstruDSGM*、*InstruDDZB*、*InstruDUAL*、*InstruDSHY*、*InstruDSXC* 和 *InstruDSCG*)及基本方程中的控制变量进行回归,从而得到内生性变量的预测变量;在第二阶段,用 R&D 投入对不同董事会特征变量的预测变量进行回归。表3-13上侧显示了在控制变量被控制的情况下,所得到的两阶段最小二乘回归结果,可以看到,R&D 投入与董事会规模的代理变量 *DSGM* 显著负相关($p<0.1$),与独立董事占比的代理变量 *DDZB* 关系不显著,

与两职合一的代理变量 DUAL 显著负相关（p<0.1），与董事会会议次数的代理变量 DSHY 的关系不显著，与董事薪酬的代理变量 DSXC 显著正相关，与董事持股比例的代理变量 DSCG 显著正相关。以上回归结果与原实证结论一致。

（二）稳健性检验

变量替换：本研究对变量实施了替代指标的稳健性检验以再次重复检验实证分析结果的稳健性。在所有控制变量得到控制的情形之下，以研发支出与企业年末总资产的比值替换代理变量，作为因变量，然后进行回归，结果见表 3-13 下侧，所得结果亦与上文完全一致，即本研究的结论具有一定的稳健性。

异方差检验：我们进一步采用怀特异方差检验（White）和加权最小二乘法（WLS）[①] 对模型进行检验分析以减少回归中可能存在的异方差问题，回归结果详见表 3-14。可以发现，董事会特征各要素变量与 R&D 投入的回归结果并未发生实质性变化，具体内容不再赘述。

表 3-13　两阶段最小二乘回归和稳健性检验

变量	模型 (3-1)	模型 (3-2)	模型 (3-3)	模型 (3-4)	模型 (3-5)	模型 (3-6)	模型 (3-7)
面板 A：工具变量估计结果							
DSGM	-0.020* (-1.85)	-0.005* (-1.83)					
DDZB	-0.084 (-1.10)		-0.000 (-0.01)				
DUAL	-0.001* (-1.73)			-0.004* (-1.77)			

[①] 加权最小二乘法具体步骤是：第一，选择普通最小二乘法估计原模型，得到随机误差项的近似估计量 e_i；第二，建立 $1/e_i$ 的数据序列；第三，将 $1/e_i$ 序列作为权重，估计得到参数估计量，实际上是以 $1/e_i$ 乘原模型的两边，得到一个新模型，采用普通最小二乘法估计新模型。

续表

变量	模型(3-1)	模型(3-2)	模型(3-3)	模型(3-4)	模型(3-5)	模型(3-6)	模型(3-7)
面板A：工具变量估计结果							
DSHY	0.000 (0.65)				0.000 (0.75)		
DSXC	0.007** (2.01)					0.005*** (3.86)	
DSCG	0.010* (1.82)						0.017*** (3.42)
控制变量	Control	Control	Control	Control	Control	Control	Control
行业和年度	Control	Control	Control	Control	Control	Control	Control
截距	-0.028 (-0.56)	0.015 (1.00)	0.004 (0.30)	0.002 (0.22)	-0.000 (-0.01)	-0.063** (-2.57)	-0.002 (-0.25)
N	6950	6950	6950	6950	6950	6950	6950
R^2	0.779	0.805	0.805	0.805	0.805	0.805	0.805
面板B：稳健性检验							
DSGM	-0.002* (-1.77)	-0.003** (-2.16)					
DDZB	0.009 (1.56)		0.006 (1.04)				
DUAL	-0.001* (-1.67)			-0.002*** (-2.59)			
DSHY	0.000 (0.29)				0.000 (0.27)		
DSXC	0.003*** (6.94)					0.003*** (8.01)	
DSCG	0.004*** (3.19)						0.004*** (3.87)
控制变量	Control	Control	Control	Control	Control	Control	Control
行业和年度	Control	Control	Control	Control	Control	Control	Control
截距	0.245*** (12.16)	0.211*** (10.20)	0.241*** (11.86)	0.245*** (12.16)	0.245*** (11.89)	0.194*** (9.31)	0.213*** (10.66)
N	6950	6950	6950	6950	6950	6950	6950
R^2	0.255	0.276	0.256	0.257	0.251	0.262	0.261

注：括号内的数字为t统计量；***、**、*分别表示1%、5%和10%的显著性水平（双尾检验）；为节省篇幅，控制变量未予以报告。

表 3-14 董事会特征各要素与 R&D 投入的异方差检验结果

变量	怀特异方差检验（White）							加权最小二乘法（WLS）						
	模型 (3-1)	模型 (3-2)	模型 (3-3)	模型 (3-4)	模型 (3-5)	模型 (3-6)	模型 (3-7)	模型 (3-1)'	模型 (3-2)'	模型 (3-3)'	模型 (3-4)'	模型 (3-5)'	模型 (3-6)'	模型 (3-7)'
DSGM	-0.002 (-1.04)	-0.004 (-1.37)						-0.001' (-1.85)	-0.001'' (-2.07)					
DDZB	0.009 (1.35)		-0.005 (-0.52)					-0.000 (-0.33)		0.007 (0.72)				
DUAL	-0.001' (-1.67)			-0.001' (-1.71)				-0.001' (-1.77)			-0.001'' (2.53)			
DSHY	0.000 (0.30)				-0.000 (-0.06)			0.000 (1.28)				0.000 (1.64)		
DSXC	0.003''' (4.66)					0.003' (1.84)		0.003''' (16.89)					0.001''' (11.88)	
DSC	0.004' (1.70)						0.011' (1.70)	0.002''' (6.76)						0.003''' (6.82)
控制变量	Control	Control	Control	Control	Control	Control	Control	Control	Control	Control	Control	Control	Control	Control
行业和年度	Control	Control	Control	Control	Control	Control	Control	Control	Control	Control	Control	Control	Control	Control
截距	0.173''' (5.60)	0.081' (1.72)	0.094'' (2.00)	0.096'' (2.05)	0.088' (1.93)	0.069' (1.75)	0.093 (1.23)	-0.011'' (-1.98)	0.001' (1.69)	0.002 (1.31)	0.003'' (2.17)	0.004''' (2.66)	-0.003' (-1.84)	-0.003' (-1.88)
N	6950	6950	6950	6950	6950	6950	6950	6950	6950	6950	6950	6950	6950	6950
R^2	0.272	0.272	0.271	0.271	0.269	0.255	0.274	0.908	0.983	0.971	0.980	0.979	0.983	0.986

注：括号内的数字为 t 统计量；"***"、"**"、"*" 分别表示 1%、5% 和 10% 的显著性水平（双尾检验）；为节省篇幅，控制变量未予以报告。

第五节 研究结果与讨论

一 假设验证情况

本章主要检验董事会的各特征变量对 R&D 投入的影响,假设验证情况汇总如表 3-15 所示。

表 3-15 第三章研究假设的验证结果汇总

序号	研究假设的内容	实证结果	结果检验支持实证结果与否
假设 3-1	董事会规模抑制 R&D 投入	显著为负	部分支持
假设 3-2	独立董事占比激励 R&D 投入	不显著	支持
假设 3-3	两职合一抑制 R&D 投入	显著为负	支持
假设 3-4	董事会会议次数激励 R&D 投入	不显著	支持
假设 3-5	董事薪酬激励 R&D 投入	显著为正	支持
假设 3-6	董事持股比例激励 R&D 投入	显著为正	支持

二 研究讨论

本章以 2007~2015 年沪深两市的中国 A 股上市公司样本作为研究对象,实证检验了董事会结构特征、行为特征和激励特征与 R&D 投入之间的关系和作用机制。在描述性统计、相关性分析和多元回归分析的基础上,本章还对实证结果进行了内生性检验和稳定性检验。

实证研究的结果表明:①董事会规模与 R&D 投入显著负相关,支持了假设 3-1,过度庞大的董事会规模会造成效率低下和运行障碍,抑制了董事会对公司战略决策的建议和监督作用机制,导致对 R&D 投入强度产生抑制作用;②董事会独立董事占比与 R&D 投入的相关性不显著,假设 3-2 没有通过检验,本书认为中国当前转型经济的制度环境抑或影响我国上市公司的董事会治理特征,使董事会应有的实质性作用并未得到真正的发挥;③董事会领导权两职合一与 R&D 投入显著负相关,验证了假设 3-3,董事长与总经理（或 CEO）两职合一会造成权力的过度集中，不利于董事会职能的发挥，从而抑制企业创新活动、降低 R&D 投入强度；④董事会会议次数与 R&D 投入的相关系数在统计学意义上不显著，即假设 3-4 没有通过验证，说明董事会行为中可能存在效率的浪费，从而导致董事并没有通过董事会会议在企业研发投入中发挥有效的作用；⑤董事薪酬和董事持股比例与 R&D 投入显著正相关，验证了假设 3-5 和假设 3-6，这说明无论是对董事会成员进行薪酬激励还是股权激励，都将有助于引导董事会成员努力提高企业的 R&D 投入。薪酬和股权的激励减少了董事会成员与股东之间的利益冲突，并激发了董事对高管层的监督力度，从而扩大了公司的长期利益。

  尚需说明的是，董事会各特征变量反映了董事会结构设置、制度建设、决策能力和监督能力等，其综合效率，是董事会工作效率的体现，可称之为"董事会效率"，即董事会特征的综合测评结果，就此而言，董事会特征变量亦为董事会效率的影响因素。提高我国上市公司的董事会效率应从以下几个方面着手：①合理设置董事会规模，不要追求规模大，应确定与公司实际资产规模、经营业务相适应的成员数量；②改善我国董事会治理环境，健全董事会建设体系，真正发挥外部独立董事的作用；③董事会领导权应两职分离，尽量避免董事长与 CEO 由一人担任；④提高董事会会议的决策效率，加强董事之间的联络和沟通；⑤增加董事薪酬，增大董事持股比例，也可运用其他物质奖励和声誉激励来提升董事会对高层管理者的监控效率，从而更好地发挥其决策和监督的职能，为广大股东和利益相关者服务。与此同时，董事会效率的综合提升必然对 R&D 投入强度产生综合影响，这便推进了子研究一。第四章的子研究二会深入探讨董事会效率、高管与 R&D 投入之间的作用关系。

第四章　董事会效率与 R&D 投入

本章为子研究二，它在子研究一的基础之上进行了扩充和进一步的探讨，即研究了董事会效率对 R&D 投入的影响及高管的调节作用。首先，本章验证了董事会效率与 R&D 投入之间的主效应关系，接着检验了内部的高管激励、外部的高管市场（高管市场供给、聘请外部高管倾向）对董事会效率与 R&D 投入之间关系的调节效应。研究结果表明：①董事会效率的提高有利于促进 R&D 投入；②较高的高管激励水平显著增强董事会效率对 R&D 投入的促进作用；③较高的高管市场供给程度显著增强董事会效率对 R&D 投入的促进作用，反之，高管市场供给不足时，董事会效率对 R&D 投入的促进作用会减弱；④聘请外部高管倾向的调节效应会因公司外聘高管倾向的高低水平而产生差异，当公司聘请外部高管倾向处于较低水平时，提高聘请外部高管倾向可以增强董事会效率对企业创新的促进作用。反之，则起到负向调节作用。本章研究内容见图 4-1 阴影部分。

第一节　引言

高管人才市场（高管市场）作为一种外部治理机制：一方面有助于公司根据高管能力和绩效制定合理的薪酬和最优的薪酬契约（Gabaix and Landier，2008；陈胜蓝和马慧，2013）；另一方面促使高管维护自身在高管市场的价值和声誉（Gutierrez and Surroca，2014；马慧和陈胜蓝，2014），从而减小高管的利己主义倾向，迫使高管关注公司的长期利益和长远发展。高管市场对高管的机会主义和风险规避倾向起到了很好的约束作用（Fama，1980；马慧和陈胜蓝，2014）。随着中国上市公司数量的逐渐增加（大约从

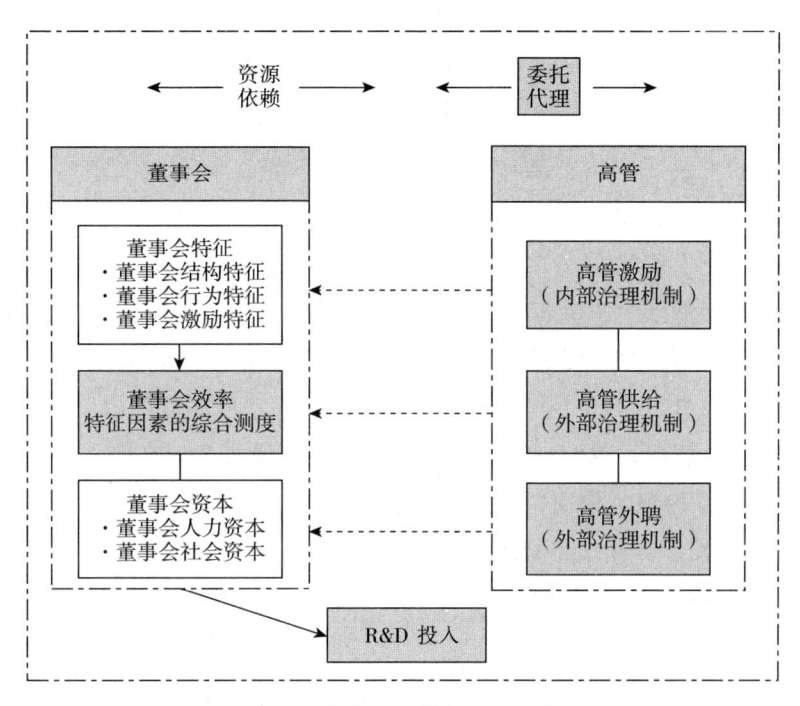

图 4-1 本书研究框架之子研究二

2001 年的 1163 家增加到 2016 年的 2960 家），公司高管数量也在不断增长。平均而言，中国上市公司中大约 1/3 的高管来自外部高管市场（Bryson et al.，2012；马慧和陈胜蓝，2014）。然而，近年来有关高管市场的治理效应及其与 R&D 投入关系的研究十分缺乏。本章将高管市场作为调节董事会机制的因素进行研究，重点探究高管对董事会效率与 R&D 投入之间关系的调节作用。

第三章的子研究一考察了董事会结构特征、行为特征、激励特征对公司 R&D 投入的影响，本章将使用董事会效率这一综合指标统一测度董事会特征，并考察董事会效率与 R&D 投入之间的关系。现有文献中关于董事会效率的研究较少，且主要考察其各个影响因素以及其如何对企业的绩效产生影响（Jensen，1993；Richard et al.，2005），鲜有研究考察董事会效率对企业 R&D 投入的影响。然而，董事会效率是反映董事会制度建设、结构设置、决策能力和监督能力等董事会特征的综合效率，是董事会工作效率的体现，必然对技术创新和 R&D 投入强度产生影响。此外，董事会规模、独立董事占比、董事会会议次数及董事持股等量化的董事会特征要素可以衡量董事会效率的作用发挥程度（刘玉敏，2006）。本章构建的董事会效率测度模型在刘玉敏（2006）测度模型的基础上，加入董事会领导权结构和适当的董事薪酬以扩充影响董事会效率的特征变量，模型使用六个维度指标测度董事会效率。

因此，本章以中国沪深 A 股上市公司数据为样本，探究董事会效率对 R&D 投入的影响，并验证高管激励、高管市场供给、聘请外部高管倾向对董事会效率与 R&D 投入之间关系的调节作用。为此将围绕以下问题展开：第一，董事会效率与 R&D 投入之间有何关系；第二，高管对董事会效率与 R&D 投入关系的调节作用，即公司对高管的激励将如何影响董事会效率与 R&D 投入的关系，外部高管市场的供给将会对两者关系产生何种影响，公司内部从外部高管市场聘请高管的倾向将会对两者关系产生何种影响。

第二节　理论分析与研究假设

关于董事会效率六个维度因素（董事会规模、独立董事比例、董事长与总经理两职合一、董事会会议次数、董事薪酬和董事持股比例）与 R&D 投入之间的关系，本书已在第三章详细探讨，本章将在研究假设 3-1 至研究假设 3-6 的基础上，进一步探究董事会效率如何影响 R&D 投入。我们采用董事会效率的测度模型综合验证董事会的各项特征与企业技术创新和 R&D 投入之间的关系，并进一步考察内部高管激励、外部高管市场供给、公司聘请外部高管的倾向对两者之间关系的调节作用，以期论述董事会和高管在影响企业创新战略和 R&D 投入方面的作用机理。

一　董事会效率与 R&D 投入

董事会效率是董事会各种特征要素的综合测评指标，是董事会各项职能特征发挥治理的效果，包括董事会的规模、董事会结构、董事会的战略决策以及董事会对高管层的监督等，合理的治理结构和有效的治理机制是提高董事会效率的核心要素（刘玉敏，2006）。董事会效率是反映董事会的制度建设、结构设置、决策能力和监督能力等董事会特征的综合效率，必然对技术创新和 R&D 投入强度产生影响。然而现有研究对董事会效率采取的测度指标并未完全统一：部分学者采用董事会规模、领导权结构、董事会结构三种因素（Jensen，1993）；其他学者在此基础上增加了董事会成员素质、董事薪酬结构、内部委员会设置、董事长和总经理两职合一或分离状态（John and Senbet，1998）；有的采用董事报酬、董事解聘、董事会信息获取能力、大股东的存在、两职合一状态等因素建立测度模型（Warther，1998）；有的采用董事会规模、董事会结构、董事持股、董事会会议次数进行测度董事会效率与公司 R&D 投入的关系（Bernardi et al.，2005）。

中国学者也进行了相关探索，采用董事会规模、独立的外部董事比例、董事会会议次数及董事会持股比例等对董事会效率进行量化，运用中国上市公司的数据进行了相关验证（刘玉敏，2006）。本书采取中国学者的此种测度方法，探究董事会效率与企业 R&D 投入之间的关系。董事会效率的发挥是提高公司绩效的核心要素，发挥着重要的作用。董事会效率充分有效的发挥得益于董事会规模、独立董事比例、董事会会议次数和董事会持股四个核心的量化要素（刘玉敏，2006）。因此，一定的董事会规模、更多的独立外部董事、适当的董事会会议次数、适当的董事持股能够有效激发董事会整体的监督职能，改善公司绩效（Mak and Roush，2000），为此，本书推断，既然较高的董事会效率是董事会作用发挥和工作效率的体现，而且董事会效率有助于提高董事会监督机制，那么其必然也对高管发挥积极的建议和监督作用，从而有利于高管做出符合企业长期发展和绩效的相关 R&D 决策。另外，本书构建的董事会效率测度模型在以上测度模型中加入董事会领导权结构和适当的董事薪酬，使用六个维度指标综合反映董事会特征并测度董事会效率。据此，本章提出第一个研究假设。

研究假设 4-1：在给定其他条件不变的情况下，董事会效率与 R&D 投入具有正相关关系，即董事会效率越高，企业 R&D 投入的力度越强。

二 高管激励的调节效应

企业的两权分离导致所有权和经营权分属于委托人（企业的所有者）和代理人（企业的经营者），他们之间的代理冲突便由此产生，代理问题的存在会导致高管追求短期绩效，规避高风险的创新活动和R&D投入（Jensen and Meckling，1976；Wright et al.，1996），与股东和董事会的目标背道而驰。董事会是公司治理的核心组成部分，位于公司控制系统的最高层次并对公司的运作负有最终的责任（Fama，1980）。董事会作为企业的最高决策机构，通过监督高管行为的控制机制确保高管经营管理的科学性和有效性，促使高管执行有利于企业长期绩效的R&D决策（Williamson，1988）。董事会规模（Dutta et al.，2004；Zahra et al.，2000；周杰和薛有志，2008）、董事会的成员组成（Rao and Lee-Sing，1995；David et al.，2001）、董事会领导权结构（Weir et al.，2002；Kor，2006；张宗益和张湄，2007）等董事会特征均会在一定程度上影响董事会监督机制的发挥和工作效率，并对企业创新活动和R&D投入强度产生影响。

创新投入有助于公司创新能力的培养和市场竞争优势的建立及维持（Lee et al.，2010；马慧和陈胜蓝，2014），然而较高的不确定性、较高的风险、较高的创新失败率、创新产品易被对手模仿等都给公司的创新活动赋予了高风险和风险难以分散的典型特征（Wu et al.，2010；马慧和陈胜蓝，2014）。高管（经理人或CEO）作为公司运营的最高级领导者和战略的执行人，很可能在缺乏有效治理约束的情况下追求利己主义和风险规避的个人利益，而缺少对高风险创新活动和R&D投入的热情（Jensen and Meckling，1976）。特别指出的是，具有风险规避倾向的高管会出于诸多考虑而使得公司创新活动和R&D投入严重不足，危害公司长远发展（Holmstrom，1989；马慧和陈胜蓝，2014）。这些因素包括业绩波动对高管绩效奖金的影响，这会驱使高管投资低风险的创新活动（Beyer et al.，2012；马慧和陈胜蓝，2014），创新投入会在会计处理中表现为当期费用，对公司短期业绩产生不利影响（Tosi et al.，2000；马慧和陈胜蓝，2014）。与此同时，高管的一些特征要素也会影响公司的创新活动和 R&D 投入，高管的高年龄（刘运国和刘雯，2007）、高管的离任（Barker and Mueller，2002））均会显著降低 R&D 投入水平。然而，高管激励能够将企业发展的长期绩效与高管自身的利益进行捆绑，从而减少机会主义投机的可能性，使高管与董事会的立场一致（刘运国和刘雯，2007）。

此外，高管的价值观、认知水平和个性等特质会在无形之中影响其行为，进而影响战略选择和企业绩效（Hambrick and Mason，1984）。除了高管的人口特征，如年龄、教育、经历等特质之外，高管的心理、判断力和有限理性均会在不同程度上影响其对企业经营情形的判断和战略决策的执行（陶建宏等，2013）。然而，高管在有限理性下的战略选择又往往经过一定的信息筛选过程：第一步是高管的取向会影响其注意力和洞察力的范围；第二步是有选择性地感知到部分想象；第三步是根据观察和感知的结果进行现实诠释，并赋予意义（Hambrick and Mason，1984；Finkelstein and Hambrick，1996）。高层管理者（或经营者）在企业的技术创新中起到关键作用，获得高管支持是企业进行技术创新和 R&D 投入至关重要的因素，这种支持需要对高管进行股权、薪酬和期权等方面的激励，较好的激励措施将有效推动高管进行企业创新，促使其与董事会产生协同效应（Nakahara，1997）。对高管的激励实质上是在高管信息筛选的第二步加强其选择性感知，进而促使其在第三步信息筛选的现实诠释过程中做出有利于激励方的感知结果。由于高管与董事会之间存在代理冲突，高管激励有益于高管规避自身的利己倾向，与董事会保持一致，采取有利于公司长期发展的战略决策和创新投入策略等。董事会效率反映了董事会的监督作用和工作效率，高管持股、高管薪酬等长期和短期的高管激励均会显著影响高管对企业长期利益的追求以及对短期薪酬获得的规避（杨勇等，2007；张宗益和张湄，2007；王燕妮，2011），因此，高管激励的强度越大，高管在信息筛选过程中越会关注公司的长期发展，采取的战略决策有利于公司长期绩效的可能性越大，与董事会之间的代理问题减弱，从而增加董事会效率，进而影响企业 R&D 投入的强度。据此，本章提出第二个研究假设：

研究假设 4-2：在给定其他条件不变的情况下，高管激励的程度越高，董事会效率对 R&D 投入的促进效应越强。

三 高管市场供给的调节效应

高管薪酬和股权激励作为一种有效的激励手段，减弱公司委托人和代理人之间的代理冲突，公司制定的年薪制和股票期权等显性激励措施实现了股东与高管之间利益最大趋同。然而，这些措施在被公司采用的同时也给企业带来了高昂的运营成本，且公司的业绩以及股价等指标也可以被人为地更改和操纵，以致这些措施失去激励的最初目的（张子峰，2010）。此时，高管市场作为一种外部的人才市场，成为对公司高管潜在有效的、补充式的激励手段和方式。

现有文献中关于高管市场对企业创新活动和 R&D 投入以及高管市场供给对董事会效率与 R&D 投入关系调节作用的研究并不多见。高管市场的概念和激励机制由 Fama（1980）首次提出，高管市场将使用过去和现在的信息对高管的薪酬做出调整，公司的高管一旦被公司解雇，就会面临降职降薪的危机，这会鞭策高管以公司股东利益最大化为目标，并采取有利于公司长期绩效和长远发展的创新活动和 R&D 投入的战略决策。在高管市场的激励和约束机制下：一方面，经理人会通过努力工作提高所在企业的绩效，进而提升自身在高管市场的价值，高管市场则根据经理人的个人表现给予人力资本和市场价值的估计；另一方面，外部高管市场的需求和供给情况对企业产生一定的压力，企业则根据经理人的绩效对其进行筛选，并支付合理的报酬（Fama，1980）。外部高管市场会根据经理人的业绩表现进行价值评估、制定薪酬水平，有效的高管市场可以让公司进行相互比较，进而制定经理人的薪酬水平和激励措施（Gabaix and Landier，2008）。

此外，高管的心理、判断力和有限理性均会在不同程度上影响其对企业经营情形的判断和战略决策的执行，而高管的判断力和有限理性一方面会受到自身价值观和认知水平的影响，另一方面也会受到外界因素的影响（Hambrick and Mason，1984；陶建宏等，2013）。如上文所述，公司对高管的激励措施会促使高管主动地采取一些有利于公司发展的战略决策，如增大 R&D 投入强度，这是一种主动的反应。相较而言，外部高管市场的竞争机制则会对高管有限理性下的决策和行为造成一些被动接受的心理感知和现实诠释。外部高管市场机制的发挥一般体现在高管人才的供给和公司聘请外部高管人才的倾向两方面。首先，外部高管市场的稳定性以及市场对高管薪酬制定的有效性均受到高管市场供给的影响。当外部高管市场的供给充足时，公司可以从高管市场中选择符合股东和公司发展需求的高管为公司服务，从而使更换在职高管的策略得以实现（Gutierrez and Surroca, 2014）。

随着高管市场的供给增加，消极怠工和关注自身短期利益的高管被公司解聘的概率大大增加。高管为了降低被解聘以及在高管市场中降职降薪的风险，会通过努力工作、关注公司长期发展和绩效来得到公司股东和董事会的认可（Zhang and Rajagopalan, 2003；Aguilera, 2005）。在外部高管市场供给压力下，高管的机会主义和风险规避行为得以收敛，配合股东和董事会追求公司投资和长期利益最大化的意愿增强。其在信息筛选过程中，亦会受到外部高管市场供给压力的影响，从而做出有利于企业长期发展的有限理性选择。因此，外部高管市场供给越多，高管被公司更换和降薪的可能性越大，高管受到的约束和压力便越大，因而其与董事会协调一致关注公司创新活动和 R&D 投入以获取公司长期利益和长远发展的动力就越强。根据以上理论分析，本章提出第三个研究假设。

研究假设 4-3：在给定其他条件不变的情况下，外部高管市场越发达，即公司外部高管人才的供给越多，董事会效率对 R&D 投入的正向作用越强。

四 聘请外部高管倾向的调节效应

虽然在高管市场供给的约束和治理机制下，高管因担心在高管市场的降职降薪以及被公司更换而更加努力工作和关注公司的长远发展。然而，如果公司并没有从外部高管市场聘请职业经理人的倾向，或者高管是由公司内部提拔和培养而来的，那么高管市场对高管的约束机制将无法发挥效用。因此，除了高管供给之外，公司股东和董事会聘请外部高管的倾向也会对股东与高管之间的代理冲突，以及董事会与公司 R&D 投入之间的关系产生显著的影响。

当公司提高从外部高管市场聘请高管的倾向时，公司目前在位的高管将承受巨大的压力，关注公司的长期利益，也将降低其与董事会之间的代理成本（Park et al., 2012）。相较于高管激励措施的正面刺激和高管自发的心理感知，聘请外部高管倾向的提高则是一种负面刺激，迫使高管被动进行经营管理过程中的信息筛选，从而采取有利于企业长期发展的决策行为。当然，公司聘请外部高管的倾向和意愿也受到外部高管市场机制成熟程度的影响，在中国，随着市场经济的发展、外部高管市场的逐渐成熟和制度的不断健全，公司聘请外部高管的意愿增加。有研究表明，美国上市公司聘请外部高管的倾向在 20 世纪 70 年代至 20 世纪 90 年代之间从 15% 上升到 26.5%（Holmstrom and Kaplan, 2003）。中国的市场经济随着新中国的建立和改革开放政策的实施而逐步发展，起步较西方国家晚，然而，随着中国经济实力的崛起和企业全球化进程的推进，市场秩序和治理机制逐步完善，越来越多的公司倾向于从外部高管市场聘请高管（陈冬华等，2011）。公司聘请外部高管倾向的高低调节的是高管与董事会之间的代理成本以及高管追求公司长期利益的自主性。外部聘请高管的倾向减少了高管的利己行为，进而提高了高管关注公司长期利益的程度，并促使其和董事会之间的协同效应得到发挥，而且这种协同效应越强，高管对董事会效率与公司 R&D 投入之间关系的调节强度就会越大，反之调节强度便越小。

然而尚需说明的是，聘请外部高管倾向并非越高越好，较高频率的高管更换会造成高管任期的缩短，从而使高管较少关注企业长期发展的绩效，产生一种"短视"行为，降低了高管市场的治理机制和效果（Cheng, 2004）。进一步而言，这种较高的聘请外部高管倾向会降低高管对有限理性选择的感知，不利于其在信息筛选过程中得出有利于企业长期发展的感知结果和战略投入。这意味着公司聘请外部高管倾向与高管关注企业长期利益之间并不是一种线性正相关的关系。公司聘请外部高管倾向和意愿应该处于一种适度的状态：一方面，当公司聘请外部高管倾向处于较低的水平时，高管承受的外部高管市场的约束力和压力较小，随着外聘倾向的增加，高管的压力增大，于是其开始关注公司创新活动和 R&D 投入以促进公司长期发展，迎合股东和董事会的意愿，从而增强董事会效率与 R&D 投入之间的关系；另一方面，当公司聘请外部高管倾向本身已处于较高水平时，聘请外部高管倾向的进一步增加会大大缩短现任高管的任期，反而造成相反的作用，高管会更加追求任期内短期的绩效目标，而降低对公司创新和 R&D 投入等长期利益回报的关注，因而减弱董事会效率与 R&D 投入之间的关系。根据以上理论分析，本章提出以下研究假设。

研究假设 4-4a：在给定其他条件不变的情况下，当公司聘请外部高管倾向处于较低水平时，公司提高聘请外部高管倾向，可以增强董事会效率对 R&D 投入的正向作用。

研究假设 4-4b：在给定其他条件不变的情况下，当公司聘请外部高管倾向处于较高水平时，公司提高聘请外部高管倾向，则会抑制董事会效率对 R&D 投入的正向作用。

根据以上研究假设所述，本章变量之间关系的理论模型图如图 4-2 所示，下文将首先对样本选择和研究设计进行说明，然后对实证结果进行分析，并在此基础上得出研究结论，进行进一步的讨论。

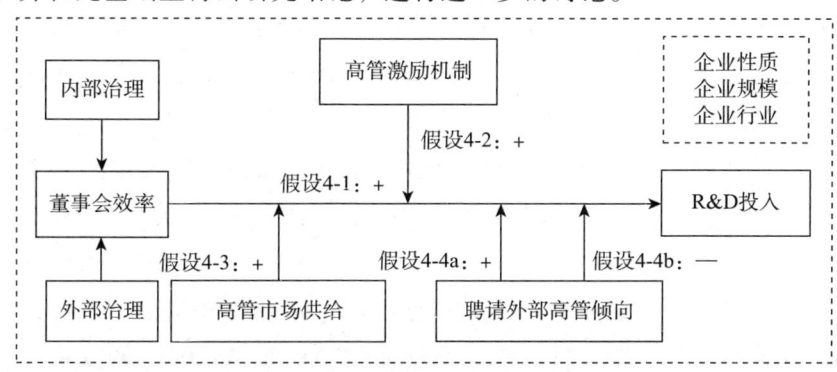

图 4-2　董事会效率与 R&D 投入的研究假设

第三节 研究设计

一 样本和数据

本章沿用第三章的研究样本及其数据，选取 2007～2015 年沪深交易所上市的所有 A 股主板（非金融）上市公司作为研究样本，其相关数据源于国泰安中国上市公司数据库（CSMAR）和万德数据库（WIND），共包括 6950 个有效样本观察值。鉴于样本及数据结构、特征与第三章的相关内容基本一致，故本章不再赘述（可参阅第三章"样本和数据"详细内容）。

二 变量定义及测量

（1）被解释变量。本研究在第三章基础上，以企业研发投入（简称 R&D 投入）为被解释变量，并定义为变量 RD。依然用研发支出占营业收入的比重作为变量 RD 的代理变量。

（2）解释变量。关于董事会效率的测度，根据第三章实证分析的结果，在影响董事会效率的诸多因素中，与 R&D 投入存在线性关系的董事会规模、两职合一、董事薪酬及董事持股比例是关键因素，而与 R&D 投入线性关系不显著的独立董事占比和董事会会议次数亦会对董事会效率产生一定的影响。因此，本书将充分利用可以反映董事会效率的六个董事会特征变量指标，并对其进行量化分析。本书借鉴刘玉敏（2006）、马连福等（2012）的做法：首先，按照模型（4-1）所示方法，建立影响董事会效率的各因素与企业绩效之间的多元回归模型，即在公司规模、资产负债水平、总资产增长率、总资产收益率以及行业、年度这些变量被控制的情况下，将董事会规模（DSGM）、独立董事占比（DDZB）、两职合一（DUAL）、董事会会议次数（DSHY）、董事薪酬（DSXC）、董事持股比例（DSCG）六个变量作为董事会效率因素，将净资产收益率与托宾 Q 值的平均值（以 AVP 表示）作为企业绩效的代理变量进行多元线性回归，从而得到回归系数并将其标准化。然后，对其标准化相关系数进行归一化处理，可以得到董事会效率六个影响因素的权重或贡献率,从而建立董事会效率的综合测评模型。这是因为,通过多元线性回归得到的标准化偏回归系数可以显示董事会效率六个维度变量对企业绩效(AVP)的贡献率,依据其贡献率值的大小即可测评在董事会效率中六个变量各自所起的作用大小。

$$AVP = \beta_0 + \beta_1 DSGM + \beta_2 DDZB + \beta_3 DUAL + \beta_4 DSHY + \beta_5 DSXC + \beta_6 DSCG + \beta_i Control + \varepsilon \tag{4-1}$$

基于上述分析,我们根据模型(4-1)进行多元回归,得到偏回归系数 β_1、β_2、β_3、β_4、β_5 和 β_6,将董事会规模、独立董事占比、两职合一、董事会会议次数、董事薪酬和董事持股比例这六个因素标准化的相关系数作为衡量它们对企业绩效(AVP)的权重或贡献率。然后,通过归一法的处理,得到董事会六个特征因素标准化相关系数的归一化结果,记为 W_i(i = 1,2,3,4,5,6),可用于衡量它们对董事会效率的权重或贡献率,相关结果如表4-1所示。

表 4-1 董事会效率测评指标权重

董事会效率指标	标准化相关系数(β_i)	权重(W_i)
董事会规模(DSGM)	-0.048	0.212
独立董事占比(DDZB)	0.042	0.186
两职合一(DUAL)	-0.051	0.226
董事会会议次数(DSHY)	-0.012	0.053
董事薪酬(DSXC)	0.031	0.137
董事持股比例(DSCG)	0.042	0.186

据此,我们依照 DSGM、DDZB、DUAL、DSHY、DSXC、DSCG 六个因素变量的相应权重 W_i(i = 1,2,3,4,5,6),可以确定它们各自对董事会效率(用 DSH 表示)的权重或贡献率,从而建立综合测评模型,并使用该模型衡量董事会效率,如模型(4-2)所示。

$$DSH = -0.212 \times DSGM + 0.186 \times DDZB - 0.226 \times DUAL - 0.053 \times DSHY \\ + 0.137 \times DSXC + 0.186 \times DSCG \tag{4-2}$$

利用该测评模型，本书将所收集的各个公司董事会规模（$DSGM$）、独立董事占比（$DDZB$）、两职合一（$DUAL$）、董事会会议次数（$DSHY$）、董事薪酬（$DSXC$）和董事持股比例（$DSCG$）相关数据，分别带入模型（4-2）中，便可以计算出董事会效率（DSH）的综合测评结果。

（3）调节变量。基于高管视角，公司治理内部的高管激励、公司外部环境的高管人才市场竞争（高管市场供给和外聘高管倾向）是本章的调节变量。有关高管激励（以 $TMJL$ 表示），借鉴鲁桐和党印（2014）的研究，采用两项指标：①薪酬激励采用高管年薪总额的对数进行衡量；②股票激励采用高管的持股比例总和来衡量。薪酬激励和股票激励分别衡量高管的短、长期激励。借鉴严子淳和薛有志（2015）、周建等（2013）、Haynes 和 Hillman（2010）等的做法，采用标准化均值法得出高管激励的综合测量指标。

有关高管人才市场供给（以 SNC 表示）的测量，借鉴 Harris 和 Helfat（1997）、Parrino（1997）的研究，同一行业的公司面临同一高管人才竞争市场（Park 等，2012），故本章在测量外部高管人才市场供给程度（SNC）时使用的是行业层面的数据。相关研究数据源于国泰安研究服务中心数据库，通过查找其中的中国上市公司治理结构研究数据库，可以获得公司披露的高管资料[①]，基于此：首先，本书计算出每个公司的高管数量。其次，根据某上市公司所处的行业得到本行业中所有其他公司的高管总数，再除以该公司的高管人数得到相关倍数，便可以反映公司外部高管市场供给的情况，即行业内其他所有公司的高管总人数／公司的高管数量（倍数），在回归时取其自然对数形式。

有关聘请外部高管倾向（以 HEC 表示）的测量，本章选取公司首席执行官（CEO）作为外聘高管的替代变量，即考察公司的 CEO 是从公司内部人员中选拔的，还是从外部高管市场聘请的。与高管人才市场供给相类似，本章在测度公司聘请外部高管倾向（HEC）时使用的也是行业层面的数据，从而可以对个别企业高管正常变动的影响进行有效控制。因为，在一般情

---

① 此处高管包括 CEO、总经理、总裁、副总经理、副总裁、董秘和年报上公布的其他管理人员。

况下，公司的高管均是在同一个行业内流动的，同一行业的公司在同一年内所面临的外部高管人才市场的竞争程度是相同的，则同一个行业之内的公司在同一年度内，其公司高管所感受到的外部高管人才市场的竞争压力大小相似。然而，不同行业的公司即使在同一年内，其数据可能差距较大。此外，个别企业所出现的正常高管变更现象与外部高管人才市场治理作用并不是紧密联系的。故而，采用行业层面的数据，可以体现外部高管人才市场治理作用的发挥，及其竞争压力对公司现任高管的行为影响（马慧和陈胜蓝，2014）。本章数据源于国泰安数据库，从中获得公司 CEO 变更时聘任来源数据（内部或外聘）。基于此，本章借鉴 Park 等（2012）的做法，首先，计算前 5 年同一行业内变更 CEO 时，聘请的是外部高管人才市场 CEO 的上市公司数量，然后，求得它与该时期同行业发生 CEO 变更的所有公司数量的比值，即"公司当年外聘高管倾向 = 5 年内变更 CEO 聘任外部 CEO 的公司数量／5 年内变更 CEO 的所有公司数量"。

（4）控制变量。我们引入了 RD_{t-1}、SIZE、ROA、GROW、FAGE、CASH、LEVERAGE、OWN 等控制变量，分别表示滞后一期的研发投入、公司规模、公司绩效、企业成长性、公司年龄、现金持有水平、资产负债率和股权集中度，具体含义均与第三章一致，本章不再赘述。此外，我们仍然对行业和年度两变量进行控制，其中，IND 是行业虚拟变量，除制造业取 3 位代码外，其他行业取 1 位代码。YEAR 为年度虚拟变量。

三　模型设定

基于前文理论分析和基本假设，本章设置如下计量模型以验证研究假设 4-1 至研究假设 4-4[①]。

$$RD_{i,t} = \alpha + \beta_1 DSH_{i,t} + \beta_2 RD_{i,t-1} + \beta_3 SIZE_{i,t} + \beta_4 ROA_{i,t} + \beta_5 GROW_{i,t} + \beta_6 FAGE_{i,t}$$
$$+ \beta_7 CASH_{i,t} + \beta_8 LEVERAGE_{i,t} + \beta_9 OWN_{i,t} + IND + YEAR + \varepsilon_{i,t} \quad (4-3)$$

为了考察高管的调节效应、验证研究假设 4-2 至研究假设 4-4，在模

[①] 模型的编号与研究假设的编号一致，例如，模型（4-3）对应待验证的假设 4-1，其中模型（4-6）用来验证假设 4-4a 和 4-4b。

型（4-3）中分别加入交互项① $DSH \times TMJL$、$DSH \times SNC$、$DSH \times HEC$。

$$RD_{i,t} = \alpha + \beta_1 DSH_{i,t} + \beta_2 TMJL_{i,t} + \beta_3 DSH_{i,t} \times TMJL_{i,t} + \beta_4 RD_{i,t-1} + \beta_5 SIZE_{i,t} + \beta_6 ROA_{i,t} + \beta_7 GROW_{i,t} + \beta_8 FAGE_{i,t} + \beta_9 CASH_{i,t} + \beta_{10} LEVERAGE_{i,t} + \beta_{11} OWN_{i,t} + IND + YEAR + \varepsilon_{i,t} \tag{4-4}$$

$$RD_{i,t} = \alpha + \beta_1 DSH_{i,t} + \beta_2 SNC_{i,t} + \beta_3 DSH_{i,t} \times SNC_{i,t} + \beta_4 RD_{i,t-1} + \beta_5 SIZE_{i,t} + \beta_6 ROA_{i,t} + \beta_7 GROW_{i,t} + \beta_8 FAGE_{i,t} + \beta_9 CASH_{i,t} + \beta_{10} LEVERAGE_{i,t} + \beta_{11} OWN_{i,t} + IND + YEAR + \varepsilon_{i,t} \tag{4-5}$$

$$RD_{i,t} = \alpha + \beta_1 DSH_{i,t} + \beta_2 HEC_{i,t} + \beta_3 DSH_{i,t} \times HEC_{i,t} + \beta_4 RD_{i,t-1} + \beta_5 SIZE_{i,t} + \beta_6 ROA_{i,t} + \beta_7 GROW_{i,t} + \beta_8 FAGE_{i,t} + \beta_9 CASH_{i,t} + \beta_{10} LEVERAGE_{i,t} + \beta_{11} OWN_{i,t} + IND + YEAR + \varepsilon_{i,t} \tag{4-6}$$

其中，α 为常数项，$\beta_1 \sim \beta_{11}$ 为系数，ε 则为残差。公式中的 i 和 t 分别表示公司和年度。此外，在验证假设 4-4a 和 4-4b 时，先根据 HEC 的中位数将其分为高低两组，再利用模型（4-6）进行检验。本书的实证分析工具为 Stata 14.0，利用面板数据的固定效应模型②进行回归分析（后文在"多元回归分析"中亦会对相关检验予以说明）。

第四节 实证结果

一 描述性统计与 T 检验

表 4-2 是主要变量的描述性统计特征。其中，企业的 R&D 投入（RD）的描述性情况已在前文详述；董事会效率（DSH）的均值为 0.738，中位数为 0.956，表明超过 50% 的公司的董事会效率超过均值，但其标准差为 0.62，最小值为 -1.577，最大值为 1.922，说明上市公司之间的差距很大；高管激励（$TMJL$）的最小值为 -0.767，最大值为 6.431，标准差为 0.542，

---

① 在构造交互项时，先进行中心化处理。
② 固定效应回归是一种控制面板数据随个体变化但不随时间变化的一类变量方法。由于采用大样本，固定效应模型可减弱多重共线性的影响，主要用于发现基本的关系。

表明公司之间的差异大,而且均值(0)大于中位数(-0.110),说明有一半以上的公司在高管激励方面做得很不够;高管市场供给(SNC)的均值为6.228,标准差为0.999,说明公司之间差距大;聘请外部高管倾向(HEC)的均值为0.219,中位数为0.211,表明50%以上的公司聘请外部高管倾向低于平均水平。

表 4-2 董事会效率相关变量的描述性统计

变量	N	均值	标准差	最小值	25%	50%	75%	最大值
RD	6950	0.035	0.037	0	0.012	0.031	0.044	0.516
DSH	6950	0.738	0.620	-1.577	0.638	0.956	1.139	1.922
TMJL	6950	0	0.542	-0.767	-0.269	-0.110	0.087	6.431
SNC	6950	6.228	0.999	1.727	5.675	6.450	6.936	8.783
HEC	6950	0.219	0.046	0.118	0.198	0.211	0.223	0.579
SIZE	6950	21.31	1.149	17.95	20.54	21.27	21.96	25.91
ROA	6950	7.140	8.704	-83.25	2.511	6.088	10.62	230.1
GROW	6950	21.17	1645	-1	-0.039	0.100	0.266	130000
FAGE	6950	5.117	0.377	3.178	4.883	5.193	5.375	6.122
CASH	6950	0.210	0.150	0.001	0.103	0.167	0.273	0.915
LEVERAGE	6950	41.39	20.98	0.752	25.43	40.37	56.19	333.1
OWN	6950	35.67	14.99	3.890	23.78	34.10	45.18	95.95

此外,利用 2007~2015 年上市公司的统计数据,我们分年度对董事会效率进行了测评,其描述性统计分析结果见表 4-3。结果显示,董事会效率的最小值从 2007 年的 -1.378 上升到 2015 年的 -1.075,均值亦从 0.051 上升到 0.965,标准差从 2007 年的 0.765 下降到 2015 年的 0.376。2010 年以前,董事会效率的中位数远低于均值,反映出董事会效率整体偏低,从 2010 年开始,董事会效率的中位数普遍大于均值。这说明从整体上讲,我国上市公司的董事会效率水平在不断提高,公司之间的差距有所减小,它们开始普遍关注董事会的建设以发挥其应有的作用。

表 4-3　董事会效率的年度分布情况

年度	样本数（个）	最小值	中位数	最大值	均值	标准差
2007	474	-1.378	-0.371	1.573	0.051	0.765
2008	634	-1.577	0	1.908	0.190	0.759
2009	657	-1.204	0.083	1.922	0.344	0.734
2010	764	-1.310	0.935	1.792	0.717	0.598
2011	804	-1.065	0.960	1.803	0.836	0.492
2012	894	-1.338	0.980	1.753	0.930	0.402
2013	900	-1.037	1.050	1.786	1.008	0.334
2014	908	-1.249	1.057	1.782	1.012	0.331
2015	915	-1.075	1.027	1.867	0.965	0.376

表 4-4 根据董事会效率的中位数分年度报告了董事会效率较低分组和董事会效率较高分组的公司在 R&D 投入水平上的差异。从表 4-4 中可以看出，总体而言，2007~2015 年企业 R&D 投入呈现明显上升的趋势，表明我国上市公司的创新能力和倾向不断提高。

表 4-4　董事会效率与 R&D 投入的 T 检验

年度	董事会效率较低分组的均值	董事会效率较高分组的均值	T 值
2007	0.0188751	0.0293905	-1.8681*
2008	0.0283486	0.0323891	-1.3822
2009	0.0341929	0.0334947	0.2457
2010	0.0282399	0.0320112	-1.7280*
2011	0.0306842	0.0333317	-1.0561
2012	0.0321921	0.0406653	-3.3694***
2013	0.0349633	0.040006	-1.9720**
2014	0.034397	0.0415072	-3.1482***
2015	0.0381455	0.0428764	-1.6937*
总样本	0.0328389	0.0364715	-4.0001***

注：*、**与***分别表示10%、5%与1%的显著性水平（双尾检验）。

T检验结果表明，董事会效率较高分组的R&D投入在大多数年份都显著高于董事会效率较低分组，总体样本的T检验差异更加显著，这初步为正相关性的假设提供了证据。图4-3是董事会效率与R&D投入的拟合曲线，该曲线向右上方倾斜，说明随着董事会效率的提高，企业R&D投入显著增加，也基本支持本章假设4-1。

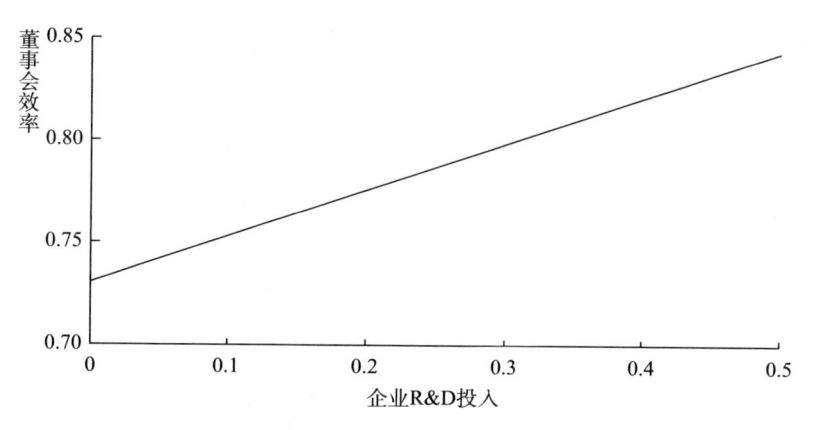

图4-3 董事会效率与R&D投入的拟合曲线

二 相关性分析

变量之间的Pearson相关系数检验结果见表4-5。相关性分析结果显示，R&D投入与董事会效率在1%水平上显著正相关，R&D投入与高管激励、高管市场供给及聘请外部高管倾向均在1%水平上显著相关，R&D投入与其他控制变量的相关性如前文所述，在此不再赘述。此外，本章所用自变量之间的相关系数[①]绝大多数都很小，VIF值也远小于10，表明自变量之间不太可能存在多重共线性。

三 多元回归分析

本书的研究样本涉及2007~2015年的A股（非金融）上市公司，属于

---

① 一般来说，相关系数取绝对值后，0~0.09为没有相关性，0.1~0.3为弱相关，0.3~0.5为中等相关，0.5~1.0为强相关。

表 4-5　董事会效率的 Pearson 相关矩阵

变量	RD	DSH	TMJL	SNC	HEC	RD_{t-1}	SIZE	ROA	GROW	FAGE	CASH	LEVERAGE	OWN
RD	1												
DSH	0.1216***	1											
TMJL	0.1165***	0.4005***	1										
SNC	0.1101***	-0.004	-0.0904***	1									
HEC	-0.1948***	-0.0074	0.0139	-0.1399***	1								
RD_{t-1}	0.8955***	0.1147***	0.1145***	0.1074***	-0.2003***	1							
SIZE	-0.1217***	0.1292***	0.2677***	-0.0658***	0.2904***	-0.1315***	1						
ROA	0.0651***	0.1427***	0.1031***	0.0032	-0.1105***	0.0744***	-0.2827***	1					
GROW	0.0052*	-0.0058	-0.0019	0.0074	-0.0039	0.0051	-0.0034	0.0032*	1				
FAGE	-0.0071	-0.0072	0.0523*	-0.0253*	0.2111***	-0.0211	0.3907***	-0.2888***	0.0099	1			
CASH	0.2296***	0.0404***	0.0647***	-0.0244***	-0.1239***	0.2148***	-0.1605***	0.2401***	0.0015	-0.1191***	1		
LEVERAGE	-0.3015***	-0.1244***	-0.0410***	-0.0381***	0.0978***	-0.2885***	0.2026***	-0.2517***	-0.0067	-0.0256**	-0.4519***	1	
OWN	-0.0991***	-0.0679***	-0.0142	-0.0590***	0.0287*	-0.1021***	0.0862***	0.1082***	-0.0269***	-0.1761***	0.0751***	0.0009	1

注：变量定义见前表；***、**、*分别表示1%、5%和10%的显著性水平。

面板数据。针对面板数据的估计策略有三种：混合效应、固定效应（Fixed-effects）和随机效应（Random-effects）。利用豪斯曼（Hausman）检验对以上三种估计策略进行两两比较，结果如表4-6所示，并且检验结果均强烈拒绝原假设：①混合效应与固定效应进行比较，选择固定效应；②混合效应与随机效应进行比较，选择随机效应；③在前两组比较结果的基础上，进一步对固定效应与随机效应进行比较，结果选择固定效应。所以，豪斯曼检验结果说明应该采用固定效应回归模型进行估计。

表4-6 混合效应、固定效应和随机效应的 Hausman 检验结果

	H_0	Chi-sq. Statistics	Prob.	Prefer
①	difference in Panel and Fixed-effects not systematic	chi2（15）= -866.04	0.000	FE
②	difference in Panel and Random-effects not systematic	chi2（31）= -703.21	0.000	RE
③	difference in Fixed-effects and Random-effects not systematic	chi2（15）= 147.29	0.000	FE

（一）主效应分析

根据前面建立的模型（4-3），我们对董事会效率与R&D投入之间的关系进行分析，检验研究假设4-1，结果见表4-7。首先，模型1以R&D投入作为被解释变量，仅加入控制变量以检验控制变量是否有效。从表4-7中可以看出，大部分的控制变量与R&D投入之间的相关关系显著，这体现出了本书控制变量的有效性。然后，在模型1的基础上加入董事会效率变量（DSH），得到模型2。从表4-7的回归结果中可以看到，企业R&D投入的代理变量RD与董事会效率的代理变量DSH在5%水平上显著正相关（$\beta=0.002$，$p<0.05$），这说明董事会效率的提高，有利于激励R&D投入，该实证结果支持研究假设4-1。此外，各自变量回归后的方差膨胀因子（VIF值）均小于2，即本书的模型不太可能存在多重共线性。

表 4-7 董事会效率对 R&D 投入的影响

变量	固定效应回归 模型 1	固定效应回归 模型 2	VIF 值	加权最小二乘法 模型 1′	加权最小二乘法 模型 2′	VIF 值
DSH		0.002** (2.54)	1.23		0.001*** (5.29)	2.23
RD_{t-1}	0.458*** (30.82)	0.464*** (29.68)	1.15	0.918*** (34.63)	0.935*** (27.11)	2.00
SIZE	-0.001*** (-2.64)	-0.001** (-2.17)	1.52	-0.000*** (4.25)	-0.001*** (3.09)	3.06
ROA	0.000*** (6.39)	0.000*** (6.40)	1.30	0.000*** (53.25)	0.000*** (14.60)	1.95
GROW	0.000* (1.70)	0.000* (1.71)	1.00	0.000*** (4.29)	0.000*** (4.31)	1.07
FAGE	-0.008* (-1.71)	-0.005* (-1.74)	1.12	-0.001*** (3.68)	-0.001*** (3.15)	2.46
CASH	0.002 (0.69)	0.003 (1.03)	1.43	0.003*** (6.56)	0.007*** (12.01)	2.16
LEVERAGE	-0.000*** (-6.80)	-0.000*** (-6.96)	1.79	-0.000*** (-32.93)	-0.000*** (-20.65)	3.14
OWN	-0.000*** (-4.05)	-0.000*** (-3.72)	1.08	-0.000*** (-12.02)	-0.000*** (-12.09)	1.33
YEAR	Control	Control		Control	Control	
IND	Control	Control		Control	Control	
截距	0.095*** (3.70)	0.078** (2.08)		0.004*** (3.65)	0.001 (0.21)	
N	6950	6950		6950	6950	
R^2	0.269	0.271		0.975	0.983	

注：括号内的数字为 t 统计量；***、**、* 分别表示 1%、5% 和 10% 的显著性水平。

为了消除异方差对回归结果的影响，本书运用加权最小二乘法（WLS），以 $1/|e_i|$ 为权重对原模型进行修正，所得结果如模型 1′ 和模型 2′ 所示，各变量的方差膨胀因子（VIF 值）均小于 4。R&D 投入与董事会效率仍显著正相关（$\beta=0.001$，$p<0.01$），且显著性水平有所提高。

（二）调节效应分析

为验证研究假设 4-2、4-3、4-4a、4-4b，运用 Stata 14.0 做回归分析，回归结果分别列示于表 4-8、4-9 和 4-10。具体说明如下。

1. 高管激励的调节效应分析

表 4-8　董事会效率、高管激励与 R&D 投入的回归结果

变量	固定效应回归 模型（4-4）	VIF 值	加权最小二乘法 模型（4-4）′	VIF 值
DSH	0.002* (1.71)	1.23	0.001** (2.46)	1.88
TMJL	0.002** (2.13)	1.98	0.002*** (13.01)	2.35
DSH × TMJL	0.003*** (3.30)	1.60	0.002*** (10.83)	2.04
RD_{t-1}	0.460*** (7.57)	1.15	0.916*** (9.01)	2.45
SIZE	-0.001 (-1.06)	1.52	-0.000*** (-2.74)	2.64
ROA	0.000*** (6.73)	1.30	0.000*** (19.84)	2.81
GROW	0.000 (0.07)	1.00	0.000*** (3.52)	1.15
FAGE	-0.013*** (4.29)	1.12	-0.001*** (5.13)	1.81
CASH	0.004 (1.58)	1.43	0.002*** (5.26)	2.06
LEVERAGE	-0.000*** (-6.79)	1.79	-0.000*** (-23.97)	2.47
OWN	-0.000** (-2.16)	1.08	-0.000*** (-6.52)	1.50
YEAR	Control		Control	
IND	Control		Control	

续表

变量	固定效应回归		加权最小二乘法	
	模型（4-4）	VIF 值	模型（4-4）′	VIF 值
截距	0.079** (2.11)		0.003** (1.98)	
N	6950		6950	
R^2	0.261		0.890	

注：括号内的数字为 t 统计量；***、**、* 分别表示1%、5%和10%的显著性水平。

表4-8的回归结果显示，各变量的 VIF 值均小于3，且无论固定效应回归还是加权最小二乘法运行的结果均显示董事会效率和高管激励的交互项 $DSH \times TMJL$ 显著为正，研究假设4-2得到支持。具体而言，在模型（4-4）中董事会效率的代理变量 DSH 与高管激励的代理变量 $TMJL$ 的交互项的回归系数为0.003，且在1%水平上显著；在模型（4-4）′中，其交互项系数也在1%水平上显著为正（$\beta = 0.002$，$p < 0.01$）。这说明较高的高管激励水平显著增强董事会效率对 R&D 投入的促进作用，即上市公司的高管激励水平越高，董事会效率对其 R&D 投入的促进作用越强。一方面，较高的高管激励水平有助于缓解董事会与高管之间的委托代理冲突，公司对高管施行的薪酬和股权等方面的激励在某种程度上规避了高管的私利倾向，使高管为公司长远利益着想，与董事会目标达成一致，同时亦会促使高管自身为公司长期发展的战略决策和创新投入策略等献计献策、提供资源，从而激励 R&D 投入；另一方面，公司的激励措施能够在高管信息筛选过程中加强其选择性感知，进而使其在信息筛选的现实诠释过程中做出有利于激励方的感知结果。

2. 高管市场供给的调节效应分析

董事会效率、高管市场供给与 R&D 投入的回归结果报告见表4-9。容易发现，在模型（4-5）中，董事会效率的代理变量 DSH 与高管市场供给的代理变量 SNC 的交互项（$DSH \times SNC$）的系数在1%显著性水平上为正数（$\beta = 0.097$，$p < 0.01$）。这说明，较高的高管市场供给程度显著增强董事会效率对 R&D 投入的促进作用，反之，当高管市场供给不足时，董事会效率

对 R&D 投入的促进作用会减弱。这可能是由于，高管市场供给可以为企业聘请能力更强、资源更丰富的高管提供更多的选择，从而有助于将其吸纳进董事会，进而增加董事会的效率，最终做出提高企业 R&D 投入的决策。此外，高管的心理、判断力和有限理性均会在不同程度上影响其对企业经营情形的判断和战略决策的执行，而高管的判断力和有限理性一方面受到自身价值观和认知水平的影响，另一方面也会受到外界因素的影响（Hambrick and Mason，1984；陶建宏等，2013）。如果说公司的薪酬和股权激励发挥了正面的促进作用，使高管积极主动地做出有利于公司发展的决策，那么，高管市场的外部供给则起到了负面的鞭策作用，使高管被动地接受有利于公司长期发展的心理感知、做出现实诠释行为。

为了减弱异方差的影响，模型（4-5）′为采用加权最小二乘法所得到的回归结果，董事会效率与高管市场供给的交互项系数仍然显著为正（$\beta = 0.024$，$p < 0.01$），实证检验了研究假设 4-3。此外，在固定效应回归和加权最小二乘法中各变量的 VIF 值均小于 4，远低于阈值 10，说明模型不存在多重共线性问题。

表 4-9　董事会效率、高管市场供给与 R&D 投入的回归结果

变量	固定效应回归 模型（4-5）	VIF 值	加权最小二乘法 模型（4-5）′	VIF 值
DSH	0.001 (0.55)	1.08	0.001*** (3.61)	1.26
SNC	-0.004** (-2.17)	1.03	0.001*** (11.87)	1.78
$DSH \times SNC$	0.097*** (6.70)	1.01	0.024*** (7.71)	1.68
RD_{t-1}	0.459*** (29.51)	1.15	0.913*** (34.98)	1.61
$SIZE$	-0.001** (-2.45)	1.36	-0.001*** (-9.44)	1.78
ROA	0.000*** (5.67)	1.29	0.000*** (14.75)	2.05

续表

变量	固定效应回归		加权最小二乘法	
	模型（4-5）	VIF 值	模型（4-5）'	VIF 值
GROW	0.000 (0.10)	1.00	0.000*** (4.38)	1.13
FAGE	-0.005 (-0.69)	1.12	-0.000** (-2.51)	1.66
CASH	-0.002 (-0.70)	1.06	0.003*** (5.70)	1.68
LEVERAGE	-0.000*** (-6.69)	1.44	-0.000*** (-25.65)	3.46
OWN	-0.000 (-0.61)	1.08	-0.000*** (-9.80)	1.37
YEAR	Control		Control	
IND	Control		Control	
截距	0.104*** (2.67)		-0.007*** (-4.30)	
N	6950		6950	
R^2	0.279		0.980	

注：括号内的数字为 t 统计量；***、**、* 分别表示 1%、5% 和 10% 的显著性水平。

3. 聘请外部高管倾向的调节效应分析

为了验证研究假设 4-4a 和 4-4b，本书首先根据聘请外部高管倾向（HEC）的中位数将样本分成高低两组，低于中位数的为 HEC 较低组，高于中位数的为 HEC 较高组。表 4-10 报告了董事会效率、聘请外部高管倾向与 R&D 投入的回归结果，即采用聘请外部高管倾向（HEC）对解释变量董事会效率（DSH）与被解释变量 R&D 投入之间关系进行调节后，其固定效应回归以及加权最小二乘回归的运行结果显示如表 4-10。

表 4-10　董事会效率、聘请外部高管倾向与 R&D 投入的回归结果

变量	固定效应回归		加权最小二乘法	
	（1）HEC 较低组	（2）HEC 较高组	（3）HEC 较低组	（4）HEC 较高组
DSH	-0.001 (-0.47)	-0.003 (-0.81)	-0.003*** (-7.59)	0.001*** (3.75)

续表

变量	固定效应回归		加权最小二乘法	
	(1) HEC 较低组	(2) HEC 较高组	(3) HEC 较低组	(4) HEC 较高组
HEC	-0.011 (-0.57)	0.271*** (3.27)	-0.115*** (-7.84)	-0.019*** (-7.02)
DSH × HEC	0.006* (1.73)	-0.209** (-2.32)	0.155*** (7.07)	-0.015*** (-4.08)
RD_{t-1}	0.278*** (11.61)	0.348*** (12.03)	0.952*** (20.52)	0.885*** (20.16)
SIZE	0.001 (0.84)	-0.004* (-1.77)	-0.000*** (-3.04)	-0.001*** (-5.16)
ROA	0.000*** (5.62)	0.000*** (3.39)	0.000*** (7.21)	0.000*** (23.82)
GROW	0.000 (0.52)	0.000 (1.21)	0.000* (1.93)	0.000** (2.35)
FAGE	-0.013 (-0.89)	0.007 (0.38)	-0.001*** (-2.83)	-0.001*** (-4.22)
CASH	-0.001 (-0.23)	-0.002 (-0.37)	0.001 (0.90)	0.005*** (6.98)
LEVERAGE	-0.000*** (-4.02)	-0.000*** (-4.00)	-0.000*** (-14.04)	-0.000*** (-23.57)
OWN	-0.000 (-0.97)	0.000 (0.64)	-0.000*** (-7.97)	-0.000*** (-6.51)
YEAR	Control	Control	Control	Control
IND	Control	Control	Control	Control
截距	0.068* (1.76)	0.037 (0.36)	0.035*** (8.54)	0.004 (0.65)
N	4114	2836	4114	2836
R^2	0.271	0.298	0.989	0.972
VIF	<3	<2	<4	<3

注：括号内的数字为 t 统计量；***、**、* 分别表示 1%、5% 和 10% 的显著性水平。

在表 4-10 中，模型（1）列中交互项 DSH×HEC 的回归系数为 0.006，在 10% 水平上显著为正；在模型（3）列中交互项 DSH×HEC 的回归系数为 0.155，且在 1% 水平上显著为正，这意味着，当公司聘请外部高管倾向处于较低水平时,聘请外部高管倾向的提高对董事会效率提高企业 R&D 投入的促进作用更强,即聘请外部高管倾向显著增强上市公司董事会效率对其 R&D 投入的激励效应,这为研究假设 4-4a 提供了支持证据。当公司聘请外部高管倾向处于较高水平时,在模型(2)列中,董事会效率的代理变量 DSH 与聘请外部高管倾向的代理变量 HEC 的交互项的回归系数在 5% 水平上显著为负($\beta = -0.209$,$p < 0.05$);在模型(4)列中,其交互项的回归系数亦显著为负,且在 1% 水平上显著($\beta = -0.015$,$p < 0.01$),上述结果表明,当公司聘请外部高管倾向处于较高水平时,研究假设 4-4b 得到实证支持。

综上所述,内部高管激励、外部高管人才市场(高管市场供给、聘请外部高管倾向)与董事会效率的交互项均存在显著相关关系,且符号方向与预期假设相同,故其调节效应都得到有效的实证支持。

四 结果检验

本书从两个方面(内生性检验和稳健性检验)对上述实证分析结果进行检验。

(一) 内生性检验

如果因变量(R&D 投入)与自变量(董事会效率)之间由于"互为因果"或遗漏变量而产生内生性问题,则可能使结果存在一定程度的偏误。本书参照已有研究的通常做法,首先,定义工具变量为"董事会效率的滞后项",然后,进行两阶段最小二乘回归(2SLS)(肖利平,2016)。为了避免限制因变量给系统回归带来的偏误,我们分别以研发支出与营业收入的比值($RD1$)、研发支出与总资产的比值($RD2$)、企业研发投入总额 +1 的自然对数($RD3$)作为回归的因变量,进行两阶段最小二乘估计。结果如表 4-11 的上部(面板 A)所示,左栏(1)的回归结果以 $RD1$ 为因变量,中间栏(2)的回归结果以 $RD2$ 为因变量,右栏(3)的回归结果以 $RD3$ 为因变量,其结果均在 5% 或 1% 的水平上显著为正,与表 4-7 的回归结果基本保持一致,可见,本书的研究结论是可靠的。

表 4-11　两阶段最小二乘回归和稳健性检验

变量	(1)	(2)	(3)
面板 A：工具变量估计结果			
DSH	0.001**	0.002***	0.232***
	(2.25)	(3.49)	(5.61)
控制变量	Control	Control	Control
行业和年度	Control	Control	Control
截距	0.015	0.004	1.505***
	(1.00)	(0.30)	(2.88)
R^2	0.765	0.457	0.442
面板 B：稳健性检验（替换因变量和数据结构）			
DSH	0.002**	0.004***	0.136***
	(2.20)	(5.39)	(2.72)
控制变量	Control	Control	Control
行业和年度	Control	Control	Control
截距	0.219***	0.231***	8.361***
	(2.67)	(5.59)	(3.06)
R^2	0.253	0.297	0.300
面板 C：稳健性检验（替换自变量）			
X	0.003**	0.001*	-0.046
	(2.07)	(1.75)	(-0.91)
控制变量	Control	Control	Control
行业和年度	Control	Control	Control
截距	0.216***	0.220***	7.747***
	(2.64)	(5.30)	(2.83)
R^2	0.254	0.287	0.298

注：括号内的数字为 t 统计量；***、**、* 分别表示1％、5％和10％的显著性水平（双尾检验）；为节省篇幅，控制变量未予以报告。

（二）稳健性检验

本书通过如下两方面的变量替换及不同的数据结构来进一步检验董事会效率和 R&D 投入之间的关系，以检验实证分析结果的稳健性。

替换因变量：首先，剔除因变量 *RD*1、*RD*2 和 *RD*3 为 0 的样本，并在相关控制变量被控制的基础上，对模型（4-3）进行多元回归，结果如表4-11的中部（面板B）所示，（1）栏为因变量 RD1 的回归结果，（2）栏为因变量 RD2 的回归结果，（3）栏为以 RD3 为因变量的回归结果，系数符号与预期相一致，均为正，且都在5%或1%的水平上显著。

替换自变量：我们对公司董事会特征的六个因素进行主成分分析拟合，得到一个反映董事会效率的综合因子得分，作为董事会效率的替代变量（X）进行稳健性检验。结果如表4-11的下部（面板C）所示，（1）栏中董事会效率与 RD1 在5%水平上显著正相关（$\beta=0.003$，$p<0.05$），（2）栏中董事会效率与 RD2 在10%水平上显著正相关（$\beta=0.001$，$p<0.1$），（3）栏中董事会效率与 RD3 系数虽然为负，但不显著。

综合而言，上述结果显示，董事会效率对 R&D 投入影响的基本结论没有变化，说明回归结果具有相对的稳健性。

尚需说明的是，在提取三个公因子后得到各成分得分系数矩阵（见表4-12），从中可以看出：成分1主要包括董事会规模、独立董事占比和两职合一，成分2主要包括董事薪酬和董事持股比例，成分3主要为董事会会议次数。这正好实证检验了本书对董事会特征分类的合理性，即成分1可命名为董事会结构特征，成分2可命名为董事会激励特征，成分3可命名为董事会行为特征。

表4-12 成分得分系数矩阵

变量	成分 1	成分 2	成分 3
董事会规模（DSGM）	-0.6258	0.2139	0.0063
独立董事占比（DDZB）	0.5752	-0.0801	-0.1140
两职合一（DUAL）	0.3513	0.2264	-0.0073
董事会会议次数（DSHY）	0.1167	0.3882	0.9021
董事薪酬（DSXC）	-0.1573	0.7106	-0.3317
董事持股比例（DSCG）	0.1401	0.4908	-0.2512

此外，本书还以 R&D 投入与总资产的比值作为 R&D 投入强度的代理变

量，对高管激励、高管市场供给和聘请外部高管倾向的调节作用进行稳健性检验，结果如表4-13所示。

表4-13 调节变量的稳健性检验结果

变量	调节变量：$TMJL$ (1)	调节变量：SNC (2)	调节变量：HEC (3) HEC较低组	(4) HEC较高组
DSH	0.003*** (4.43)	0.006*** (6.17)	0.013** (2.16)	0.004 (1.11)
$TMJL$	0.002*** (3.36)			
$DSH \times TMJL$	0.001*** (2.69)			
SNC		-0.002* (-1.74)		
$DSH \times SNC$		0.001*** (4.01)		
HEC			0.069*** (2.79)	-0.012 (-1.15)
$DSH \times HEC$			0.053* (1.78)	-0.003 (-0.19)
RD_{t-1}	0.160*** (19.01)	0.161*** (19.08)	0.196*** (15.08)	0.056*** (4.27)
$SIZE$	-0.005*** (-9.88)	-0.005*** (-10.23)	-0.005*** (-5.92)	-0.004*** (-6.05)
ROA	0.000*** (7.94)	0.000*** (8.01)	0.000*** (5.53)	0.000*** (4.75)
$GROW$	0.000 (0.32)	0.000 (0.32)	0.000** (1.97)	0.000 (0.63)
$FAGE$	-0.009*** (-5.49)	-0.010*** (-6.26)	-0.017*** (-2.72)	-0.019** (-2.39)
$CASH$	0.010*** (6.66)	0.010*** (6.58)	0.015*** (6.33)	0.003 (1.15)
$LEVERAGE$	-0.000 (-0.51)	-0.000 (-0.43)	-0.000 (-1.20)	-0.000* (-1.77)
OWN	-0.000*** (3.21)	-0.000*** (3.05)	-0.000*** (4.32)	-0.000 (-0.66)

续表

变量	调节变量：TMJL （1）	调节变量：SNC （2）	调节变量：HEC （3）HEC 较低组	调节变量：HEC （4）HEC 较高组
YEAR	Control	Control	Control	Control
IND	Control	Control	Control	Control
截距	0.066 *** (7.60)	0.074 *** (6.73)	0.185 *** (5.50)	0.200 *** (4.82)
N	6950	6950	4114	2836
R^2	0.256	0.257	0.278	0.260

注：括号内的数字为 t 统计量；***、**、* 分别表示 1%、5% 和 10% 的显著性水平。

从表 4-13 中可以看出，显然，董事会效率代理变量与高管激励代理变量的交互项 $DSH \times TMJL$ 的回归系数显著为正（$\beta = 0.001$，$p < 0.01$）。董事会效率代理变量与高管市场供给代理变量的交互项 $DSH \times SNC$ 的回归系数亦在 1% 水平上显著为正。董事会效率代理变量与聘请外部高管倾向代理变量的交互项 $DSH \times HEC$ 的回归系数在 HEC 较低组中显著为正（$\beta = 0.053$，$p < 0.1$），在 HEC 较高组中其交互项系数不显著，但符号仍为负，研究结论并未发生实质性改变，从而进一步验证了本书的研究结论具有良好的稳健性。

第五节　进一步分析

由于本书是使用行业层面的数据来间接度量外部高管市场竞争的程度，包括高管市场供给变量和聘请外部高管倾向变量，而难以获取公司层面或者高管个人层面的数据以更加直接地去考察它们，后续相关研究可以尝试从该方面予以弥补。与此相反，高管激励变量的数据则源于每个公司，相较于行业的高管竞争环境，公司能够完善和改进的往往是个体自身可操纵的因素，如公司内部的高管激励机制。再加上不同所有制企业因产权性质差异而具有不同的企业研发投入激励（吴延兵，2014），不同规模的企业（朱恒鹏，2006；肖利平，2016）以及高科技行业和非高科技行业的企业对

R&D 投入的情况亦有所差异（周建等，2013；鲁桐和党印，2014），故而，本书进一步分样本讨论董事会效率对 R&D 投入的影响，以及企业内部的高管激励对其所起的调节作用。

首先，根据公司所有权性质的不同，可以将本书样本划分为两种类别——国有上市公司和非国有上市公司，从而分别得到国有企业样本 1636 个（占比 23.54%），以及非国有企业样本 5314 个（占比 76.46%）。根据企业规模的中位数，将样本分为大规模企业（即企业规模大于中位数）和小规模企业两种类别，分别得到大规模企业样本观察值 2473 个（占比 35.58%），以及小规模企业样本观察值 4477 个（占比 64.42%）。尚需说明的是，本书另根据既有相关研究（严若森和华小丽，2017）及 2012 年由证监会修订的《上市公司行业分类指引》，将高科技企业界定为以下行业的企业：①化学原料和化学制品制造业（C26）；②医药制造业（C27）；③化学纤维制造业（C28）；④计算机、通信和其他电子设备制造业（C39）；⑤仪器仪表制造业（C40）；⑥信息传输、软件和信息技术服务业（I）。信息传输、软件和信息技术服务业又可细分为：电信、广播电视和卫星传输服务（I63），互联网和相关服务（I64），软件和信息技术服务业（I65）。表 4-14 显示了本书 311 家高科技企业的 2366 个观察值分布情况。

表 4-14　研究样本公司中的高科技企业的行业分布

高科技企业的行业代码	样本（个）	比例（%）	累计比例（%）
C26	661	27.94	27.94
C27	480	20.29	48.22
C28	97	4.100	52.32
C39	763	32.25	84.57
C40	56	2.370	86.94
I63	14	0.590	87.53
I64	48	2.030	89.56
I65	247	10.44	100
合计	2366	100	

基于上述原则对全样本进行分类并实证检验，得到表4-15所示回归结果。在表4-15中第（1）列至第（4）列报告了不同所有权性质的董事会效率与企业R&D投入的独特关系。其中，第（1）列中国有企业的董事会效率与R&D投入的系数虽然为正，但是，在统计意义上不显著；第（3）列中非国有企业的董事会效率与R&D投入的系数亦为正，在10%显著性水平上显著。第（2）列和第（4）列中加入了高管激励的调节作用，在国有企业中，其调节效应不明显；在非国有企业中，董事会效率和高管激励的交互项$DSH \times TMJL$的系数为正，且在1%水平上显著。这表明，国有企业需要建立一个相对高效率的董事会，且高管激励的调节作用并未发挥出来，有待进一步加强。相较而言，在非国有企业中，董事会和高管对R&D投入的作用表现明显。

表4-15中第（5）列至第（8）列报告了不同规模企业的董事会效率与企业R&D投入的独特关系。在大规模企业中，DSH及交互项$DSH \times TMJL$的系数虽然为正，但均不显著，这说明董事会效率对R&D投入的作用及高管激励对其关系的调节效果均不明显。然而，在小规模企业中，董事会效率系数为正，显著性水平为5%，董事会效率与高管激励的交互项系数为0.005，显著性水平为1%。朱恒鹏等（2006）及肖利平（2016）已指出企业规模对企业创新的影响，较小规模的企业组织结构灵活多变，能够快速地抓住市场机遇实现业务转型，董事会效率和高管激励措施的实行能够很快产生效果。

表4-15中第（9）列至第（12）列报告了不同行业（高科技行业、非高科技行业）的企业董事会效率与企业R&D投入的独特关系。其中，第（9）列和第（11）列显示，在高科技和非高科技行业中，董事会效率与R&D投入的相关系数均在10%水平上显著为正。在第（10）列中，交互项$DSH \times TMJL$的系数在5%水平上显著为正；而在第（12）列中，交互项系数虽然为正，但不显著。这说明，高管激励在高科技行业中对董事会效率和R&D投入之间关系的调节作用更明显。这可能是因为，R&D投入是高科技企业持续盈利的源泉，然而，R&D活动是一项高风险的投资，由于代理问题的存在，高管激励可以降低机会主义行为，其作用在高科技企业中表现突出。刘振（2014）实证检验了高科技企业CEO年薪报酬可激励其增加R&D投入。

表 4-15 分样本的企业比较（企业性质、企业规模、企业行业）

变量	国有企业 (1)	国有企业 (2)	非国有企业 (3)	非国有企业 (4)	大规模企业 (5)	大规模企业 (6)	小规模企业 (7)	小规模企业 (8)	高科技行业 (9)	高科技行业 (10)	非高科技行业 (11)	非高科技行业 (12)
DSH	0.004 (1.45)	0.004 (1.42)	0.001* (1.71)	0.002 (1.14)	0.002 (1.01)	0.002 (1.19)	0.004** (2.23)	0.005** (2.46)	0.001* (1.75)	0.002* (1.76)	0.002* (1.69)	0.002 (1.52)
TMJL		0.000 (0.20)		0.003** (2.38)		0.001 (0.94)		0.003* (1.73)		0.003* (1.69)		0.001 (1.27)
DSH×TMJL		0.000 (0.07)		0.003*** (3.28)		0.000 (0.27)		0.005*** (3.84)		0.004** (2.36)		0.001 (0.57)
RD_{t-1}	0.471*** (15.76)	0.471*** (15.64)	0.450*** (24.67)	0.449*** (24.65)	0.230*** (9.55)	0.228*** (9.46)	0.472*** (21.38)	0.472*** (21.43)	0.480*** (18.91)	0.479*** (18.90)	0.416*** (20.25)	0.415*** (20.16)
SIZE	0.004** (2.22)	0.004** (2.19)	-0.003*** (-2.64)	-0.003*** (-2.77)	0.000 (0.26)	0.000 (0.14)	-0.004** (-2.42)	-0.004** (-2.41)	-0.003* (-1.72)	-0.003* (-1.87)	0.001 (0.96)	0.001 (0.90)
ROA	0.000* (1.72)	0.000* (1.71)	0.000*** (7.20)	0.000*** (7.05)	0.000*** (3.22)	0.000*** (3.24)	0.001*** (7.06)	0.001*** (6.79)	-0.001*** (-5.26)	-0.001*** (-5.03)	0.000*** (3.96)	0.000*** (3.98)
GROW	-0.000 (-0.59)	-0.000 (-0.58)	0.000 (0.10)	0.000 (0.09)	0.000 (0.47)	0.000 (0.45)	0.000 (0.12)	0.000 (0.10)	-0.000 (-0.50)	-0.000 (-0.44)	0.000 (0.07)	0.000 (0.06)
FAGE	-0.012** (-1.97)	-0.012* (-1.95)	-0.014*** (-3.96)	-0.013*** (-3.75)	-0.022*** (-5.00)	-0.022*** (-4.93)	-0.015*** (-3.25)	-0.014*** (-3.02)	-0.020*** (-3.03)	-0.019*** (-2.90)	-0.012*** (-3.92)	-0.012*** (-3.78)
CASH	0.002 (0.23)	0.002 (0.23)	0.006** (1.98)	0.006** (2.02)	-0.001 (-0.16)	-0.001 (-0.11)	-0.006 (-1.46)	-0.006 (-1.56)	-0.007 (-1.22)	-0.007 (-1.30)	-0.002 (-0.84)	-0.002 (-0.81)

续表

变量	国有企业 (1)	国有企业 (2)	非国有企业 (3)	非国有企业 (4)	大规模企业 (5)	大规模企业 (6)	小规模企业 (7)	小规模企业 (8)	高科技行业 (9)	高科技行业 (10)	非高科技行业 (11)	非高科技行业 (12)
LEVERAGE	−0.000***	−0.000***	−0.000***	−0.000***	−0.000*	−0.000*	−0.000***	−0.000***	−0.000***	−0.000***	−0.000***	−0.000***
	(−2.75)	(−2.73)	(−6.41)	(−6.13)	(−1.71)	(−1.65)	(−6.70)	(−6.33)	(−5.13)	(−4.79)	(−4.92)	(−4.86)
OWN	0.000	0.000	−0.000	−0.000	0.000	0.000	−0.000	−0.000	−0.000	−0.000	0.000	0.000
	(0.19)	(0.19)	(−1.18)	(−1.20)	(0.11)	(0.06)	(−0.15)	(−0.17)	(−0.94)	(−0.91)	(0.13)	(0.11)
截距	−0.117***	−0.116***	0.020	0.027	−0.097***	−0.092***	0.044	0.049	0.014	0.024	−0.055***	−0.052***
	(−3.82)	(−3.73)	(1.10)	(1.43)	(−3.46)	(−3.22)	(1.42)	(1.58)	(0.43)	(0.73)	(−3.39)	(−3.16)
YEAR	控制	控制	控制	控制	控制	控制	控制	控制	控制	控制	控制	控制
IND	控制	控制	控制	控制	控制	控制	控制	控制	控制	控制	控制	控制
N	1636	1636	5314	5314	2473	2473	4477	4477	2366	2366	4584	4584
R^2	0.307	0.307	0.250	0.253	0.145	0.146	0.261	0.267	0.290	0.293	0.226	0.227

注：括号内的数字为 t 统计量；***、**、*分别表示1%、5%和10%的显著性水平。

第六节 研究结果与讨论

一 假设验证情况

本章主要检验董事会各特征变量的综合指标，即董事会效率对 R&D 投入的影响，并引入内部治理的高管激励、外部治理的高管市场供给和聘请外部高管倾向作为调节变量。假设验证情况汇总如表 4 - 16 所示。

表 4 - 16 第四章研究假设的验证结果汇总

序号	研究假设的内容	实证结果	结果检验支持实证结果与否
假设 4 - 1	董事会效率激励 R&D 投入	显著为正	部分支持
假设 4 - 2	高管激励正向调节董事会效率与 R&D 投入的关系	显著为正	支持
假设 4 - 3	高管市场供给程度正向调节董事会效率与 R&D 投入的关系	显著为正	支持
假设 4 - 4a	当公司聘请外部高管倾向处于较低水平时，其正向调节董事会效率与 R&D 投入的关系	显著为正	支持
假设 4 - 4b	当公司聘请外部高管倾向处于较高水平时，其负向调节董事会效率与 R&D 投入的关系	显著为负	部分支持

二 研究讨论

本章以 2007～2015 年沪深两市的中国 A 股上市公司样本作为研究对象，实证验证董事会效率对 R&D 投入的影响，并验证了内部机制的高管激励、外部机制的高管市场供给、外部机制的聘请外部高管倾向对董事会效率与 R&D 投入之间关系的调节作用。在描述性统计、相关性分析和多元回归分析的基础上，本章还对实证结果进行了内生性检验和稳健性检验。

实证研究的结果如下。①企业 R&D 投入的代理变量 RD 与董事会效率的代理变量 DSH 显著正相关，这说明董事会效率的提高有利于激励 R&D 投入，该实证结果支持研究假设 4 - 1。②高管激励的调节效应显著为正，说明较高的高管激励水平显著增强董事会效率对 R&D 投入的促进作用，即上市公司的高管激励水平越高，董事会效率对其 R&D 投入的促进作用越强，从而验证了研究假设 4-2。③高管市场供给的调节效应显著为正，这意味着，较高的高管市场供给程度显著增强董事会效率对 R&D 投入的激励作用，反之，当高管市场供给不足时，董事会效率对 R&D 投入的激励作用会减弱。这可能是由于高管市场供给可以为企业聘请能力更强、资源更丰富的高管提供更多的后备选择，从而有助于企业将其吸纳进董事会，进而增加董事会的效率，最终做出提高企业 R&D 的决策。此外，它可以增加高管的竞争压力，促使其为公司长远利益着想，缓解委托代理问题。④在公司聘请外部高管倾向处于较低水平时，聘请外部高管倾向的调节效应显著为正。这意味着当公司聘请外部高管倾向处于较低水平时，提高聘请外部高管倾向可以显著增强上市公司董事会效率对 R&D 投入的激励效应。这或许是因为，较高的聘请外部高管倾向与较为充足的高管市场供给对高管产生的心理压力是类似的，公司聘请外部高管倾向越高，高管被其他候选人代替的可能性越大，高管的离职风险越高。在此种压力之下，高管会因担心离职而表现得更好，并与董事会和股东的利益保持一致。于是高管会增强对外部信息筛选的心理感知，将信息处理和经营行为都与股东利益以及公司长远发展保持协同，从而董事会与高管之间的委托代理冲突得以缓解，公司战略决策和创新投入得以提高。相反，在公司聘请外部高管倾向处于较高水平时，则起到相反的作用，这为研究假设 4-4 提供了支持证据。

第五章 董事会资本与R&D投入

本章为子研究三,即董事会资本如何影响R&D投入以及CEO股权激励对两者关系的调节作用。本章从资源依赖理论视角出发研究董事会人力资本和社会资本与R&D投入之间的关系,同时从委托代理理论视角出发考察董事会与高管之间的代理冲突,以及CEO股权激励对两者之间冲突的缓冲作用。首先,本章验证了董事会资本(人力资本与社会资本)对R&D投入产生影响,得出结论——二者关系为显著正相关。接着,分别验证了CEO股权激励对董事会人力资本、社会资本与R&D投入关系的调节效应。本章的研究不仅丰富了董事会资本这一领域的研究成果,而且具有重要的实践意义:高科技电子行业上市公司及其他类似的R&D投入特征明显的企业既须重视董事会人力资本和社会资本对R&D投入的战略意义,亦须基于自身R&D投入目标适度配置CEO持股比例。本章研究内容见图5-1阴影部分。

第一节 引言

董事会资本与企业R&D投入之间关系研究是公司治理领域的新近热点。R&D投入不仅是企业持续成长的动力,亦是企业维持竞争优势的关键(Lev and Sougiannis, 1996; Balkin et al., 2000)。世界最早的笔记本电脑制造商加维兰(Gavilan)公司于1984年10月宣布破产,取得领先技术和市场优势之后的故步自封是导致其破产的主要原因(Eisenhardt, 1989)。摧垮加维兰公司的是低劣的产品特性、缺乏市场竞争力的价格、冗繁的物流和分销体系,可归因于对市场信息和竞争状况变化反应的迟缓。加维兰公司的失败案例成为本章研究的出发点:高科技企业如何才能及时了解和掌握市场

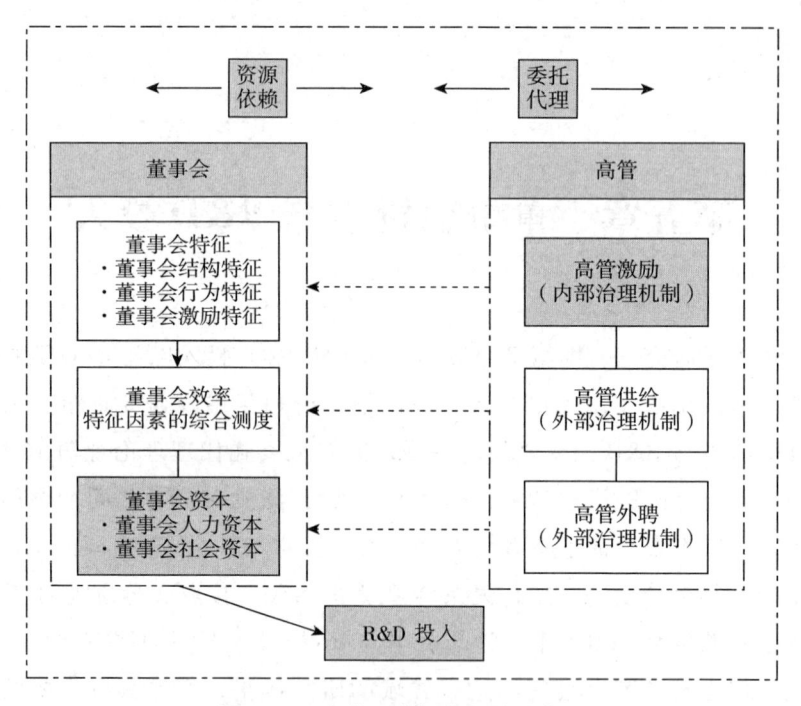

图 5-1 本书研究框架之子研究三

信息及资源，从而及时有效地通过技术创新和 R&D 投入等战略决策提高企业的创新能力。

R&D 投入是一种重要的企业战略资源和长期投资，它是企业创新的源泉，可以促进新产品的开发，帮助企业创新能力得到提高，从而获得优先发展的优势（Baum and Wally, 2003; Kim et al., 2009）。尤其是对于高科技企业而言，技术的快速更迭及行业的高速发展均要求企业进行持续的 R&D 投入以维持创新能力（Balkin et al., 2000）。R&D 投入同时也是一种关键性的战略投资，可以帮助企业开发无形资源，进而提供差异化的产品和服务（Robert and Wally, 2003）。企业早期的 R&D 投入可以成功阻止竞争者进入、增加市场份额，并建立先发优势（Baum and Wally, 2003）。相较而言，较低的 R&D 投入则无法积累企业的无形资本，也很难生产出创新的产品和服务以抵御竞争者的市场攻击行为（Kim et al., 2009）。然而，企业研发活动的过程复杂漫长，且结果很难预测，它要求企业拥有具备高级知识和技能的人才以及大量的资源储备，而且 R&D 投入给企业带来的回报需要较长的时间才能得到，因此并不是所有的公司和高管都热衷于企业 R&D 投入（Fischer et al.，2001）。高管作为公司战略决策的重要参与者，存在一定程度上的利己主义和风险规避态度，企业 R&D 决策的制定及其执行是高管与股东、董事会之间博弈的结果。

董事会作为公司治理的核心机构，是企业战略决策的主体，其既是推动企业创新的重要主体，亦是企业获取市场信息与社会资源的主要渠道（Pfeffer and Salancik，1978；周建等，2010）。为了衡量董事会的资源提供能力，Hillman 和 Dalziel（2003）首次将董事会资本这一概念应用于战略管理领域，并指出董事会资本系董事会人力资本与董事会社会资本之和。其中，董事会全体成员的专业知识、经验、技能等构成董事会人力资本（Kor and Sundaramurthy，2009），而董事会成员所拥有的人际关系、社会网络及潜在的社会资源则构成董事会社会资本（Kim and Cannella，2008）。董事会资本既是董事会参与战略决策的先决条件（Hillman and Dalziel，2003；Wincent et al.，2010），亦是 R&D 投入与创新不可或缺的资源渠道（Dalziel et al.，2011）。董事会资本会从总体上影响 R&D 投入（Dalziel et al.，2011；周建等，2012），董事会人力资本与董事会社会资本亦会对 R&D 投入产生各自的影响（Kor and Misangyi，2008；Kroll et al.，2008；周建等，2013），而内部董事与外部董事的创业经验、技术积累及连锁关系则同样会影响 R&D 投入（Dalziel et al.，2011）。就此而言，作为公司治理研究领域的热点，董事会资本如何影响 R&D 投入自然是本章研究的题中之义，而分层解析董事会人力资本与董事会社会资本对 R&D 投入的影响则是本章研究的重点。

此外，就 R&D 投入而言，CEO 是除董事会之外，对 R&D 投入有重要影响作用的主体，其亦会参与企业的核心决策（周建等，2013；严子淳和薛有志，2015），也是高管的典型代表。但 CEO 与股东及董事会之间存在代理冲突，风险厌恶型 CEO 会因机会主义倾向而不愿为股东利益与企业长期收益承担过多风险，进而对 R&D 投入采取不同程度的抑制行为（Dechow and Sloan，1991）。关于这一观点，现有相关研究事实上已给予了关注。例如，探讨 CEO 权力对董事会资本与 R&D 投入关系的调节作用的研究指出，权力较小的 CEO 无力干涉董事会的战略决策，而权力较大的 CEO 会阻碍董事会有关 R&D 投入的决策（Chen and Hsu，2009；周建等，2013）；CEO 如果具有较大权力，会阻碍董事会的决策，故负向调节董事会资本与 R&D 投入之间的关系（Chen，2014），类似研究不一而足。然而，如果将相关研究视角由 CEO 权力或职位权力置换为 CEO 股权激励，则研究问题及研究结论又将是如何呢？至此，研究问题非常清晰，即 CEO 股权激励会如何调节董事会资本与 R&D 投入的关系，至于研究结论，则自然需从研究问题出发进行探寻。此外，企业在变革和管理创新的过程中如何平衡利益，尤其是对于高管的利益，传统支付现金的方法难以奏效，而股权激励机制是专门用来解决此类问题的。事实上，尚缺乏关注 CEO 股权激励如何调节董事会资本与 R&D 投入的关系的文献。鉴于上述两重分析，本章将探究董事会资本对 R&D 投入的影响及 CEO 股权激励的调节作用。

第二节　理论分析与研究假设

一　董事会人力资本与 R&D 投入

董事会人力资本指代董事在教育、职业培养、工作经验过程中获取的专业知识、技能（Becker，1975）。根据人力资本理论，这是一种通过教育、培训以及公司相关的投资而获得的个人能力，可以促进生产力提高（Gimeno et al.，1997）。拥有较高人力资本的董事能够取得更高的绩效，并为公司带来一种竞争优势（Hill et al.，2001）。董事会成员在某一行业特定的知识、技能与经验有助于其对行业进行现状评估与风险预测，从而为企业的战略决策提供有价值的信息与建议（Arthur，1994）。与此同时，董事会成员的行业经验能够积累成其关于行业技能、市场发展趋势、顾客需求、行业法规与行业政策等相关认知的人力资本（Chen and Huang，2006）。此外，拥有行业经验的董事会成员不仅对行业潜在市场机会具备足够敏锐的嗅觉与洞察力，而且能根据自身对行业发展态势的认知与把握更好地评估 R&D 投入的必要性，亦即，由于更为熟悉行业技术、竞争现状、顾客需求、供应商能力及行业法规与行业政策，具有足够行业经验的董事会成员更加熟知行业潜在市场机会,并能对企业 R&D 投入的前景和方向做出更为精准的评估(Kor and Misangyi, 2008)。董事会成员至少曾经历行业的发展与变迁,并能够切实意识到通过 R&D 投入提升企业创新能力的重要性(Kroll et al., 2008)。当然,董事会人力资本的异质性能为 R&D 投入带来诸如经验、创造力、知识及其他类型的外部资源(Haynes and Hillman, 2010)。一言蔽之,董事会成员的行业经验等维度的人力资本能够为董事会成员提供关于 R&D 决策的知识、项目评估能力以及对 R&D 投入目标本身的熟知度(Dalziel et al., 2011)。就此而言,拥有充足知识与技能(基于行业经验积累的人力资本)的董事会成员能够做出合理的 R&D 决策,并能借此正面影响 R&D 投入的强度。根据以上理论分析,本章提出以下研究假设。

研究假设 5-1:董事会人力资本正向影响 R&D 投入。

二 董事会社会资本与 R&D 投入

董事会社会资本能够帮助企业建立联结外部资源的通道与社会关系网络(Hillman and Dalziel, 2003)。其中,连锁董事,即企业的董事会成员同时兼任另一家公司的董事,可以为企业带来重要的社会资本(Kor and Sundaramurthy, 2009)。鉴于其供职于不同的企业,连锁董事可以同时观察到各个不同企业的决策制定过程,而这些决策过程无疑能够帮助连锁董事形成关于战略与管理问题的深度观点,并能助其产生诸多可供选择的创新性问题解决方案(Beckman and Haunschild, 2002)。事实上,面对行业与市场快速发展与变化的挑战,企业必须及时搜集与分析处理相关信息(Wu and Priem, 2005)。而企业可通过连锁董事获取专家支持,并借此解决企业关于行业需求与市场机会的困惑及问题,获取行业发展的相关信息(Chen and Huang, 2006)。因此,连锁董事的外部企业关联是一种企业与外部环境进行资源与信息交换的有效机制(Kroll et al., 2008)。连锁董事能够为企业带来相关外部战略资源,如对企业战略决策有帮助的信息与知识(Pfeffer and Salancik, 1978)。一言蔽之,连锁董事能为董事会及时提供企业外部行业与市场发展现状及趋势等相关信息，并能通过外部关联为企业获取外部关键或战略资源，借此，企业可减少 R&D 投入活动的未知性（Kor and Sundaramurthy, 2009）。例如，能够获得有效改善 R&D 投入的高管薪酬计划及组织结构体系的连锁董事，将有助于 R&D 决策能力的提升，并能减少 R&D 投入及其运行过程中的未知性挑战（Dalziel et al., 2011）。就此而言，拥有外部资源撷取能力或通过连锁董事获取社会资本的董事会能够或有助于推动企业做出合理的 R&D 决策，抑或拥有连锁董事的董事会能够通过其外部网络关系与社会关联，形成董事会社会资本，正面影响 R&D 投入的战略决策与行动执行。根据以上理论分析，本章提出以下研究假设。

研究假设 5-2：董事会社会资本正向影响 R&D 投入。

三 CEO 股权激励的调节效应

董事会与 CEO[①] 之间通常存在代理冲突，尽管董事会与 CEO 均对企业的资源配置、经营绩效及战略决策承担相应责任（Minnick and Noga, 2010），但 CEO 仍会利用手中职权阻碍董事会为 R&D 投入提供资源。相较而言，CEO 往往偏好低风险项目并倾向追求于短期回报，故其通常不愿从事较高风险项目，如 R&D 活动。然而，股权激励能缓和 CEO 与董事会之间的代理冲突（Core and Guay, 1999）。拥有企业股权的 CEO 自然希望通过 R&D 活动及其他战略决策与行动增加企业价值（Jensen and Warner, 1988）；相反，没有股权或拥有较少企业股份的 CEO 很少有动力实施风险水平较高的投资行为，因为公司长期绩效与其自身利益关系或许不大（Finkelstein and Daveni, 1994）。而且，如前文所述，在有限理性下 CEO 的经营行为又往往遵循一定的信息筛选过程：高管的取向会影响注意力和洞察力的范围，

[①] CEO 即 Chief Executive Officer 的缩写，为首席执行官，是在一个企业中负责日常事务的最高行政官员，又称行政总裁、总经理或最高执行长，是公司高管的典型代表。由于该部分研究数据需要手工整理，故而选取 CEO 为代表以体现高管激励对董事会资本与 R&D 投入关系的影响。

他会有选择性地感知到部分现象，再根据观察和感知的结果进行现实诠释并赋予意义（Hambrick and Mason，1984；Finkelstein and Hambrick，1996）。很显然，如果企业对 CEO 实施股权激励，则有可能促使 CEO 强化观察和感知的结果、获得较强动机站在股东长期利益的一边，进而支持董事会的一些战略决策，股权激励同时也会激发董事为企业发展提供资源的积极性，从而提升企业价值（Jensen and Warner，1988；刘振，2014），而且增强董事会资本对 R&D 投入的影响。

事实上，既有研究已就 CEO 年龄、教育背景及任期等自身特征变量如何影响其对 R&D 投入的认知与评价进行了探索（Barker and Mueller，2002），亦有文献研究董事股权激励、公司领导权结构、CEO 权力等变量对董事会资本与 R&D 投入之间关系的调节作用（Chen and Hsu，2009；Haynes and Hillman，2010；严子淳和薛有志，2015），但尚缺关注 CEO 股权激励如何影响董事会资本与 R&D 投入关系的文献。另外，基于委托代理理论与资源依赖理论，Hillman 和 Dalziel（2003）认为，一方面，董事扮演"监督"CEO 或"服务"于 CEO，为企业战略决策建言献计、提供必需资源的角色；另一方面，CEO 对董事的依赖性会增强董事会提供资源的积极性。很显然，CEO 如果具有较大权力，会阻碍董事会的决策（Chen，2014）。但如果对 CEO 进行股权激励，则可以限制其权力的发挥，促使其对董事产生一定的依赖，从而调节董事会资本与 R&D 投入的关系，正因如此，探究 CEO 股权激励对董事会资本与 R&D 投入关系的调节作用亦是本章研究的重点。很显然，持股 CEO 自然有动力去开发高风险及高收益的项目，股权激励亦能激励 CEO 将企业更多资源配置于能够为企业带来长期收益的战略投资，如 R&D 投入，以获得未来可能的高额回报，从而使 CEO 与董事会形成利益共同体，增强董事会资本对 R&D 投入的正向影响（严若森和钱晶晶，2016）。因此，就 CEO 股权激励对董事会资本（人力资本与社会资本）与 R&D 投入关系的调节而言，其为正向作用，且 CEO 持股比例越高，正向作用越明显。根据以上理论分析，本章提出以下研究假设。

研究假设 5-3：CEO 股权激励正向调节董事会人力资本与 R&D 投

入的关系，且 CEO 持股比例越高，影响程度越大。

研究假设 5-4：CEO 股权激励正向调节董事会社会资本与 R&D 投入的关系，且 CEO 持股比例越高，影响程度越大。

根据以上研究假设，本章变量之间关系的理论模型如图 5-2 所示，下文将首先对样本选择和研究设计进行说明，然后对实证结果和实证检验进行分析，并在此基础上得出研究结论，开展进一步的讨论。

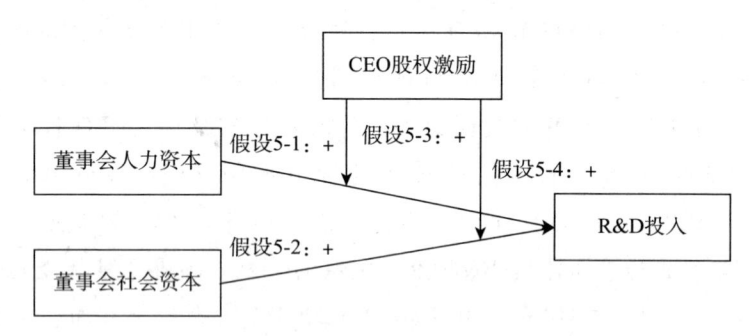

图 5-2 董事会资本与 R&D 投入的理论模型

第三节 研究设计

一 样本和数据

本章选取 2012~2015 年中国沪深 A 股高科技电子行业的上市公司为研究样本，董事会资本及企业 R&D 投入的相关数据系作者根据样本上市公司年报手动整理而成，其他相关数据则源于国泰安数据库（CSMAR）与万德数据库（WIND）。本章对研究样本依照下述标准进行了筛选：①剔除 ST、*ST 上市公司；②剔除重要变量数据不完整的上市公司；③剔除变量数据显示异常变动状况的上市公司；④剔除连续披露 R&D 活动费用支出状况少于两年的上市公司。据此，本章最终获得 142 个有效样本及 568 个样本观察值。

二 变量定义及测量

R&D 投入是本章的因变量。借鉴 Cui 和 Mak（2002）的研究方法，本章以企业年度研发费用占企业年度营业收入的比例来衡量 R&D 投入（用 *R&D* 表示）。

董事会人力资本与董事会社会资本是本章的自变量。本章分别将董事会行业经验与董事会连锁董事作为董事会人力资本与董事会社会资本的代理变量。其中，从事过两种及两种以上相关行业不同工作的董事数量与董事会规模的比值表征董事会行业经验（用 *DISE* 表示）；兼任其他公司董事职务的董事数量与董事会规模的比值表征董事会连锁董事（用 *DIDT* 表示）。

CEO 股权激励是本章的调节变量。CEO 股权激励用 *CEOC* 表示，本章从定性和定量两个方面来描述 CEO 股权激励。在描述 CEO 是否持有公司股份时，变量 *CEOC* 为虚拟变量，即 CEO 持有公司股份时取值为 1，否则取值为 0。然而，在下文的分析中会使用 CEO 持股数量占总薪酬的比例来衡量 CEO 股权激励，并求得其中位数以区分高股权激励和低股权激励，借此在实证结果分析部分检验 CEO 持股比例差异对相应调节作用强度的影响。

本章除了以上变量外，还涉及多个控制变量。本章借鉴周建等（2012）关于董事会资本及 R&D 投入研究的相关方法，将 CEO 任期、企业规模、企业年龄、企业成长性、企业历史绩效、年度作为控制变量。其中 CEO 任期（用 *CEOT* 表示）定义为 CEO 在该岗位的工作年限；企业规模（用 *LNSIZE* 表示）定义为企业总资产的自然对数；企业年龄（用 *CA* 表示）定义为企业成立的年限；企业成长性（用 *MB* 表示）定义为企业主营业务利润增长率；企业历史绩效（用 ROA_{t-1} 表示）定义为企业第 $t-1$ 年的总资产收益率；年度虚拟变量用 *Year* 表示，以 2012 年为基准，设置 *Year*13、*Year*14、*Year*15 三个虚拟变量。

本章所涉变量及其具体测量方法见表 5-1。

表 5-1 变量说明

变量属性	变量名称及其代码	变量定义及其测量
因变量	R&D 投入（R&D）	企业年度研发费用占企业年度营业收入的比例（%）
自变量	董事会行业经验（DISE）	从事过两种及以上相关行业不同工作的董事数量/董事会规模
	董事会连锁董事（DIDT）	兼任其他公司董事职务的董事数量/董事会规模
调节变量	CEO 股权激励（CEOC）	CEO 持有公司股份取值为 1，否则取值为 0
控制变量	CEO 任期（CEOT）	CEO 在该岗位的工作年限
	企业规模（LNSIZE）	企业总资产的自然对数
	企业年龄（CA）	企业成立的年限
	企业成长性（MB）	企业主营业务利润增长率
	企业历史绩效（ROA_{t-1}）	企业第 $t-1$ 年的总资产收益率
	年度（Year）	虚拟变量：Year13、Year14、Year15

资料来源：作者整理。

三 模型设定

前文已述，R&D 投入为因变量，董事会行业经验与董事会连锁董事为自变量，CEO 股权激励为调节变量，CEO 任期、企业规模、企业年龄、企业成长性、企业历史绩效、年度则为控制变量。为了解析董事会资本对 R&D 投入的影响、探索 CEO 股权激励对董事会资本与 R&D 投入关系的调节作用，本章构建下述理论模型，其中，α 为截距，$\beta_1 \sim \beta_{13}$ 为系数，ε 则为残差。

$$R\&D = \alpha + \beta_1 DISE + \beta_2 DIDT + \beta_3 CEOC + \beta_4 CEOC \times DISE + \beta_5 CEOC \times DIDT + \beta_6 CEOT + \beta_7 LNSIZE + \beta_8 CA + \beta_9 MB + \beta_{10} ROA_{t-1} + \beta_{11} Year13 + \beta_{12} Year14 + \beta_{13} Year15 + \varepsilon$$

(5-1)

第四节 实证结果

一 描述性统计

表 5-2 报告了本章变量的描述性统计结果。

表 5-2　变量的描述性统计结果

单位：个

变量	观测样本	平均值	标准差	最小值	最大值	中位数
R&D	568	6.110%	6.434	0.070%	76.245%	4.544%
DISE	568	0.554	0.219	0.100	1.000	0.556
DIDT	568	0.434	0.243	0.000	1.000	0.444
CEOC	568	0.557	0.497	0.000	1.000	1.000
CEOT	568	4.116	2.830	0.000	19.000	4.000
LNSIZE	568	8.934	2.467	6.661	25.750	8.578
CA	568	16.170	5.924	6.000	37.000	15.000
MB	568	20.160	52.030	-51.560	645.900	12.640
ROA_{t-1}	568	6.719	7.333	-21.010	43.660	5.533

资料来源：作者计算整理，下同。

从表 5-2 中的数据可以看出：①变量 R&D 的平均值为 6.11%，表明样本企业年度营业收入的 6.11% 用于企业研发活动，相较于其他行业，高科技电子行业的企业技术创新能力较强；②变量 R&D 的标准差较大（6.434），表明样本企业在 R&D 投入水平上差距较大；③变量 DISE 的平均值为 0.554，中位数为 0.556，表明超过半数样本企业的董事会成员拥有丰富的行业经验；④变量 DIDT 的平均值为 0.434，中位数为 0.444，表明接近半数样本企业拥有其他企业的连锁董事席位；⑤变量 CEOC 的平均值为 0.557，中位数为 1，表明超过半数样本企业的 CEO 持有公司的股份，这说明采取 CEO 股权激励措施在高科技电子行业中较为普遍，这可能是因为 R&D 投入对高科技电子行业更为重要。众所周知，企业 R&D 是一项高风险高投入的活动，在这个过程中，CEO 与董事会之间的代理冲突也更为明显，故而，采取 CEO 股权激励可以缓解他们之间的矛盾，促使 CEO 支持 R&D 投入。

二　相关性分析

在做多元回归分析之前，本章对变量之间的相关性进行了初步分析，并得到了表 5-3 的 Pearson 相关系数矩阵。表 5-3 中的数据显示，①变量

DISE 与 R&D 在 1% 显著性水平上正相关（$p<0.01$），变量 DIDT 与 R&D 在 5% 显著性水平上正相关（$p<0.05$），即董事会行业经验及董事会连锁董事均与 R&D 投入显著正相关，表明董事会人力资本与董事会社会资本均正向影响 R&D 投入。②变量 CEOC 与 R&D 在 1% 显著性水平上正相关（$p<0.01$），即 CEO 股权激励与 R&D 投入显著正相关，表明 CEO 持股有助于激发 CEO 支持及参与 R&D 投入的积极性；变量 CEOC 与 DISE 显著正相关（$p<0.05$），与 DIDT 显著负相关（$p<0.01$），即 CEO 股权激励与董事会行业经验显著正相关、与董事会连锁董事显著负相关，表明 CEO 持股正向影响企业边界之内的董事会人力资本，反之则负向影响。③变量 CEOT、LNSIZE、CA、MB、ROA_{t-1} 与 R&D 的相关关系显示，CEO 任期与 R&D 投入正相关但不显著，企业规模、企业年龄、企业成长性、企业历史绩效等其他控制变量均与 R&D 投入显著负相关，这表明，一方面，CEO 个人收益与企业收益相关，CEO 支持 R&D 决策和活动；另一方面，随着企业规模的扩大、企业存续时间的延长及企业经营状况的改善，企业反倒不愿意更多地投资高风险的 R&D 项目。此外，本章所用自变量之间的相关系数绝大多数都很小，自变量之间发生多重共线性的可能较小。

表 5-3 变量的相关系数矩阵

变量	R&D	DISE	DIDT	CEOC	CEOT	LNSIZE	CA	MB	ROA_{t-1}
R&D	1								
DISE	0.4552***	1							
DIDT	0.0383**	0.0415	1						
CEOC	0.1253***	0.0973**	-0.1359***	1					
CEOT	0.0344	0.0150	-0.0138	0.1977***	1				
LNSIZE	-0.1210**	-0.0748	0.1510***	-0.1417***	0.0891***	1			
CA	-0.1355***	-0.1546***	0.0874*	-0.2666***	0.0619	0.2622***	1		
MB	-0.1090**	0.0110	-0.0454	0.0405	-0.0403	-0.0337	-0.1040**	1	
ROA_{t-1}	-0.1373***	-0.0249	-0.1208**	0.0012	-0.2127***	-0.0521	-0.1251***	0.1705***	1

注：*、**与***分别表示 10%、5% 与 1% 的显著性水平（双尾检验）。

三 OLS 回归结果与分析

在对变量进行相关性分析之后，为了实证检验前文所述研究假设，本章根据前述理论模型，采用 OLS 回归分析董事会资本、CEO 股权激励与 R&D 投入之间的关系。通过构建分层回归模型，本章得到表 5－4 的 OLS 多元回归结果。表 5－4 显示，一方面，模型 1～3 的 VIF 值（方差膨胀因子）均小于 4，远低于 VIF＝10 的阈值，表明本章的模型均通过了多重共线性检验；另一方面，模型 1～3 各回归方程的拟合效果逐渐增强。

表 5－4 中的模型 1 为基础模型，仅包含所有控制变量。CEO 任期（$CEOT$）与 R&D 的正相关关系不显著，而变量 $LNSIZE$、CA、MB、ROA_{t-1} 与 R&D 的相关关系显示，企业规模、企业年龄、企业成长性、企业历史绩效等控制变量均与 R&D 投入显著负相关，表明随着企业规模的扩大，企业年限越长、企业资产收益率越高，企业越会减少其 R&D 投入的行动，其 R&D 投入动力亦会越显不足或弱化。

模型 2 则是在基础模型 1 中加入了自变量对 R&D 投入的主效应影响，用于验证假设 5－1 与假设 5－2。模型 2 的 R^2 值变化为 0.186，F 值为 20.1（$p<0.01$），表明董事会行业经验与董事会连锁董事在很大程度上影响了 R&D 投入活动。其中，①变量 $DISE$ 与 R&D 显著正相关（$p<0.01$），即董事会行业经验在 1% 的显著性水平上正向影响 R&D 投入，表明董事会中拥有丰富行业经验的董事越多，越有利于 R&D 投入；②变量 $DIDT$ 与 R&D 显著正相关（$p<0.05$），即董事会连锁董事在 5% 的显著性水平上正向影响 R&D 投入，表明董事会中连锁董事的比例越高，越有利于 R&D 投入。很显然，模型 2 的回归结果验证了本章的假设 5－1 与假设 5－2，即董事会人力资本与董事会社会资本均正向影响 R&D 投入。

模型 3 中包含控制变量、主效应与调节效应，与模型 2 相比，增加调节变量 CEO 股权激励（$CEOC$）与自变量的交互项。模型 3 的回归结果显示，交互项 $CEOC \times DISE$ 的系数显著为正，即 CEO 股权激励在 10% 的水平上正向调节（$\beta_4=4.149$，$p<0.1$）董事会行业经验（$DISE$）对 R&D 投入的影响；交互项 $CEOC \times DIDT$ 的系数为负，但其在统计意义上不显著。很显然，

模型 3 的回归结果验证了假设 5-3，即 CEO 股权激励正向调节董事会人力资本对 R&D 投入的影响，而假设 5-4 没有通过检验。

表 5-4　OLS 多元回归结果

变量	模型 1	模型 2	模型 3
主效应			
DISE		12.745*** (10.22)	10.309*** (5.47)
DIDT		0.544** (2.28)	0.962** (2.17)
CEOC			-1.190 (-0.68)
调节效应			
CEOC × DISE			4.149* (1.65)
CEOC × DIDT			-0.609 (-0.27)
控制变量			
CEOT	0.041 (0.38)	0.025 (0.25)	0.015 (0.14)
LNSIZE	-0.252** (-2.00)	-0.215* (-1.88)	-0.200* (-1.74)
CA	-0.151*** (-2.85)	-0.081* (-1.68)	-0.074* (-1.82)
MB	-0.013** (-2.16)	-0.013** (-2.41)	-0.013** (-2.49)
ROA_{t-1}	-0.122*** (-2.85)	-0.103*** (-2.68)	-0.102*** (-2.65)
Year	控制	控制	控制
截距项	11.711*** (8.44)	2.894* (1.88)	3.445* (1.81)
R^2 值	0.061	0.247	0.255
R^2 值变化	0	0.186	0.005

续表

变量	模型 1	模型 2	模型 3
F 值	5.650***	20.100***	14.620***
VIF 值	<2	<2	<4
观察样本	568	568	568

注：*、**与***分别表示10%、5%与1%的显著性水平；括号内数字为t值。下同。

四　WLS 回归结果与分析

本章通过测量自变量与残差绝对值（|e|）的 Spearman 相关系数来对模型 3 进行异方差检验，结果如表 5-5 所示。由表 5-5 可知，原模型存在一定程度的异方差现象。

表 5-5　自变量与 |e| 的 Spearman 相关系数

残差	DISE	DIDT	CEOC	CEOC×DISE	CEOC×DIDT
|e|	-0.2733***	-0.0632	-0.1377***	-0.2263***	-0.1234***

为了使模型更加准确，本章借鉴周建等（2012）的经验方法，以残差绝对值的倒数（1/|e|）为权重，采用加权最小二乘法（WLS）对 OLS 回归模型 3 进行异方差修正，结果如表 5-6 所示。

表 5-6　WLS 回归结果

变量	WLS 估计系数	t 值	变量	WLS 估计系数	t 值
截距项	3.272***	8.77	CA	-0.057***	-5.39
DISE	9.422***	19.49	MB	-0.011***	-6.33
DIDT	0.613**	2.38	ROA_{t-1}	-0.082***	-9.59
CEOC	0.844	1.28	Year	控制	
CEOC×DISE	3.069***	4.65	R^2 值	0.785	
CEOC×DIDT	-0.492*	-1.87	调整后的 R^2 值	0.780	
CEOT	0.006	0.25	F 值	155.685***	
LNSIZE	-0.185***	-19.44	VIF 值	<6	

表 5-6 显示，在修正后的新模型中，F 值为 155.685，调整后的 R^2 为 0.785，VIF 值小于 6，表明修正后的模型通过了多重共线性检验，且回归结果明显优于原 OLS 回归模型 3 的回归结果。因此，本章将 WLS 修正后的模型作为最终检验模型用于验证研究假设。在此最终检验模型中，①变量 DISE、DIDT 均与 R&D 显著正相关，即董事会行业经验在 1% 的显著性水平上与 R&D 投入正相关（$p < 0.01$），董事会连锁董事在 5% 的显著性水平上与 R&D 投入正相关（$p < 0.05$），假设 5-1 与假设 5-2 再次得到验证。②CEO 股权激励对 R&D 投入的直接影响作用不显著，但其对董事会资本与 R&D 投入的关系具有显著调节效应，且与原模型相比，该显著性明显提高，其中，CEO 股权激励在 1% 的显著性水平上正向调节（$\beta_4 = 3.069$，$p < 0.01$）董事会行业经验（DISE）对 R&D 投入的影响，验证了假设 5-3；但变量 CEOC 与董事会社会资本（DIDT）的交互项 CEOC × DIDT 在 10% 的显著性水平上为负（$\beta_5 = -0.492$，$p < 0.1$），这意味着 CEO 股权激励负向调节董事会连锁董事（DIDT）对 R&D 投入的影响，亦即假设 5-4 依然没有通过检验。

至此可知，无论是基于前述 OLS 回归结果，还是基于此处 WLS 回归结果，假设 5-4 均没有通过检验。就此而言，在 CEO 股权激励之下，董事会连锁董事所承载的社会资本并不一定是促进 R&D 投入的关键资本。至于假设 5-4 为何没能通过检验，其中的原因可能在于下述三个方面：①可能与中国转型经济的制度环境相关，事实上，现有的董事会资本相关研究更多基于西方制度环境情景，相对少有研究专门针对中国制度环境情景，而中国正处于经济转型时期，不确定的制度环境因素较多；②CEO 股权激励减弱了代理冲突，可能会出现 CEO 利用自身社会资本弥补连锁董事社会资本不足的现象，即因 CEO 股权激励与董事会社会资本存在一定的替代关系，即使董事会通过连锁董事带来的社会资本有限，CEO 股权激励亦会促使 CEO 通过自身人际关系与社会网络弥补连锁董事社会资本的不足，从而为 R&D 投入提供充足的社会资源，或许正因如此，学者们亦开始关注 CEO 所具有的社会资本与董事会社会资本之间的关系（Sundaramurthy et al.，2014）；③拥有公司股份的 CEO 往往将公司的利益与自身的利益联系起来对待，而且基于对自身职业经理人身份及角色的考虑，CEO 又会忠诚于其职业与专长技能，因此并不完全认同连锁董事所具有的社会资本能够促进 R&D 投入。

五 调节效应回归结果与分析

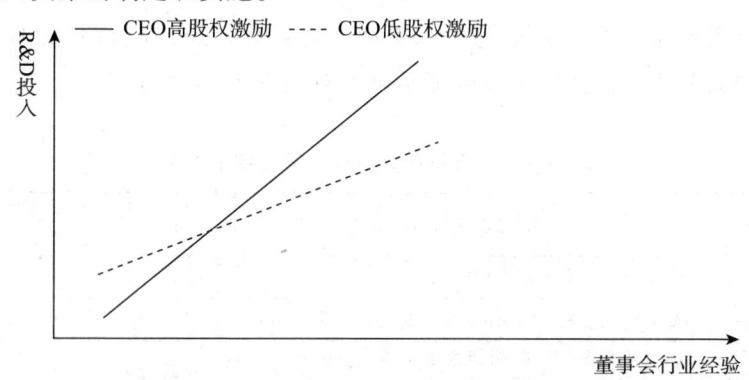

为了进一步检验 CEO 持股比例差异对董事会行业经验与 R&D 投入关系的调节强度影响，本章依照 Aiken 和 West（1991）的做法，选取变量 *CEOC* 的中位数作为 CEO 持股比例高低的分界线，CEO 持股比例高于中位数的为 CEO 高股权激励，而 CEO 持股比例低于中位数的则为 CEO 低股权激励。图 5-3 显示了 CEO 持股比例差异对董事会行业经验与 R&D 投入关系的调节效应。在图 5-3 中，实线表示 CEO 高股权激励对董事会行业经验与 R&D 投入关系的调节效应，虚线则表示 CEO 低股权激励对董事会行业经验与 R&D 投入关系的调节效应。由图 5-3 可知，实线比虚线的斜率大，这表明受高股权激励的 CEO 与行业经验丰富的董事会成员之间的代理冲突较弱，CEO 高股权激励有益于 R&D 投入决策的制定与执行。高科技企业对 CEO 施行股权激励不仅有利于缓解高管与董事会之间的代理冲突，而且有助于强化 CEO 在战略决策中的信息筛选，使得 CEO 获得正面积极且有利于公司发展的心理感知和信息，从而加强对环境的判断，促进公司长期发展战略和创新投入决策的制定和实施。

图 5-3　CEO 持股比例差异对董事会行业经验与 R&D 投入
关系的调节效应

而鉴于 CEO 股权激励对董事会社会资本与 R&D 投入关系的调节效应为负，本章无意探究 CEO 持股比例差异对董事会社会资本与 R&D 投入关系的调节强度差异。

六　稳健性检验

为了检验本章研究结论的稳健性，本章基于周建等（2012）的研究方法，进行了下述两项稳健性检验：①从变量出发，进行替代指标的稳健性检验，为此，本章以 R&D_I，即 R&D 投入占企业总资产的比例（R&D 投入/企业总资产），作为 R&D 的替代变量进行了检验，回归结果显示，R&D 投入的代理变量与董事会人力资本、董事会社会资本仍均显著正相关，而 CEO 股权激励对董事会人力资本、董事会社会资本二者与 R&D 投入的关系则仍存在相反的调节效应，尽管其调节效应的显著性较低，但其符号方向并未发生改变；②从数据出发，对全样本进行首尾 1% 的缩尾处理从而得到新的样本总体，并借此重新回归，得到了相似的研究结论。稳健性检验结果显示，本章的研究结论具有较好的稳健性。

第五节　研究结果与讨论

一　假设验证情况

本章主要检验董事会资本对 R&D 投入的影响，并引入 CEO 股权激励对其关系的调节效应，主要假设验证结果汇总如表 5-7 所示。

表 5-7　第五章研究假设的验证结果汇总

序号	研究假设的内容	实证结果	结果检验支持实证结果与否
假设 5-1	董事会人力资本对 R&D 投入具有正向影响关系	显著为正	支持
假设 5-2	董事会社会资本对 R&D 投入具有正向影响关系	显著为正	支持
假设 5-3	CEO 股权激励正向调节董事会人力资本与企业 R&D 投入的关系	显著为正	支持
假设 5-4	CEO 股权激励正向调节董事会社会资本与企业 R&D 投入的关系	显著为负	不支持

二 研究讨论

本章以 2012~2015 年中国沪深 A 股高科技电子行业上市公司为研究样本，以 CEO 股权激励为调节变量，对董事会资本（人力资本与社会资本）与 R&D 投入的关系进行了实证研究，并得出以下主要研究结论。

第一，董事会人力资本及董事会社会资本均与 R&D 投入显著正相关。研究表明董事会行业经验（董事会人力资本）和董事会连锁董事（董事会社会资本）在一定程度上会促进企业的 R&D 投入。此研究结论在某种程度上契合了学者的观点，其内含的逻辑在于：具有行业经验的董事会成员能帮助企业根据行业发展现状以及未来走势、结合自身企业的状况做出适当的投资决策；具有连锁董事背景的董事会成员连接了企业与外部资源和社会网络的通道，从而为其投资决策活动带来了必要的外部依赖性资源。

第二，CEO 股权激励对董事会人力资本与 R&D 投入的关系存在正向调节效应，且 CEO 持股比例越高，CEO 股权激励对董事会人力资本与 R&D 投入关系的调节效应越明显。此研究结论表明，当企业面临外部环境急剧变化以及商业机会转瞬即逝时，企业一旦落后于竞争对手就很难迎头赶上，至此，实施 CEO 股权激励能够有效促进具有丰富行业经验的董事会成员为企业的 R&D 决策提供关键性的信息、建议和资源，从而增强企业的创新能力。

第三，CEO 股权激励对董事会社会资本与 R&D 投入的关系存在负向调节效应。此研究结论与 CEO 股权激励对董事会社会资本与 R&D 投入关系的激励作用正好相反，为此本章认为，一方面，CEO 股权激励削弱了代理冲突，使 CEO 将自身利益与股东和公司的长远利益捆绑在一起，CEO 会利用自身的社会资本来弥补董事会社会资本的不足；另一方面，CEO 可能忠诚于自身的职业素养和能力，并不乐观地认为连锁董事能够为 R&D 投入带来有价值的信息和资源。

本章的研究具有一定的理论意义，在研究董事会人力资本、董事会社会资本以及董事会资本宽度和深度的基础上，探讨董事会与高管之间代理冲突的缓和以及二者在创新和 R&D 投入决策方面的协同机制。董事会作为公司股东的委托方，与作为公司代理方的高管之间存在代理冲突和代理成本。因此，高管在 R&D 决策方面会因考虑自身的短期利益和绩效而失去自觉性和积极性。本书引用高管股权激励的调节机制，通过对高管实行股权激励减少其利己行为，促使其关注公司长期发展和长期绩效，提高了公司创新能力，形成 R&D 决策方面的协同机制。董事会成员一方面根据自身的工作经历、教育背景为公司带来人力资本，有助于公司 R&D 决策的制定和实施；另一方面通过在社会其他企业或社会部门担任职务而为公司带来外部社会的资源，促进 R&D 决策。

　　本章的实证研究结论对于高科技电子行业上市公司及其他类似 R&D 投入特征明显的企业具有启示意义：①鉴于董事会成员的行业经验及连锁董事特征均正向影响 R&D 投入，企业既须注重董事会成员的行业经验等人力资本，亦须注重董事会成员中连锁董事形成的社会资本，并将其作为促进 R&D 投入的关键性或战略资源；②鉴于 CEO 股权激励对董事会人力资本与 R&D 投入的关系存在正向调节效应，而对董事会社会资本与 R&D 投入的关系存在反向调节效应，企业须基于自身的 R&D 投入目标而适度配置其 CEO 持股比例。

　　另需说明的是，本章有关董事会资本的数据均通过手动整理上市公司财务报表所得，数据获取难度较高，本章仅用董事会行业经验与连锁董事分别代表董事会人力资本与董事会社会资本，而暂未涉及董事会资本其他或有层面。鉴于此，丰富董事会资本测度层面并借此丰富与深化董事会资本及与之关联的主题研究是本章后续研究的题中之义。

第六章　董事会影响 R&D 投入的作用机制

本章为子研究四。本章采用扎根研究方法对四个案例企业[①]（格力电器有限公司、阿里巴巴网络技术有限公司、海尔股份有限公司、联想集团）进行分析，意在探究董事会影响企业 R&D 投入的内在作用机理。首先，分别从委托代理理论和资源依赖理论两个视角回顾了现有文献关于董事会对 R&D 投入影响的研究成果。其次，从研究方法、案例选择、数据获取等方面对本章的研究进行设计。再次，遵循扎根研究方法的流程——"开放式译码—主轴译码—选择性译码"，对格力电器案例的数据进行编码，获得概念化和范畴化结果，根据"因果条件—行动策略—结果"的顺序对范畴进行逻辑关系的串联，并获得逻辑关系图。最后，结合董事会与 R&D 投入的相关文献和学术观点，对本章扎根研究所获得的结果进行分析，并融合委托代理理论和资源依赖理论构建董事会影响 R&D 投入的机理模型。

第一节　理论分析

现有关于董事会与 R&D 投入之间关系的研究主要集中于以下两个视角：委托代理理论视角和资源依赖理论视角。接下来，本书分别对其相关研究进行回顾和综述。

一　委托代理理论视角：董事会与 R&D 投入研究

Berle 和 Means（1932）的《现代公司与私有产权》一书指出公司所有

[①] 案例企业数据为 2017 年。

权和经营权的分离导致代理问题产生，于是委托代理理论成为公司治理领域的研究焦点。由于不对称信息的存在，作为公司所有人的股东和董事会与作为公司管理者的高管之间产生了委托代理关系，公司治理领域的研究主要是协调两者之间的冲突、降低代理成本。在委托代理理论视角之下，董事会机制是缓和代理冲突的一种有效机制和途径，协调股东和高管之间的利益成为董事会的主要职责（Eisenhardt，1989）。Fama 和 Jensen（1983）认为董事会对高管的监督、评估和奖励，能够促使高管做出有利于公司长期绩效的 R&D 决策。现有研究多集中于董事会特征与 R&D 投入之间的关系，研究结论存在众多的争议：①有关董事会规模与 R&D 投入的关系研究，有学者认为较大规模的董事会有益于 R&D 投入（Hambrick and D'Aveni，1992；Dutta et al.，2004），有的则认为较小的规模使董事会更有效（Hitt et al.，1996；Boone et al.，2007）；②有关独立董事占比与 R&D 投入的关系研究，有学者认为较小的比例有利于 R&D 投入（张子峰，2010），有的学者则认为较大的比例更有效（杨建君和刘刃，2007；赵旭峰和温军，2011）；③有关董事会领导权与 R&D 投入，有的学者认为董事长与 CEO 两职合一更有利于 R&D 投入，有的则认为两职分离更有利（Weir et al.，2002；Lehn and Zhao，2006）。此外，部分学者通过董事会效率模型统一测度董事会规模、董事会结构和董事会战略决策对高管的监督作用（刘玉敏，2006）。然而，多数研究运用董事会效率模型测度董事会与企业绩效和公司价值的关系，缺乏其对公司 R&D 投入影响的研究。

现有关于高管市场的研究取得了一定的进展，然而将高管市场机制的约束作用应用于委托代理理论视角下董事会与 R&D 投入关系的研究仍缺乏。Gabaix 和 Landier（2008）的研究表明，外部高管市场会根据经理人的业绩表现进行价值评估和制定薪酬水平，有效的高管市场有利于公司的股东和董事会将本公司的 R&D 投入和决策与市场中的其他公司进行比较，并制定经理人的薪酬水平和激励措施。外部高管市场机制的发挥一般受高管市场供给和公司聘请外部高管倾向两方面因素的影响，学者也对此进行了相关研究。关于高管市场供给，Gutierrez 和 Surroca（2014）的研究表明，当高管市场供给充足时，公司可以从高管市场中选择符合股东和公司发展需求的高管，从而使得更换在职高管的策略得以实现。Zhang 和 Rajagopalan（2003）及 Aguilera（2005）的实证研究表明公司更换在职高管的概率会随着外部高管市场供给的增加而提高。因此，高管为了减少因高管市场供给影响而被公司更换和解聘的可能，会关注通过 R&D 活动等长期投入增加公司的长期效益，实现其与股东利益的协同发展。关于公司聘请外部高管倾向，Park 等（2012）认为美国高新技术公司为了给在职高管压力以促使其加大对 R&D 投入等创新活动的关注，会提高聘请外部高管倾向。随着外部高管市场机制的不断完善和治理作用的逐步发挥，公司聘请外部高管倾向也呈现逐步上升的趋势。

二 资源依赖理论视角：董事会与 R&D 投入研究

公司治理领域的部分学者已经以董事会的资源提供特征为出发点，结合资源依赖理论对董事会与 R&D 投入关系进行了研究。Hillman 和 Dalziel（2003）最先结合公司治理领域的委托代理理论和资源依赖理论，指出董事会作为公司股东利益维护者的同时也为公司提供了关键的资源，因而提出董事会资本的概念。Kim 和 Cannella（2008）沿用他们的概念并提出董事会社会资本由内部社会资本和外部社会资本组成，且两者存在根本的差异，因而为公司提供了不同形式的社会资本。董事会内部社会资本是指董事会成员之间及其与公司内部成员之间的联系为公司带来的社会资本，而董事会外部社会资本则是指董事会成员因与公司外部的社会人员关联而为公司带来的社会网络资源（Kim and Cannella, 2008）。Haynes 和 Hillman（2010）在 Hillman 和 Dalziel（2003）研究的基础上提出了董事会资本模型，该模型以董事会人力资本和社会资本为基本概念，通过董事会资本的宽度和深度区分董事会资本对企业战略变革的影响。Dalziel 等（2011）认为董事会关系资本能够促进 R&D 投入、提高企业的创新能力。国内学者周建等（2010）对国外的董事会资本研究进行了综述，并提出了一个董事会资本研究的整合框架，认为董事会资本对企业绩效和公司价值的影响主要通过四种主要的中介变量发挥作用，分别为战略变革、竞争行为、创新和董事会效能。

然而，现有研究多限于对董事会资本概念的解释和种类的划分，针对董事会资本与高管之间的关系,以及董事会资本如何影响企业 R&D 投入等问题的研究还十分缺乏。以此为突破口整合资源依赖理论、委托代理理论的观点,研究董事会人力资本和社会资本与 R&D 投入之间的关系将显得有意义。Jensen 和 Meckling (1976) 认为对高管进行期权和股权的激励能使委托人和代理人利益趋同,从而提高战略决策和投入的一致性。Nakahara (1997) 的研究表明,高层管理者在企业的技术创新中起到关键作用,获得高管支持是企业进行技术创新和 R&D 投入的至关重要因素,这种支持需要对高管进行股权、薪酬和期权等方式的激励,较好的激励措施将有效提高高管进行企业创新的意愿。中国学者也认为高管持股、高管激励、高管薪酬均会显著影响企业的 R&D 投入(刘运国和刘雯,2007;王燕妮,2011)。

第二节 研究设计

一 研究方法

本研究为多案例扎根研究,采用扎根分析法进行数据的处理和理论模型的构建。扎根理论创建于 1967 年,目前这一领域的研究主要分为三个流派:第一个是以 Glaser 为代表的经典扎根理论流派,主要特点是从数据中挖掘出理论,即以数据为导向;第二个是以 Strauss 为代表的程序化扎根理论流派,该流派依据特定的编码程序,遵从开放式译码、主轴译码和选择性译码的程序对搜集的数据进行处理和分析,在此基础上构建理论模型;第三个流派是以 Charmaz 为代表的建构扎根理论,这一学术流派的主要特点是根据研究者自身的工作经验和经历并结合其在社会实践中的感受去建构扎根理论。

本研究选择程序化扎根理论,其既能连续分析比较多元丰富的数据,又不排斥文献研究,程序化扎根理论的研究流程如图 6 - 1 所示。首先,研究者明确开放性的研究主题,以此主题为核心从多种渠道搜集资料和数据,数据可以是一手数据也可以是二手数据,研究者从资料中获取概念,反复对资料和概念进行比较;其次,对通过各种途径搜集到的数据进行初步处理,借用数据分析软件(如 Nvivo)对数据进行初始程序的编码,并对简化出来的编码形成概念化标签；最后，在前两个步骤的基础上会得到很多的标签和概念，对得到的概念进行归类化处理之后，寻求概念之间存在的密切关联，从而形成与设定的开放式话题密切相关且逻辑关联的理论模型。在这个过程中，关键环节是通过开放式译码发展概念与范畴，通过主轴译码开发主范畴与副范畴，通过选择性译码挖掘核心范畴、发现范畴之间的本质关联。开放式译码的目的是将搜集到的数据和资料进行拆解和比对，进而形成概念和范畴，主轴译码通过因果关系的范式模型（Paradigm Model）将开放式译码中形成的范畴关联起来，选择性译码选择核心范畴并将其与其他范畴进行关联，形成一个符合逻辑的范畴体系。

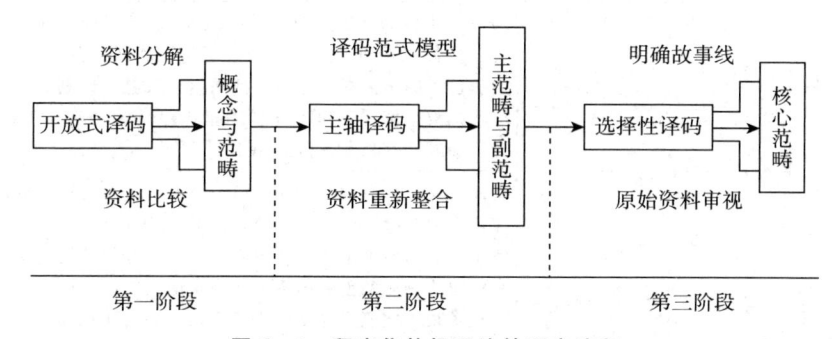

图 6-1 程序化扎根理论的研究流程

二 案例选择

本研究选取格力电器有限公司（简称格力电器）、阿里巴巴网络技术有限公司（简称阿里）、青岛海尔股份有限公司（简称海尔）、联想集团（简称联想）进行案例研究（见表 6-1），其原因在于：①通过多案例对比研究增加信度；②四家企业属于不同类别，具有行业差异性和代表性，其中，格力电器是传统家电制造业的领军企业，阿里是新兴互联网企业的杰出典范，海尔是中国最具创新力的白色家电制造商，联想则是电脑设备制造行业的标杆；③四家企业均属于上市公司且社会影响力较大，便于搜集丰富且真实的二手数据。

表 6-1 案例企业简介

序号	企业名称	所属行业	案例简介
案例 A	格力电器	家电制造	格力电器的全称是珠海格力电器股份有限公司,创建于1991年,是一家综合生产、销售、服务、研发的国际化家电制造企业。格力电器的经营宗旨是"掌握核心科技",并以"打造百年企业"为企业长期发展的愿景。格力电器在企业发展的近30年间,不断追求优越的产品品质、开展国际领先的技术研发。它拥有独特的营销模式,在中国处于制造业领先地位。格力电器集团还拥有众多的子品牌,如TOSOT、大松等,产品线覆盖广泛并包含中央空调、冰箱、热水器等。2015年,格力电器进军世界500强企业
案例 B	阿里	互联网	阿里是中国500强企业、中国最大的网络公司,1997年,马云带领18位事业合伙人成立了该互联网平台网络公司。阿里巴巴的子公司或业务包括淘宝、天猫、聚划算、阿里云、蚂蚁金服等。2015年,阿里巴巴营收总额943.84亿元,净利润688.44亿元人民币
案例 C	海尔	白色家电制造	青岛海尔股份有限公司成立于1989年,是在青岛电冰箱总厂改组基础上成立的股份制公司。1993年青岛海尔在上海证券交易所上市。自公司成立以来,海尔始终利用以用户需求为中心的创新体系驱动公司的发展,并逐步发展成为全球最大的家用电器制造商之一。公司还在品牌、技术研发、产品、渠道网络、运营模式等方面持续创新。在互联网时代,海尔向智慧生活整体解决方案的平台型企业转型,寻求商业模式与运营模式的突破
案例 D	联想	电脑设备制造	联想为世界500强企业。联想是以柳传志为领头人的十几名科研人员创立的高科技公司,发展至今已经成为全球电脑市场的标杆企业。联想的主要产品包括台式电脑、笔记本电脑、手机、打印机等。2004年,联想集团全资收购IBM个人计算机事业部。2013年,联想的电脑销售量位居世界第一位,联想自此成为世界最大的电脑生产制造商

资料来源:案例企业官网资料。

三 数据搜集与处理

本研究采用 Yin 的"证据三角",从不同途径获取资料,通过相互印证提高效度。本研究的数据来源有四种:①研究财务报表,搜集格力电器(SH:000651)、阿里(BABA)、海尔(SH:600690)以及联想(HK:

00992) 四大上市公司的财务报表；②为了获取其他二手数据，本研究通过案例公司格力电器、阿里、海尔、联想的官方网站、专题报道、著作、学术论文、评论文章等多种渠道搜集信息；③通过网络搜索功能收集四家案例企业董事会成员和高管的公开演讲视频或电影资料等；④开展深度访谈，项目团队前往各大案例公司的集团总部进行实地调研和问卷调查，访问高层管理人员以及部门负责人等。

本研究遵循逐级编码的程序：首先，成立编码小组，由三位公司治理研究领域的学者和博士生组成编码小组，对搜集到的资料进行初步处理和贴标签，同时做好备注；其次，在开放式编码过程中不断地比对案例资料和所得到的范畴，保证数据处理的准确性；最后，为了提高研究的信度和效度，从文献中不断检验理论的饱和度，解决编码过程中的一些困惑。本书的多案例扎根研究按照三个步骤进行编码工作：①开放式译码，对格力电器、阿里、海尔、联想四家公司相关的资料和数据进行贴标签工作，精炼出概念化范畴，并以此为基础归纳主范畴；②主轴译码，按照"因果条件—行动策略—结果"的逻辑关系对开放式译码得到的范畴进行解释，并通过表格记录译码的结果；③选择性译码，结合开放式译码和主轴译码得到的范畴和主范畴，围绕一条逻辑主线来选择核心范畴，从而将主范畴和副范畴进行串联，构建一个理论逻辑的框架图。

第三节　数据分析过程

首先，选取研究者熟知的格力电器进行详尽的单案例分析；然后，基于多案例研究逐项复制（Literal Replication）和差别复制（Theoretical Replication）的需要，对其余三个案例进行译码分析。

一　格力电器的单案例研究

（一）开放式译码

本研究以"董事会影响 R&D 投入"为主题词对搜集到的格力电器相关

资料进行开放式译码,遵循"贴标签、概念化、范畴化"的操作逻辑,从格力电器案例资料中精炼出 67 个标签、51 个概念和 39 个范畴,其范畴化的过程以及原始资料的详情见表 6-2。

表 6-2 开放式译码(格力电器)

原始数据	贴标签	概念化	范畴化
格力电器以"打造百年企业"为长期发展目标,格力电器凭借产品的优异品质和领先的技术研发引领中国制造,成为制造行业的标杆。以消费者的需求为最高标准,在研发上追求极致,厚积薄发	a1 研发上追求极致	A1 极致的技术开发	AA1 核心科技
格力电器以掌握家电制造行业的核心科技为企业发展和经营的理念。格力电器从事产品生产、研发、服务等综合业务,希望通过科技改变人们的生活方式、提高人们的生活品质	a2 秉承"格力电器用科技改变生活"理念	A2 核心科技	
当前中国政策鼓励技术创新和科技的发展,以格力电器为代表的制造企业正通过产业变革和转型升级加快推进企业的技术创新和创新能力的提升	a3 加快推进实施创新驱动战略		AA2 实施创新驱动
在企业的技术标准方面,格力电器一直坚守以国家标准和国际标准作为技术发展的门槛和阈值,始终坚持以消费者需求为导向,从而加大技术开发方面的资金和人力资源的投入,在智能家居的背景下,格力电器加强智能家居方面的研发投入和研发力度。"创新研发精益设计"理念始终坚持以项目为中心,通过将不同项目的专业人员进行整合和组建团队以提高团队的业务能力和整体素养	a4 以"创新研发精益设计"为理念	A3 精益创新驱动	
在物质方面,提高高管的薪酬和持股等奖励;同时,在精神激励方面,格力电器通过将公司长远目标和发展与高管的奉献精神和事业成就感进行关联,使物质和精神方面的激励与高管的工作积极性和事业心深度关联	a5 把公司目标和高管追求相结合	A4 公司目标	AA3 高水准的管理
在公司经营管理方面,提出了建议和意见,对公司董事会正确决策、提高管理水平、规范运作等起到了积极的作用,切实维护了中小股东的利益	a6 提高管理者的管理水平	A5 管理水平	
格力电器通过建立比较完善的监督机制、风险控制机制,在业务、决策和交易方面进行流程管理,使高管获得明确的决策权以及在执行、监督等方面的权限	a8 完善的监督机制	A7 维护公司利益的完善机制	AA4 有效的治理和监督机制
格力电器通过有效的制衡机制,不断提升公司规范运作水平,维护了投资者和公司利益	a9 维护投资者和公司利益		

第六章 董事会影响 R&D 投入的作用机制 | 165

续表

原始数据	贴标签	概念化	范畴化
格力电器在公司未来的发展过程中将寻求多方合作,将与航天科工进行深度合作,凭借双方所拥有的优势,从公司的战略、技术、研发、业务等方面进行深层次多方位的合作,从而实现共赢	a10 通过战略、技术、业务的合作实现共赢	A8 追求互利共赢的局面	AA5 价值观和选择取向
格力电器根据未来智能家居发展的趋势和模式全面布局智能家居大数据中心并在此方面加大投入,加强智能家居方面的研发投入力度和强度	a11 布局未来发展	A9 长远发展	
格力电器"公平公正、公开透明、公私分明"的12字管理方针是在企业管理层面"维护公平正义"的卓越范本	a12 追求卓越管理范本	A10 追求卓越发展	
公司用成熟和严格的公司规章与制度为全体员工创造出公平发展的共享空间,通过共享平台加强多方合作,以此建立"人人肯努力、人人有机会、人人有希望"的企业文化和企业氛围。格力电器正是通过"公平公正、公开透明、公私分明"的12字管理方针维护了公平	a13 "人人肯努力" a14 "人人有机会" a15 "人人有希望"	A11 用规则与制度创造公平发展的空间	AA6 规则与制度
……	……	……	……
在公司的物质激励方面,公司制定了一系列规章制度并且合理控制奖励档次和规格,将奖励划分为多种层次,并同时特别关注奖励的尺度和差异,以提高奖励的有效性和增加被奖励人的积极性。全面构建吸引人才、保留人才、激励人才的用人机制	a53 注重奖励的时机和频率	A41 讲究物质和精神奖励并重	AA34 奖励措施
格力电器公司董事会以年度为单位,对高级管理人员的综合业绩表现和业绩内容进行综合评估并制定科学和有效的奖励制度,制定相关的奖惩措施和对策,按照高管在履职时间范围内对工作任务的实施情况和实施效果进行综合评价和测评	a54 以德、能、勤、绩进行考核奖励	A42 全面系统的奖评体系	
立足内部优秀资源,紧抓核心群体培养,打造内外精品训练营	a55 内部优秀资源		
格力电器凭借公司强大的技术、财务的资源进行竞争力、品牌形象、综合实力、行业领先地位等无形资产的开发保护	a56 足够的技术、财务资源和其他资源支持	A43 发挥整合资源优势	AA35 撬动和创造资源
格力电器同时还积极发挥高水平和大规模的产业上游配套资源的既有优势和实力,大力实施以"转型升级共创绿色未来"为核心主题的下游产业链发展战略,进行资源的整合利用	a57 整合上游和下游资源		

续表

原始数据	贴标签	概念化	范畴化
通过建立规范有效的公司治理结构和公司治理机制,明确战略决策和执行、董事会监督等方面的职责限制和权限设置,从而形成有效的高管职责分工和董事会对高管行为的制衡机制	a58 明确决策、执行、监督等方面的职责权限	A44 建立制衡机制	AA36 建立监督机制
格力电器已经制定相应管理制度并且建立了完善的监督治理机制以保证业务的职责分工和管理经营的审批流程	a59 建立了较为完善的监督机制	A45 建立完善的监督机制	
为了维护公司中小股东的利益,格力电器公司董事会不断努力促成提升公司管理水平、保证正常经营运作的决策	a60 董事会促成正确战略决策	A46 董事会正确把关和决策	AA37 公司战略决策
让格力电器拥有了制定正确战略决策的能力、激发不断技术创新的活力、打造一流产品服务的动力、构建和谐劳资关系的魅力	a61 制定正确战略决策的能力	A47 正确决策	
董事长兼总裁董明珠目前兼任格力电器集团及多个分公司的董事长,任第十届至第十二届全国人大代表,并担任联合国"城市可持续发展宣传大使"。与此同时,董明珠还被西北大学、中山大学管理学院和山东大学聘请为兼职教授并给 MBA 学生讲授课程	a62 董事会成员的跨公司兼职和社会兼职	A48 获取外部社会资源	AA38 发挥董事会资本作用
董事叶志雄先生曾经担任广东省珠海市市委委员、格力电器集团的董事长和党委书记,2006~2009 年任珠海市委委员、珠海市城市资产经营公司董事长,2015 年 6 月至今任格力电器集团公司董事	a63 董事会成员任政府和国企要职	A49 获得外部政治资源优势	
公司聘请的内部和外部的独立董事均能够以公司投资者和股东的利益最大化为行为准则和规章。聘请的独立董事同时也能够认真和忠诚地履行董事的监督、建议、咨询、资源提供、战略决策等方面的职责。独立董事为公司的日常战略决议和管理等提供建议,为公司的正确决策和科学管理发挥积极的作用	a64 股东利益最大化 a65 董事会的独立审议 a66 董事会的规范运作	A50 高水平的管理水平和治理机制	AA39 建立规范的公司法人治理结构
格力电器拥有完整有效的公司治理结构、股权结构、董事会规模、内外部治理机制。健全有效的治理结构使董事会与控股股东在业务、资产、财务等多个方面实现隔离,使其各自独立并自成体系,最终使公司形成独立的经营模式	a67 独立的经营模式	A51 公司治理结构的独立自主性	

资料来源:根据本研究开放式译码整理。

(二) 主轴译码

本研究通过开放式译码将 67 个标签转化为 39 个范畴,主轴译码根据这

39 个范畴之间潜在逻辑关系进行类别划分，得到 12 个主范畴。主轴译码的逻辑主线按照"因果关系—行动策略—结果"的顺序对开放式译码获得的数据进行解读和叙述，具体见表 6-3。

表 6-3　主轴译码结果（格力电器）

主范畴　　　副范畴	因果条件	行动策略	结果
领先的技术开发	技术开发是企业发展的原动力和提升竞争优势的关键因素	以消费者的需求为最高标准，在研发上追求极致，厚积薄发	凭借领先的技术开发引领中国制造
掌握核心科技	只有抓住世界科技革命和产业变革带来的历史机遇，才能乘胜发展	格力电器把国家标准、国际标准作为门槛，以消费者需求为导向加强技术开发，加强智能家居研发力度	掌握核心科技，提升国际竞争力
追求长远目标	由于代理问题的存在，一般企业的高管存在利己行为和倾向	建立完善的激励机制，在物质上给予实惠，在精神上与事业和成就感结合	让公司长远目标和高管自身追求产生协同作用
维护公司利益	如果没有有效的治理和监督机制，董事会将失去对高管的监督作用	通过形成有效的治理制衡机制，明确公司战略决策的制定、执行和督察各方面的协调	通过有效和完善的治理机制维护公司股东的长远利益
互利共赢的价值取向	高管的战略决策取决于其个人的认知、价值观和选择取向	凭借和依托与各合作方在战略、技术、业务等多个层面的合作，从而实现双方及多方的互利合作和协作共赢	激发高管有利于公司的价值取向
创造公平发展空间	公司会因为董事会缺乏有效的激励措施而无法提高高管的积极性	格力电器正是通过"公平公正、公开透明、公私分明"的 12 字管理方针维护了公平	用规则与制度创造公平发展的空间
物质奖励和精神奖励结合	缺乏有效的激励措施会造成管理层的利己行为和"搭便车"现象	全面构建吸引人才、保留人才、激励人才的用人机制	融合物质和精神激励措施
发挥整合资源优势	董事会成员拥有高价值的人力资本和丰富的外部社会资本	利用内部资源撬动外部资源，利用有形资源创造无形资源	立足内部优秀资源，创造无形价值

续表

主范畴 \ 副范畴	因果条件	行动策略	结果
董事会制衡监督功能	如果董事会无法发挥有效的监督作用，公司治理效应会处于较低水平	建立规范的公司法人治理结构和三会议事规则	发挥董事会对高管的监督职能
董事会决策把控能力	董事会作为公司决策的重要主体，对公司战略愿景和公司价值产生直接作用	制定正确战略决策能力、激发技术创新的活力、构建和谐劳资关系的魅力	发挥董事会战略决策功能作用
董事会成员的人力和社会资本优势	董事会资本多数时候并没有有效地发挥作用，而是处于闲置状态	董事会成员同时兼任其他公司的董事，以及在事业单位、社会公共部门交叉任职	整合董事会成员的能力、社会经验和社会网络关系资源
董事会规范治理运作	董事会治理结构和机制是为股东利益服务的，并对高管层实行监管	公司独立董事通过出席董事会会议，审议公司经营管理过程中的关键议题，在公司各个方面为公司的发展和经营管理提供建议	高水准的管理和完善的治理机制

资料来源：根据本研究主轴译码整理。

由表 6-3 可知，开放式译码所得到的 39 个范畴均可以按照"因果条件—行动策略—结果"的逻辑关系进行串联。比如第一个主范畴是"领先的技术开发"，它的逻辑主线是：因为技术开发是企业发展的原动力和提升竞争优势的关键因素，所以格力电器就以消费者的需求为最高标准，在研发上追求极致、厚积薄发，其结果便是格力电器凭借领先的技术开发引领中国制造。第二个主范畴是"掌握核心科技"，其逻辑主线是：只有抓住世界科技革命和产业变革带来的历史机遇，才能乘胜发展，格力电器把国家标准、国际标准作为门槛，以消费者需求为导向加强技术开发，加强智能家居研发力度，其结果是掌握核心科技，提升国际竞争力。再如，第三个主范畴是"追求长远目标"，其逻辑主线是：由于代理问题的存在，一般企业的高管存在利己行为和倾向，建立完善的激励机制，在物质上给予实惠并在精神上与事业和成就感结合，从而让公司长远目标和高管自身追求产生协同作用。

(三) 选择性译码

在前文的开放式译码和主轴译码的基础上，对获得的概念和范畴进行深入的分析和选择性译码，以某个逻辑主线为串联工具使主范畴和副范畴符合一定的逻辑并据此构建理论模型。基于前文的开放式译码和主轴译码，本研究将格力电器公司"董事会影响 R&D 投入决策"的故事线概述如下：董事会作为企业的最高决策机构，如何通过监督高管行为来实现 R&D 等战略决策的科学有效性。

首先，董事会的一系列特征（如董事会规模、董事独立性、董事会领导权结构、董事会会议次数、董事薪酬、董事持股）在一定程度上体现和决定着董事会效率（董事会各项职能特征发挥治理的效果）。另外，董事会成员自身的知识背景、工作经验等人力资本和跨企业董事兼职所拥有的社会资本将有助于董事会功能的提升。

其次，在董事会效率和董事会资本的驱动下，董事会能够在企业治理实践中发挥其控制监督功能、资源供给功能、战略功能和服务功能。其中董事会控制监督功能能够有效对公司高管层的行为进行监督和把控，战略功能有助于公司的战略决策符合公司长远利益和长期发展趋势，资源供给功能和服务功能有效地为高管的管理决策提供必要的管理咨询、输入和接通外部资源。

再次，在董事会功能发挥作用的情况下，一方面董事会为高管在创新决策和 R&D 投入方面提供了必要的资源供给支撑，董事会通过自身的社会网络和兼职等便利通道为高管提供管理咨询、行业形势判断、社会资源、人脉网络等外部资源；另一方面也通过一系列激励手段提高高管的积极性，通过薪酬和股权激励对高管实行物质方面的鼓励，通过事业发展通道和成就感对高管实行精神层面的鼓励。

最后，在董事会资源供给、激励措施、外部高管市场竞争等多重因素的影响下，高管的价值取向、信息筛选、受限制的洞察力和选择性认知等均会受到不同程度的影响。由于高管自身的教育、认知、价值观等因素亦会影响其决策取向，在信息筛选的过程中其会根据选择性认知选择利于自身的战略决策。但在董事会的激励机制和资源供给的条件下，高管会改变其选择性认知，从而选择有利于公司长期发展和长远利益的战略方案和 R&D 决策。

二 多案例研究

通过对格力电器的单案例研究，本章构建了"董事会影响 R&D 投入"的作用机制，然而，单案例扎根研究所得到的理论模型存在片面性和普适性较差的先天不足。为此，本研究同时选择了阿里、海尔、联想三家公司作为对比案例进行多案例分析以提升理论的饱和度。在对这三家公司进行研究时，采用相同的扎根研究方法，对多重途径获得的资料数据进行开放式译码、主轴译码和选择性译码，以此寻求数据、概念、范畴之间的逻辑关联。在此基础上通过反复的理论和数据的比对、修正以获取逻辑主线并借此叙述案例企业的故事线。在分析其他三家公司的案例数据时发现了新范畴，总结如表 6-4 所示。

表 6-4 多案例译码所发现的新范畴

案例企业	新范畴	原始数据
阿里	坚持技术创新，让数据与互联网和技术完美结合	"双 11 的流量规模，是新零售时代对技术准备的一次大考"，互联网在线销售和集中的购物狂欢节促使阿里不断在互联网零售时代进行技术变革和升级。阿里早已布局人工智能的发展，以计算和数据为互联网发展提供创新资源和能源，通过人工智能促进各个行业的整合和效率的提升，为全社会构建互联网发展背景下的基础设施。云计算和大数据将在未来商业发展和变革中扮演不可或缺的重要角色。用技术革新商业模式，用技术拥抱未来商业发展
海尔	以开放的生态圈模式提升核心竞争力	前瞻布局影响力逐渐形成：①海尔致力于成为时代的企业，更专注前瞻性布局，具有战略意义；②日日顺大件电商物流能力、智能家居、小微企业创业平台引领行业前沿。海尔与阿里合作可推进智能视听业务、完善智能家居布局；公司与阿里的合作，以开放的生态圈模式，打造符合市场需求、满足客户体验和用户交互、具备核心竞争力的创新视听产品，进而通过智能电视聚集用户流量，进一步把握客厅经济入口，完善智能家居布局
联想	通过面向未来的投资，实现技术创新和人工智能的完美结合	联想将在人工智能、物联网、大数据等发展领域进行投资，联想的高层预测未来个性化和功能化将成为个人电脑主要的特点。为此，联想将与美国的企业研发团队合作开发出新的软件和系统，将人工智能与计算机、电话等终端进行联通。联想倡导的"智能驱动的设备+云"战略，让设备和服务更加完美的结合，提高用户的操作体验，实现智能化和物联网化的愿景目标

资料来源：根据本研究译码结果整理。

在开放式译码、主轴译码和选择性译码的扎根分析下，本研究对四个案例企业（格力电器、阿里、海尔、联想）的资料数据进行了扎根研究，并绘制了译码过程和核心范畴之间的逻辑关系，如图6-2所示。

图6-2 译码过程和核心范畴之间的逻辑关系

第四节 研究发现与理论模型

一 董事会驱动

董事会驱动作用的动力来源除了董事会本身的特征和效率之外,还包括董事会成员的人力资本和社会资本（Richard et al.,2005）。董事会资本是由 Hillman 和 Dalziel（2003）总结先前学者研究成果,从资源依赖理论的视角出发提出的,他们认为董事会资本由董事会人力资本和董事会社会资本组成。其中,董事会成员的相关技能、专业知识和工作经验的总和构成了董事会的人力资本；而其所具备的社会关联及潜在资源（包括企业内外部的）则组成了董事会的社会资本。本研究在对四家案例企业的董事会成员结构组成和成员的教育背景、社会兼职情况进行分析的基础上,发现董事会结构、董事会成员持股等方面有所不同,具体情况如表 6-5 所示。

首先,格力电器的董事会拥有 8 位董事会成员,其中董明珠担任董事长一职,另外包含 4 名董事（黄辉、张军督、徐自发、叶志雄）以及 3 名独立董事（王如竹、郭杨、卢馨）。在董事会的 8 人当中,拥有博士学历的 3 人、硕士学历的 3 人、本科学历的 1 人、专科学历的 1 人。在董事薪酬和持股方面,董明珠、黄辉、庄培、望靖东、刘俊、陈伟才等高层管理人员的薪酬均在百万元级别,另外董事和高管都持有相当比例的公司股权。其次,阿里拥有 11 位董事会成员和 6 位重要高管成员,其中马云为执行主席和董事,蔡崇信为执行副主席和董事,张勇为首席执行官和董事,另外有独立董事 6 人。高管成员有 6 人,联合总裁为金建杭,首席财务官为武卫。阿里的大股东软银持股占 29.66%,雅虎持股占 15.13%,马云持股占 12.78%,三者合计持股占 57.57%。再次,海尔拥有 8 个董事会成员,其中周云杰为执行董事和行政总裁,非执行董事有梁海山、王汉华、谭丽霞、张勇、俞汉度、郑李锦芬、邹开莲。海尔电器的持股在 5% 以上的股东为海尔股份（29.78%）、青岛海尔（14.06%）、HCH（12.05%）、JP Morgan（5.02%）,合计持股 60.91%。最后,联想拥有 11 位董事会成员,杨元庆为董事会主席、执行董事和首席执行官,两位执行董事分别为朱立南和赵令欢,联想拥有 8 名独立非执行董事。联想控股持股 25.81%,Sureinvest 和 BlackRock 持股分别为 5.61% 和 5.07%,南明有限公司持股 3.5%。

从董事会和高管成员的持股情况来看,格力多名董事持有公司股份,且董事会成员多数拥有硕士及以上学历,董事会人力资本和社会资本较高。阿里的联合创始人马云持有 12.78% 的公司股份。相较而言,在海尔和联想的持股比例中,高管和董事会成员的持股比例并不高。董事会成员的工作经历和社会网络为公司提供了丰富的外部资源,从而有利于为公司的战略决策提供必要的咨询、建议和内驱力。高管持股有助于提高高管的积极性和执行战略决策的信心及决心。在四家案例企业中,格力的职业经理人董明珠和阿里的创始人马云持有相当比例的公司股份,在中国商界也是活跃度和积极性较高的企业领军人物,目前两家公司均处于上升和发展阶段。

表 6-5 案例企业的董事会驱动

案例企业	董事会驱动
格力电器	董事长兼总裁董明珠目前兼任格力电器集团及多个分公司的董事长,任第十届至第十二届全国人大代表,并担任联合国"城市可持续发展宣传大使"。与此同时董明珠还被西北大学、中山大学管理学院和山东大学聘请为兼职教授并给 MBA 学生讲授课程。董事叶志雄先生曾经担任广东省珠海市市委委员、格力电器集团的公司董事长和党委书记,2006~2009 年任珠海市委委员、珠海市城市资产经营公司董事长,2015 年 6 月任格力电器集团公司董事
阿里	马云是阿里巴巴集团主要创始人之一,马云还担任中国雅虎董事局主席、杭州师范大学阿里巴巴商学院院长、华谊兄弟传媒集团董事、艺术品中国商业顾问等职务。蔡崇信在阿里巴巴团队中拥有很强的法律和财务背景。2005 年,蔡崇信负责协商收购雅虎中国及雅虎对阿里巴巴集团的投资。孙正义是阿里巴巴集团董事。孙正义毕业于美国加州大学伯克利分校,是软件银行集团公司的创始人,现在是该公司的总裁兼董事长。张勇是原 COO,他将接任 CEO,成为继马云、陆兆禧之后阿里巴巴的第三任 CEO。加入阿里巴巴集团之前,张勇于 2005 年 8 月至 2007 年 8 月担任在线游戏开发和运营商盛大互动娱乐有限公司的首席财务官,该公司于美国纳斯特克上市。2002~2005 年,张勇任上海普华永道会计师事务审计及企业咨询部门资深经理。在此之前,他于安达信会计师事务所的上海办事处工作 7 年。杨致远,阿里独立董事,除了担任雅虎董事,杨致远还担任思科、雅虎日本董事

续表

案例企业	董事会驱动
海尔	周云杰为董事会主席兼执行董事、行政总裁,亦为海尔薪酬委员会、提名委员会及战略委员会成员,是中国华理工大学工学学士,并获中国海洋大学企业管理专业管理学硕士学位及西安交通大学管理学博士,在营销管理领域及管理企业方面拥有逾20年经验。梁海山为公司非执行董事,持有西安交通大学工学学士学位,拥有20多年家电制造经验,深具原料采购及白色家电业务经验,亦为海尔集团公司之高级副总裁。非执行董事王汉华曾担任好耶信息技术(上海)有限公司(一家为客户提供数据、技术及产品全程数字营销方案的互联网公司)的首席执行官,曾担任亚马逊(中国)投资有限公司总裁,负责亚马逊在中国的销售、市场、合作以及B2C电子商务生态链建设
联想	杨元庆为联想首席执行官,于2011年被委任为董事会主席,在计算机行业拥有超过20年经验。在其领导下,联想自1997年起成为中国最畅销的计算机品牌。杨元庆持有中国科学技术大学计算机科学系的硕士学位。朱立南先生于2005年担任联想非执行董事,拥有超过20年管理经验,于1987年毕业于上海交通大学,拥有电子工程硕士学位,曾出联想高级副总裁。赵令欢先生于2011年担任联想非执行董事,持有美国西北大学凯洛格商学院工商管理硕士学位,曾出任江苏凤凰出版传媒股份有限公司(上海证券交易所上市)董事、Fiat Industrial S. P. A.(意大利证券交易所上市)的独立董事,北京物美商业集团股份有限公司、新华人寿保险股份有限公司及中软国际有限公司(皆于香港联交所上市)的非执行董事

资料来源:根据本研究译码结果整理。

二 董事会功能发挥

董事会一般具有监督和咨询两种职能:董事会挑选任命经理层人员并对其进行监督和激励,以减少股东和经理人之间的利益冲突并实现代理成本最小化(Fama 和 Jensen,1983)。董事会还能够为公司带来信息、技能、合法性和信誉等资源,以降低激烈竞争中外部环境的不确定性并提高公司战略执行的成功率(Stiles and Taylor,2001)。通过四家案例企业的分析发现(见表6-6),董事会在履行监督和咨询两种职能的过程中主要发挥着四种功能:控制功能、资源功能、战略功能以及服务功能。四家公司的董事会在发挥这四种功能时有所偏重。

格力电器通过完善的股权结构和公司治理机制使董事会对公司的业务、资产和财务等部门进行隔离和控制,使各个部门自成体系,从而实现董事会的有效控制作用。格力电器聘请的独立董事在董事会的日常决议中提供咨询和建议。阿里的董事会通过合伙人制实现对公司的控制、发挥战略功能。阿里合伙人制度变更需通过董事批准和股东表决两重批准，阿里合伙人享有董事会半数以上董事的提名权，制度赋予合伙人任命临时董事的权力，即无论股东是否同意，合伙人提名的董事都将进入董事会，以保证其超过半数的控制权。海尔对董事、监事及高级管理人员报酬的决策程序是建立平台、明确标准、沟通协商、客观决策。由公司薪酬委员会制定报酬标准、调整原则和考核兑现原则，报董事会审议通过，形成制度平台。海尔在互联网时代将公司从传统的制造企业转型为互联网平台型企业，虽然公司内部成立了众多小微公司，公司整体的治理机制仍然发挥效用。在公司治理架构方面，股东大会、董事会和经营层规范运作，切实保障了公司和股东的合法权益，各位董事勤勉尽职履行董事职责，各专业委员会在其各自实施细则的规范下行使职责。联想的董事会具备清晰界定的责任与问责关系，形成了一个紧密框架，有效董事会的成功关键在于包含广泛的技能、经验、知识及独立性。独立非执行董事不参与公司的日常管理，亦与公司无任何业务往来或建立其他关系（适用法规许可的情况除外），以确保他们能真正独立判断、以本公司股东的最佳利益为准行事。

表 6-6 案例企业的董事会功能发挥

案例企业	董事会功能发挥
格力电器	格力电器拥有完整有效的公司治理结构、股权结构、董事会规模、内外部治理机制。健全有效的治理结构使董事会与控股股东在业务、资产、财务等多个方面隔离，使其各自独立并自成体系，最终使公司形成独立的经营模式。公司聘请的内部和外部的独立董事均能够以公司投资者和股东的利益最大化为行为准则和规章。聘请的独立董事同时也能够认真负责，忠诚履行董事的职责。独立董事为公司的日常战略决议和管理等方面提供建议，对董事的正确决策和科学管理发挥积极的作用
阿里	阿里合伙人制度变更需通过董事批准和股东表决两重批准。软银承诺在股东大会上投票支持阿里合伙人提名的董事当选，软银将其持有的部分普通股投票权置于投票信托管理之下，雅虎则动用其投票权支持阿里合伙人和软银提名的董事当选。阿里的招股书规定，上市公司董事会共9名成员，阿里合伙人可以提名5董事，软银公司可提名1名董事，董事会提名委员会则提名其他3名董事。阿里合伙人享有董事会半数以上董事的提名权，制度赋予合伙人任命临时董事的权力，即无论股东是否同意，合伙人提名的董事都将进入董事会，以保证其超过半数的控制权

续表

案例企业	董事会功能发挥
海尔	公司对董事、监事及高级管理人员报酬的决策程序是建立平台、明确标准、沟通协商、客观决策。由公司薪酬委员会制定报酬标准、调整原则和考核兑现原则，报董事会审议通过，形成制度平台，根据季度考核结果和年度考核结果来确定其当年的实际报酬情况和次年的预计报酬水平。公司实行人单酬整体预酬体系，它源于海尔的战略损益表，包括对创造用户资源、自主经营体的经营能力、预算执行、持续优化四个方面的考核。在公司治理架构方面，股东大会、董事会和经营层规范运作，切实保障了公司和股东的合法权益，各位董事勤勉尽职履行董事职责，各专业委员会在其各自实施细则的规范下行使职责，使董事会的工作更加高效、科学；独立董事恪尽职守，独立履行职责，对重大事项发表独立意见，充分维护了公司的整体利益及广大中小投资者的合法权益
联想	董事会具备清晰界定的责任与问责关系，形成了一个紧密框架，目的是保障及增进长远股东价值、提供一个活跃的平台以便实施本公司及其附属公司的战略。联想相信有效的董事会的成功关键在于包含广泛的技能、经验、知识及独立性，当中的个人作为整个团队的一员而工作。多元化政策的采纳可确保其最广泛意义上的多元化，继续保持董事会的特色。独立非执行董事不参与公司的日常管理，亦与公司无任何业务往来或建立其他关系（适用法规许可的情况除外），以确保他们能真正独立判断、以本公司股东的最佳利益为准行事。董事会明白其支持本集团领导的表现受到持续评核的重要性。董事会已制定正式程序，由提名及企业管治委员会带领每年评核董事会及董事委员会的表现，确保其持续有效运作并履行相关职责

资料来源：根据本研究译码结果整理。

三 代理冲突减缓

传统委托代理理论基于股权结构分散化的假设，主要关注公司所有者（委托人）和高层管理者（代理人）之间的代理关系。公司的所有者即股东，通过聘请董事对管理者的行为进行监督，此为董事会的第一种功能，这种功能也可以被描述为"控制"（Boyd，1990；Zahra and Pearce，1989）。Jensen 和 Meckling（1976）认为对高管进行期权和股权的激励能使委托人和代理人利益趋同，从而提高战略决策和投入的一致性。通过对四家案例企业的分析（见表6-7）发现，在董事会的驱动以及董事会功能发挥作用之下，案例企业的董事会与高管之间的代理冲突均有不同程度的缓和，代理成本也有所降低。然而，四家案例企业中的阿里和海尔则分别通过不同的战略方式改变了代理冲突。

表 6-7　案例企业的代理冲突减缓

案例企业	代理冲突减缓
格力电器	通过建立规范有效的公司治理结构和公司治理机制，明确战略决策和执行、董事会监督等方面的职责限制和权限设置，从而形成有效的高管职责分工和董事会对高管行为的制衡机制，以此推动公司的高水平高层次经营和治理，维护股东和投资者长远利益。格力电器已经制定相应管理制度并且建立了完善的监督治理机制以保证业务的职责分工和管理经营的审批流程。为了维护公司中小股东的利益，格力电器公司董事会不断努力地促成公司管理水平、经营运作的正常决策。让格力电器拥有了制定正确战略决策的能力、激发不断技术创新的活力、打造一流产品服务的动力、构建和谐劳资关系的魅力
阿里	阿里初创时便运用合伙人模式运营和治理公司，并于 2010 年正式确立合伙人的治理制度。合伙人治理机制能够使公司核心高管掌握较大的战略决策权，这可以避免资本市场短期波动产生的影响，并借此保障客户、企业和股东的长期利益；管理层并非谋求控制权，而是因为企业文化对于互联网企业至关重要，阿里的企业文化需得到保护。原创团队和管理团队在与投资人、股东的博弈中形成了该制度设计。阿里合伙人享有董事会半数以上董事的提名权，制度赋予合伙人任命临时董事的权力，即无论股东是否同意，合伙人提名的董事都将进入董事会，以保证其超过半数的控制权。合伙人信息高度透明化，对资本市场趋利行为具有一定程度的屏蔽功能，使企业的利益相关者实现利益共享和价值共创
海尔	海尔要达到"三无"境界，即"企业无边界，管理无领导，供应链无尺度"。企业与员工以及合作方构成合作共赢的小微生态圈，原来串联的流程变成并联流程，各方并联在一起共同为市场创造价值。打造的开放式创新平台 HOPE，成为联合全球创新资源的一个平台，建立一流的资源超市对接全球专家和解决方案。现在海尔只有三类人：平台主，是做创业平台的；小微主，微型的创业团队，通常不超过 8 个人；创客，就是创业的员工。海尔构建内外结合的利益共同体，打通企业内部外部资源的交流互换通道，搭建平台实现创新生态圈的共赢机制；通过平台机制实现全球优质资源的对接和流入，从而为顾客创造出更有品质和价值的产品与服务
联想	就风险与回报之间取得平衡提供领导及引导。设计、实施及审查联想的风险管理架构。提请审核委员会注意重大风险，以及汇报管理该风险而采取的行动状况。联想一直推动"说到做到"和主人翁文化，并通过绩效管理方法将其强化。联想对所有层级的员工都严格遵循绩效薪酬标准。这个方法包括年度目标设定和审视、组织校准个人业绩评定以确保公平公正、根据团队绩效和个人贡献做出薪酬决策。这种方法确保了高绩效员工获得有市场竞争力的报酬并可以分享公司的成功

资料来源：根据本研究译码结果整理。

阿里在香港上市受挫，继而转向美国上市，它面临着严峻的外部治理环境压力，软银和雅虎作为两大股东，持股比例达到 57%，而阿里创始人马云的团队持股不超过 15%，按照传统的公司治理机制，马云创业团队难以对公司继续实施控制，也终将因美国上市而失去对阿里的管理控制权。

阿里于 2010 年正式确立合伙人制度，取名湖畔合伙人，股东成为合伙人也需要一定的资格要求和弹性标准，正如马云所说，"阿里并非是某一个或者某一群人的，它是一个生态化的社会企业"。阿里的合伙人建立在平等的基础之上，没有科层制中的等级制度和官僚作风，并崇尚合作精神，合伙人制度可以保持阿里持续的创新，并不断提升阿里的人才力量。阿里通过合伙人制度缓和了董事会与高管之间的控制权争夺，并有效保证了创新公司的创始人战略的持续性。

海尔是中国白色家电制造业的领军企业，伴随着互联网信息的公开以及智能家居的兴起，作为传统家电制造商的海尔坚定治理转型的信念，其通过用组织模式的"治理"代替"管理"，同时鼓励员工进行"小微公司创业"，实现"人人都是 CEO"。海尔通过"小微创客"网络治理模式实现"企业无边界，管理无领导，供应链无尺度"，强调以客户的需求和满意度为目标，倒推现有组织和治理流程变革，实现系统的流程再造和治理扁平化。海尔通过"小微创客"治理模式进行创新，现在海尔只有平台主（做创业平台的，不是领导，大家都能够在这个平台上成功地创业）、小微主（小微是一个微型的创业团队，通常不超过 8 个人）、创客（就是创业的员工）三类。海尔利用市场监督和激活个体的方式，让个体自己创造价值，利用公司的平台成立小微，同时对小微进行考核和激励。海尔通过"小微创客"的模式使企业实现了平台化转型，同时公司董事会成为各个小微公司的投资方，双方之间的关系从被治理关系转化为治理和合作的关系。

四　R&D 决策促进

企业所有权和经营权的分离导致企业所有者（委托人）和企业经营者（代理人）存在代理冲突，代理问题的存在导致高管追求自身福利最大化而非股东财富最大化，因而削弱了高管对 R&D 投入等高风险企业战略决策的倾向和追求（Wright et al., 1996）。Jensen 和 Meckling（1976）认为对高管进行期权和股权的激励能使委托人和代理人利益趋同，从而提高战略决策和投入的一致性。案例企业的 R&D 决策促进如表 6-8 所示。

表 6 – 8　案例企业的 R&D 决策促进

案例企业	R&D 决策促进
格力电器	公司在 2012 年就实施自动化生产战略，并于 2013 年 1 月正式组建智能装备研发团队，已经过多年的潜心发展。在技术标准管理方面，格力把国家标准、国际标准作为门槛，以消费者的需求为最高标准，在研发上追求极致，厚积薄发。2015 年共参与 30 余项国内外标准的制定和修订，其中国外标准 3 项（WTO 的 TBT 通报反馈意见 18 项），国家标准 14 项，行业标准 11 项，地方标准等其他标准 5 项。格力打造无人化、数字化工厂，不断提高自主自动化设备研发和生产能力，自主研发生产的自动化设备在提升公司自身效率和效益的同时，也为将格力打造成为世界上最好的设备提供商奠定了坚实的基础；2015 年 8 月，格力自主研发的"百万千瓦级核电水冷离心式冷水机组"被专家组一致鉴定为"国际先进"，填补了国内企业在核电大型离心机产品上的空白
阿里	"阿里巴巴未来 20 年的愿景是构建世界第五大经济体，服务全球 20 亿消费者，创造 1 亿就业机会，帮助 1000 万家企业盈利。"就像美国航空航天局 NASA 驱动人类科技和生活的极大进步，新经济体必须建立在新的技术基础设施之上，建立在新的技术思考之上。"一个服务 20 亿人的经济体，需要强大的技术实力。我们将建立阿里巴巴的 NASA，以担当未来的责任。面向机器学习、芯片、IoT（Internet of Things）、操作系统、生物识别这些核心技术，我们将组建崭新的团队，建立新的机制和方法，全力以赴。"
海尔	围绕成为全球家电的引领者和规则制定者的发展目标，将公司及海尔集团在全球构建的五大研发中心作为资源接口，与全球一流供应商、研究机构、著名大学建立战略合作关系，形成了由上百万名科学家和工程师组成的创新生态圈；公司通过消费者需求交互和供应商共同研发的方式，鼓励其深度参与到公司的研发流程中，为消费者生产真正解决其需求痛点和提升其体验感的产品，与供应商建立长期共赢的模式；公司持续整合海尔集团旗下 FPA（费雪派克）和三洋的优势研发资源和成果，推动产品高端化差异化；公司有效撬动外部资金和人力资本推动公司内部和外部的超前研发项目，比如海尔赛富智慧家庭创业投资产业基金将有效地推动公司业务向智慧家电、智慧家庭的交互平台转型，促进公司智慧家庭战略的落地
联想	联想也正走上一条重视科研创新、拓宽业务生态的道路。自 2009 年以来，联想每年的研发投入都在提高，随后四年，联想计划大力部署人工智能等新兴领域，在人工智能、物联网、大数据等领域投资超过 12 亿美元。而上述领域无一例外地都被认为是在互联网时代至关重要的几大领域，其对于联想重新定义 PC 和改进智造业有着重要作用。放眼全球，无论是谷歌、微软、Facebook 这样的国际互联网巨头，还是国内的 BAT 乃至大大小小的企业，都已经进入这些赛道，如今看来，联想的发力也将让未来变得更加值得期许

资料来源：根据本研究译码结果整理。

格力的研发决策围绕"掌握核心科技"的理念，其职业经理人董明珠始终坚持产品的品质、品牌和核心竞争力，通过研发不断提升核心科技。

格力电器通过打造无人化、数字化工厂，不断提高自主自动化设备研发和生产能力，自主研发生产的自动化设备在提升公司自身效率和效益的同时，也为将格力打造成为世界上最好的设备提供商奠定了坚实的基础。

　　阿里的研发主要体现在两个方面，一方面通过提供研发技术保障、提升商业模式的运行效率，另一方面通过技术研发的方式创造和引领未来人类科技和社会的进步。"阿里巴巴未来20年的愿景是构建世界第五大经济体，服务全球20亿消费者，创造1亿就业机会，帮助1000万家企业盈利"的愿景就是在建立属于阿里的NASA。海尔的研发一方面是提升产品的核心技术含量，另一方面是平台的搭建和围绕技术平台的生态圈建设，推动公司业务向智慧家电、智慧家庭的交互平台转型，促进公司智慧家庭战略的落地。联想也正走上一条重视科研创新、拓宽业务生态的道路。自2009年以来，联想每年的研发投入都在提高，随后四年，联想计划大力部署人工智能等新兴领域，在人工智能、物联网、大数据等领域进行重大投资，通过研发的战略投资实现未来在智能领域的布局和开拓。

第五节　研究结果与讨论

　　为了对本书前三个实证研究所获得的结论进行检验并构建整合理论模型，本研究采用多案例扎根研究进行数据的处理和理论模型的构建。本研究选取格力电器、阿里、海尔和联想进行案例研究。多案例的对比研究减小了案例研究本身因为主观意识所带来的结果误差。四家案例企业均为各自行业的典型代表且均为上市公司，确保了数据的可得性和信度。在搜索案例资料的过程中参考案例企业的上市年报、新闻报道、专题专栏、学术论文等多种数据。

　　本章的多案例扎根研究按照三个步骤进行编码工作。首先对多种途径获得的案例资料进行开放式编码并获得标签和范畴，再对开放式编码获得的范畴进行主轴译码，结合开放式编码和主轴编码得到的范畴和主范畴，围绕一条逻辑主线将主范畴和副范畴进行串联。通过对格力电器的单案例研究，构建了"董事会影响R&D投入"的作用机制，并在此基础上对阿里、海尔和联想三家公司进行多案例分析以提升理论的饱和度,并通过反复的理论和数据的比对以达到饱和度。通过本研究的分析,构建了中国企业董事会影响 R&D 投入的作用机制,主要包含董事会驱动、董事会功能发挥、代理冲突减缓、R&D 决策促进四个因素,如图 6-3 所示。

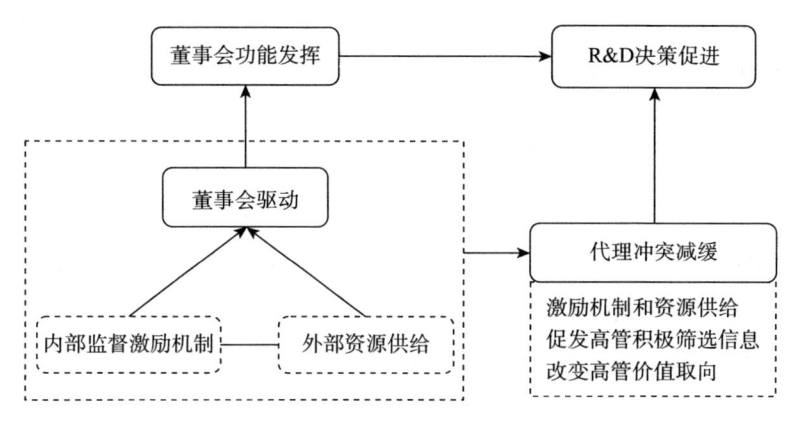

图 6-3 董事会影响 R&D 投入的理论模型

董事会的人力资本和社会资本以及董事会效率共同驱动董事会职能的发挥。董事会自身的特征(董事会规模、董事独立性、领导权结构、董事会会议次数、董事激励等)综合体现了董事会监督激励机制的效率。董事会成员的董事会资本为董事会带来了提供监督和咨询的知识、经验、社会网络和外部资源。董事会效率和董事会资本决定了董事会效用的发挥并成为董事会发挥作用的原始驱动力。本研究四个案例企业中董事会成员的结构组成,董事会成员在外部其他企业的兼职、在政府部门的工作经历等为公司带来了广泛的社会网络资源。在董事会效率和资源驱动下,董事会在公司治理中起到监督和咨询的两种作用,本案例研究中四家案例企业的董事会在履行监督和咨询两种职责的过程中主要发挥着四种功能:控制功能、资源功能、战略功能以及服务功能。四家公司的董事会在发挥这四种功能时有所偏重。在董事会驱动以及董事会功能发挥作用之下,案例企业的董事会与高管之间的代理冲突均有不同程度的缓和,代理成本也有所降低。然而,四家案例中的阿里和海尔分别通过不同的战略方式改变了代理冲突。阿里通过合伙人制度确保了公司创始人持续的战略决策权,海尔则通过

"小微创客"的内部创业机制完善了董事会监督的活动机制。在董事会驱动和董事会功能发挥的作用下，高管受到董事会内部监督激励机制和资源供给作用的影响，降低了利己行为的倾向，在战略执行过程中提高了有效信息筛选的积极性，从而采取有利于公司长期发展的创新战略和 R&D 决策。

本研究的理论意义在于，从委托代理理论和资源依赖理论的双重视角探究了董事会影响 R&D 投入的作用机制。现有研究对董事会与高管之间关系的研究多基于委托代理理论的视角，考察两者之间的委托代理成本和代理冲突。本书则引用资源依赖理论，从董事成员个人的人力资本和外部社会资本两个方面描述了董事会为企业战略决策所提供的咨询功能和外部资源供给功能。在董事会资本以及企业内部对高管的监督激励机制之下，董事会和高管决策形成合力，两者之间的代理冲突逐渐缓和，共同为企业长期发展谋利，从而促进 R&D 决策和 R&D 活动方面的投入。

第七章 结论与展望

本章为论文的结论与展望部分。本章首先总结了三个实证研究和案例研究所得出的研究结论：董事会结构特征、行为特征、激励特征对R&D投入的影响，董事会效率对R&D投入的影响以及高管和高管市场的调节作用，董事会资本对R&D投入的影响以及高管激励的调节作用，董事会影响R&D投入的作用机制。其次，本章分析了本书研究的理论贡献和管理启示，并对未来研究趋势进行展望。

第一节 研究结论

本书研究表明董事会影响R&D投入的因素主要来自董事会特征（也可称为董事会效率的影响因素）和董事会资本（见图7-1）。董事会特征包含众多要素，如董事会规模、董事独立性、领导权结构、董事会会议次数、董事激励等，这些因素综合起来影响董事会功能发挥的效用，即董事会效率。董事会资本包含董事会成员个人的知识背景、工作经验等人力资本，也包含董事会成员所处外部社会环境、其通过兼职和董事会交叉任职从而能够为公司带来外部社会资源的董事会社会资本。

在董事会效率和董事会资本的影响下，董事会发挥着四大职能：控制监督功能、资源供给功能、战略决策功能和咨询服务功能。从控制监督功能来说，作为委托方的股东和作为代理方的高管之间存在委托代理冲突和代理成本，董事会代表股东对高管实施监管，通过控制监督功能监督高管层的经营行为。从资源供给功能来说，董事会成员根据自身的人力资本和外部网络所带来的社会资本为公司的战略决策等行为活动提供资源。从战

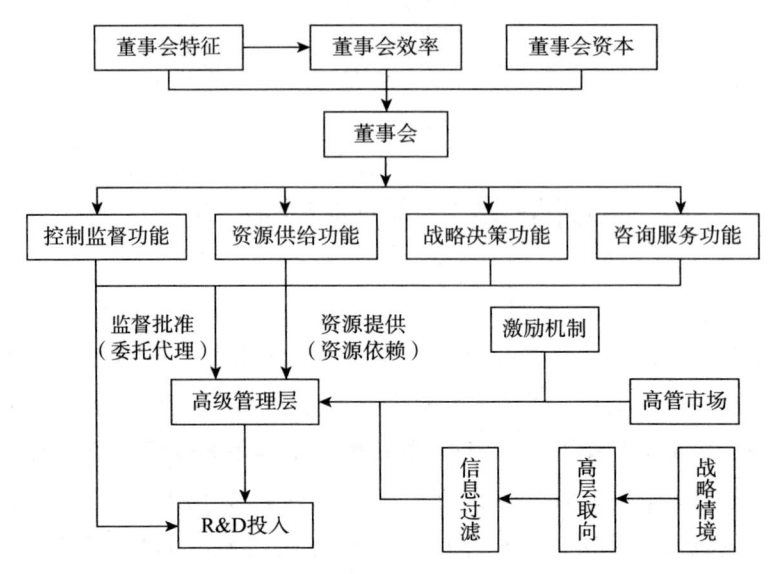

184 | 董事会对研发投入的影响机制研究

图 7-1 董事会对 R&D 投入的作用机制

略决策功能来说,董事会是公司的核心决策层,公司的重大战略决策均由董事会商议决定。从咨询服务功能来说,董事会通过制定一些物质和精神上的激励措施来提升高管的经营管理积极性,从而促使高管减少自利行为,考虑公司的长远利益并将自身的利益与公司捆绑在一起。故而,高管会根据公司的利益进行信息筛选并做出选择性认知和决策。与此同时,从外部高管市场来看,在高管市场经理人供给不足的情况下,高管受到高管市场的压力较小,然而,当高管市场供给充足且公司聘请外部高管倾向较高时,高管会产生较大的心理压力。高管担心自身被替代,因而会规避"搭便车"等利己行为,并在决策制定时有所改变,通过有效和积极的信息筛选做出有利于公司的认知选择。

第一,董事会特征对 R&D 投入的影响可以从董事会结构特征(董事会规模、董事会独立性、董事会领导权结构)、董事会行为特征(董事会会议次数)、董事会激励特征(董事薪酬、董事持股)三个层面六个维度进行归纳。

(1)关于董事会结构特征对 R&D 投入的影响,在子研究一中采用董事会规模和独立董事占比测度董事会组织结构特征,采用董事长与 CEO 两职状态测度董事会人员结构特征，结果表明：①董事会规模与 R&D 投入显著负相关，一定规模的董事会成员为公司的战略决策提供必要的知识、经验、技能，而过于庞大的董事会规模会造成董事会运行效率的降低，出现董事"搭便车"现象，从而抑制了董事会对公司战略决策制定和实施的咨询和监督功能，降低了 R&D 投入的强度；②独立董事占比与 R&D 投入正相关但不显著，外部聘请的独立董事虽然保证了一定程度上的公正性和独立性，然而，由于我国董事会治理机制有待完善和发展，目前多数上市公司独立董事设置出于对证监会规定的迎合，"独董不独""官员独董""花瓶独董"等乱象重生，使独立董事没有真正起到应有的咨询和监督的作用；③董事长与 CEO 两职合一会造成权力的过度集中，从而导致董事会无法正常发挥咨询和监督高管战略决策的职能，抑制 R&D 投入和企业创新，而董事长与 CEO 两职分离则会消除这种抑制效应，后者应该为多数上市公司所效仿。

（2）关于董事会行为特征对 R&D 投入的影响，本书采用董事会会议次数测度，研究发现董事会会议次数与 R&D 投入的关系不显著。董事会会议次数的增加并不一定能够促进董事会成员更好地履行监督和咨询职责，董事会成员并非能够通过简单的董事会会议而有效实施监督，除了关注董事会会议的数量，还要关注董事会会议的质量。

（3）关于董事会激励特征对 R&D 投入的影响，本书采用董事薪酬和董事持股进行测度，实证研究结果为显著正相关。公司对董事不论是采取短期的薪酬激励还是长期的股权激励，都将有助于提高董事会成员职能发挥的积极性，提升董事会创新战略决策制定的有效性和科学性，激励董事会监督高管对创新战略的实施，充分调动自身的能力、资源以监督高管行为，更好地维护公司的长期绩效和长远发展。

第二，高管对董事会效率与 R&D 投入关系的调节效用可以从内部机制（公司内部的高管激励）和外部机制（高管市场供给、聘请外部高管倾向）两方面进行归纳。在子研究二中采用子研究一中董事会六个维度特征作为董事会效率的综合测评指标，它是对子研究一的进一步探讨。研究结果如下。

（1）董事会效率与公司 R&D 投入显著正相关，进一步说明一定规模大小的董事会结构、比例适当的独立董事、董事长与 CEO 两职分离状态、适当的董事会会议频率以及对董事会成员进行适当的薪酬和股权的激励，将有效激发董事会整体职能的发挥，使董事会作用得到体现、工作效率得以提高，并加强董事会对高管 R&D 活动的监督和建议，做出符合公司长期发展的正确决策。

（2）董事会效率与高管激励的交互项显著为正，说明公司对高管激励水平越高，董事会效率对 R&D 投入的影响作用越强。高管在战略决策执行时往往存在机会主义倾向，追求与自身绩效有关的短期投入和公司绩效，因此，其对 R&D 投入等长期回报的高风险活动具有规避倾向，这也是委托代理理论论述的委托人和代理人之间的代理冲突。公司对高管采取的薪酬和股权等形式的激励措施将减少高管的机会主义和风险规避倾向，使其自主地将公司发展的长期绩效与自身的利益进行捆绑，从而有利于促进董事会发挥其监督和咨询的职能，对公司 R&D 投入等决策做出合理有效的安排。

（3）董事会效率与高管市场供给的交互项显著为正，即高管市场供给越充足，董事会效率对 R&D 投入的影响作用越强。除了高管激励的公司内部治理机制之外，外部高管市场的供给和竞争对高管施加了一定的外部压力，起到了有效的外部约束作用。外部高管市场供给越大，公司越可能对高管的薪酬根据绩效做出调整，高管会面临降薪甚至离任的风险，于是高管就会积极通过努力工作和提高公司长期绩效的方式来降低离任和降薪的危险，从而使董事会与高管之间的代理冲突缓和，R&D 投入等战略决策的制定和实施更加有效。

（4）董事会效率与聘请外部高管倾向的交互项，在公司聘请外部高管倾向较低组，其交互项显著为正，公司从外部高管市场聘请高管的倾向越强烈，董事会效率对 R&D 投入的影响作用越强。即公司在位高管受到的压力越大，外部高管市场的约束机制越有效，董事会与高管越能够根据股东的长期利益而进行 R&D 投入等战略决策的制定和执行。然而，在公司聘请外部高管倾向较高组，其交互项显著为负，公司从外部高管市场聘请高管的倾向过大会缩短现任高管的任期，从而使高管更加追求企业的短期绩效目标，忽视长期的 R&D 投入，对董事会效率与 R&D 投入之间的正向关系起到了减弱作用。

第三，董事会资本与 R&D 投入关系可以从董事会人力资本和社会资本两方面进行归纳，同时 CEO 持股对两者关系具有调节作用。子研究三从资源依赖理论的视角考察董事会资本对 R&D 投入的影响作用，结果如下。

（1）董事会人力资本及董事会社会资本均与 R&D 投入显著正相关，即董事会行业经验（董事会人力资本）和董事会连锁董事（董事会社会资本）在一定程度上会促进企业的 R&D 投入。由于公司的技术创新需要大量的资源投入，具有行业经验的董事会成员能帮助企业根据行业发展现状以及趋势做出适当的投资决策，具有连锁董事背景的董事会成员引入外部资源及社会网络为投资决策带来了必要的外部依赖性资源，从而促进公司的创新活动和 R&D 投入。

（2）CEO 股权激励对董事会人力资本与 R&D 投入关系存在正向调节效应，且 CEO 持股比例越高，CEO 股权激励对董事会人力资本与 R&D 投入关系的调节效应越强。当企业面临外部环境的急剧变化以及商业机会的转瞬即逝时，企业一旦落后于竞争对手则很难迎头赶上，至此，实施 CEO 股权激励能够有效促进具有丰富行业经验的董事会成员为企业的 R&D 决策提供关键的信息、建议和资源，从而增强企业的创新能力。

（3）CEO 股权激励对董事会社会资本与 R&D 投入关系存在负向调节效应。CEO 可能忠诚于自身的职业素养，并不乐观地认为连锁董事能够为 R&D 投入带来有价值的信息和资源。

第二节　理论贡献

本书的理论贡献主要体现在以下四个方面。

第一，拓宽现有文献对公司治理与 R&D 投入关系研究的视野（Margolis and Kammen，1999；Lee and O'Neill，2003；Chang et al.，2008；陈守明，2012），直接研究公司治理的核心决策机构董事会对 R&D 投入的影响机制。现有文献通常从公司治理的某个方面出发，比如研究机构投资者和财务分析师如何监督高管行为继而影响 R&D 投入（Chung et al.，2003），董事会规模和股权集中度对 R&D 投入和股票市场价值的调节作用（Chang et al.，2008），股权性质和所有权结构对 R&D 投入与企业价值的调节效应（陈守明，2012）。本书认为董事会在公司创新 R&D 投入决策中具有非常重要的作用，此外，本书亦弥补了现有文献从董事会特征的单一层面研究其对企业研发投入的影响，使用董事会效率的统一测度模型，拓展了 Mak 和 Roush（2000）的指标维度。现有文献关于董事会与 R&D 投入关系的研究多从董事会某一个特征维度进行分析，比如研究董事会规模、董事会独立性、董事会领导权结构等与 R&D 投入的关系（Richard et al.，2005;），其研究结果迥异。本书以董事会效率作为统一测度指标，并验证其与 R&D 投入之间的关系。本书构建的董事会效率测度模型在 Mak 和 Roush（2000）、马连福等（2012）的研究基础上增加了董事长与 CEO 两职分离和适当的董事薪酬，使用六个维度指标测度董事会效率。通过子研究二对其进行验证，研究结果有利于深入剖析董事会的综合特征如何影响对企业高管监督作用的发挥以及战略决策的制定。

第二，反思现有文献多从公司治理的内部机制研究董事会与高管之间的委托代理冲突，本书创新性地从高管市场的外部治理机制（高管市场供给、聘请外部高管倾向）研究董事会与高管之间代理冲突的缓冲效应及其在 R&D 决策时的协调作用。现有研究多从高管特征（Barker and Mueller，2002；张兆国等，2014）、高管激励（Balkin et al.，2000；梁琛和杨俊，2009）、高管薪酬和高管变更（Renneboog and Trojianowski，2002）的角度说明高管出于对降职降薪的规避而减少利己行为倾向。然而，高管市场的运行机制亦会约束高管的自利行为，高管市场会根据公司在任高管的业绩表现进行价值评估，高管因担心价值和薪酬的降低而更加努力地工作，本书假设外部高管市场机制将从高管市场供给和公司聘请外部高管倾向两方面影响高管的机会主义行为并促使其做出有利于公司长期发展的信息筛选和战略决策，从而减少与董事会在 R&D 决策上的分歧和代理冲突。故而，本书扩展了 Park 等（2012）的研究，将高管市场的外部治理效应运用于董事会与高管之间代理冲突的缓和及代理成本的降低。

第三，拓展关于董事会资本与 R&D 投入之间关系的研究范围（Kim and

Cannella，2008；Haynes and Hillman，2010），探究高管持股这一激励措施影响企业 R&D 投入的作用机理。现有关于董事会资本与 R&D 投入的研究中，大多关注董事会人力资本和社会资本的类型（Fischer and Polock，2004；Kim and Cannella，2008）、董事资本的深度和广度对 R&D 投入的影响（Haynes and Hillman，2010），忽略了高管在企业研发决策制定和实施过程中的重要作用，及其对董事会与 R&D 投入之间关系的调节效用。本书尝试引入高管持股这一调节因素并验证了其对董事会资本与 R&D 投入之间关系的影响，研究结果表明 CEO 股权激励能激发 CEO 将企业更多资源配置于能够为企业带来长期收益的战略投资，也能够减少 CEO 与董事会之间的代理冲突和成本，从而使董事会与高管之间相互配合、共同促进有益于公司长期绩效和长远发展的创新决策，提高 R&D 投入。

第四，构建董事会对 R&D 投入的影响机制——"董事会驱动—董事会功能发挥—代理冲突减缓—R&D 决策促进"模型。虽然现有文献针对董事会与 R&D 投入之间的关系曾有探索，但尚缺乏研究高管参与的情形（Zahra et al.，2000；David et al.，2001；Lehn and Zhao，2006）。本书借鉴委托代理理论和资源依赖理论的相关文献（Jensen and Meckling，1976；Fama and Jensen，1983；Zahra and Pearce，1989；Pfeffer and Salancik，1978），对中国上市公司董事会影响 R&D 投入以及高管和高管市场的调节机制进行深入分析和探讨，不仅弥补了董事会影响 R&D 投入研究的不足，而且在一定程度上拓展了委托代理理论研究的视野。

第三节 管理启示

第一，完善董事会治理机制，增强董事会效率，对于提高企业 R&D 投入决策制定的有效性和科学性极其有利。

（1）企业应当适度控制董事会规模，从而有效发挥董事会的监督和资源提供能力。研究表明，一定规模的董事会对 R&D 投入有促进作用，而董事会规模过于庞大则对 R&D 投入会产生抑制效应，庞大的董事会规模不仅不利于公司治理机制作用的发挥，反而造成董事"搭便车"现象，偏小的董事会规模无法对高管 R&D 投入决策掌握足够的知识和信息，无法进行咨询和建议，反而依赖短期的绩效目标进行监督，因而企业需保持适当规模的董事会。

（2）企业需完善董事会控制权结构，避免权力的过度集中，否则，将不利于监督机制的发挥。研究表明，董事长与 CEO 两职分离有利于企业 R&D 投入。目前有许多上市公司出现董事长兼任总经理、董事长兼任副总经理、副董事长兼任总经理、副董事长兼任副总经理四种两职合一和董事会控制权结构现象。高管层要职由董事长兼任会使控制权过于集中、董事会丧失监督职能，亦会降低企业创新投入和战略决策制定的科学性、实施的有效性。

（3）企业应当对董事会和高管进行适度的激励，从而提高董事会监督和资源提供作用发挥的积极性、规避高管利己行为倾向。研究表明，董事会薪酬激励和持股激励与 R&D 投入显著正相关。虽然董事会代表股东的利益，然而，现实中由于董事会规模、成员结构、高管权力等因素的影响，管理实践中的董事会往往很难充分发挥监督职能。但是，如果公司对董事会成员进行适度的薪酬和股权激励，则有助于提高董事会成员的积极性，充分发挥其咨询和监督的职能，从而有利于 R&D 投入等长期战略决策的实施。

第二，聘请具有优质董事会资本的董事会成员并对高管实行激励措施，对于发挥董事会职能十分必要。

（1）董事会的职能，综合而言就是推进公司的战略决策、监督管理层。聘请具有行业经验的董事和连锁董事在一定程度上会提高企业 R&D 投入。目前许多上市公司的董事会中虽然有一定比例的外部董事，然而，部分存在诸如"花瓶董事""政府董事"的现象，无法发挥董事会人力资本和社会资本的有效性。董事会资本对 R&D 投入具有促进作用，外部董事除了发挥其建议和咨询的职能外，还将为企业带来必要的外部社会网络资源，对企业打通与外部商业环境的通道具有积极作用。因此上市公司应该聘请具有行业经验和连锁董事背景的独立董事，充当给企业带来外部资源的"加油站"。

（2）适当的高管激励有助于董事会资本效用的发挥。研究表明 CEO 持股对董事会资本与 R&D 投入之间的关系具有正向调节作用。实施 CEO 股权激励能够降低 CEO 机会主义和利己主义倾向，将企业发展和长期绩效与自身利益相联系，其对董事会监督的抵触和反感会随之减少。

第三，引入外部高管市场竞争机制，对于完善高管的约束机制、缓解代理冲突和提升 R&D 投入非常有益。

（1）除了对高管实施有效的薪酬和股权激励外，调整公司内部聘请外部高管倾向将有益于对高管的约束、促发高管的积极性。在过去，中国的高管市场机制并不完善，部分上市公司的高管是由内部晋升产生的，公司渐渐失去了聘请外部高管的倾向和热情，久而久之，高管会因失去竞争的压力而产生一种"高枕无忧"的心态。研究表明，当公司聘请外部高管倾向处于较低水平时，公司聘请外部高管倾向的提高对董事会与 R&D 投入之间的关系具有正向的调节作用。此时，当公司外聘高管的意愿增加，高管会因惧怕降薪和离任的危险，而更加积极努力地工作，关注企业长期发展和长远利益。因此，公司适当提高外聘高管的倾向有助于 R&D 投入和重要战略决策的科学制定。

（2）完善中国高管市场的秩序和机制，有利于建立高管的外部约束机制。研究表明，当外部高管市场拥有有效的秩序和机制时，高管市场会根据在职高管的绩效和表现进行价值评估，高管因害怕价值的降低和薪酬的减少而积极关注企业的长期利益和股东的最大化利益。因此，当高管市场有充足的供给和有效的高管评价体系时，高管将与董事会协调配合，关注企业创新能力和绩效提升的战略决策制定。

第四节　研究局限和未来方向

第一，分析层面可多样。本研究尝试从整合视角探索董事会与 R&D 投入的影响机制，分别选取董事会特征、董事会效率和董事会资本三个不同层面进行分析，其中，董事会特征和董事会效率是递进关系。然而，使用这三个层面代表董事会的有效性，并不是十分严谨。因而，在未来的研究中，可以采取理论构建型的案例研究，探索董事会不同层面的因素对 R&D 投入的影响，再进一步采用样本数据对创新的理论模型进行验证。

第二，数据样本可统一。本研究采用不同的数据样本对三个议题分别进行实证检验，前两个采用国泰安数据库数据，后一个研究采用手工整理的上市公司年报数据（由于董事会资本的测度指标有限），使整体研究的统一性有所欠缺。因此，在未来研究中，可选取其他方面的影响因素替代董事会资本，或者采用操作性和复制性较强的指标测度董事会资本，增强实证研究的统一性。

第三，指标测度可完善。首先，关于企业 R&D 投入的测评，本研究采用了研发支出占营业收入的比例度量企业的 R&D 投入，而现有关于 R&D 投入的度量方法有很多，包括 R&D 投入占企业总资产比例、R&D 投入自然对数、R&D 投入人均值、专利申请量等测度方法。本书所采用的测度方法虽被大多数学者采用，然而究竟哪种测度方法更准确有效地贴近管理实践，仍有待后续研究的进一步考证。其次，关于董事会效率的测评，本书从六个量化的董事会特征指标出发，通过测评模型得到董事会效率的量化指标和实证分析结果。可是，董事会效率的影响因素或许是多方面的，且其量化研究还会涉及统计数据的有效性、指标设定的合理性以及测评模型的适用性等各方面。本研究是对董事会效率与 R&D 投入之间关系的一次探索。

第四，理论视角可增加。本研究主要运用委托代理理论、资源依赖理论两个理论探究董事会与高管对 R&D 投入的影响作用。委托代理理论是公司治理中研究股东与高管之间代理冲突的经典理论，本书用以描述董事会与高管在 R&D 决策上的分歧。资源依赖理论研究组织与外部资源和环境之间的关系，本书用以说明董事会人力资本和社会资本对 R&D 投入的影响作用。认知、价值观、个性、背景、经历等方面因素会影响高管在经营管理过程中的信息筛选及决策的执行。在未来研究中，学者们可以引入其他更加贴切的理论视角对董事会与高管之间代理冲突的缓和以及二者最优效用的发挥进行研究。

中外文参考文献

白艺昕、刘星、安灵：《所有权结构对 R&D 投资决策的影响》，《统计与决策》2008 年第 5 期。

陈冬华、陈富生、沈永建、尤海峰：《高管继任、职工薪酬与隐性契约——基于中国上市公司的经验证据》，《经济研究》2011 年第 2 期。

陈国权、赵慧群：《中国企业管理者个人、团队和组织三层面学习能力间关系的实证研究》，《管理学报》2009 年第 7 期。

陈胜蓝：《信息技术公司研发投入与高管薪酬激励研究》，《科研管理》2011 年第 9 期。

陈胜蓝、马慧：《高管人才市场竞争可以降低高管隐性薪酬非对称性吗?》，《经济科学》2013 年第 3 期。

陈守明、冉毅、陶兴慧：《R&D 强度与企业价值——股权性质和两职合一的调节作用》，《科学学研究》2012 年第 30 期。

冯根福：《双重委托代理理论：上市公司治理的另一种分析框架——兼论进一步完善中国上市公司治理的新思路》，《经济研究》2004 年第 50 期。

冯根福：《中国公司治理基本理论研究的回顾与反思》，《经济学家》2006 年第 3 期。

冯根福、温军：《中国上市公司治理与企业技术创新关系的实证分析》，《中国工业经济》2008 年第 7 期。

冯慧群：《董事会资本对公司治理的影响效应研究》，南开大学，2014。

高明华：《公司治理：理论演进与实证分析——兼论中国公司治理改革》，经济科学出版社，2001。

贺远琼、陈昀：《不确定环境中高管团队规模与企业绩效关系的实证研究——基于中国制造业上市公司的证据》,《科学学与科学技术管理》2009年第2期。

胡勤勤、沈艺峰:《独立外部董事能否提高上市公司的经营业绩》,《世界经济》2002年第7期。

华锦阳:《试论公司治理对企业技术创新的影响》,《自然辩证法通讯》2002年第1期。

〔美〕肯·史密斯、迈克尔·希特:《管理学中的伟大思想》,徐飞、路琳译,北京大学出版社,2016。

赖建清、李常青、谢志锋:《公司董事会特征与绩效研究综述》,《当代财经》2004年第8期。

雷红生、陈忠卫:《高管团队内情感冲突、企业家精神与公司成长性绩效关系的实证研究》,《财贸研究》2008年第2期。

李常青、赖建清:《董事会特征影响公司绩效吗?》,《金融研究》2004年第5期。

李维安、郝臣:《公司治理手册》,清华大学出版社,2015。

李维安、牛建波:《CEO公司治理》(第二版),北京大学出版社,2014。

李维安、牛建波、宋笑扬:《董事会治理研究的理论根源及研究脉络评析》,《南开管理评论》2009年第1期。

李新春:《经理人市场失灵与家族企业治理》,《管理世界》2003年第4期。

刘金石、王贵:《公司治理理论:异同探源、评介与比较》,《经济学动态》2011年第5期。

刘胜强、刘星:《董事会规模对企业R&D投资行为的影响研究》,《科学管理研究》2010年第3期。

刘亭立:《董事会治理与盈余质量研究》,首都经济贸易大学出版社,2009。

刘小玄:《中国工业企业的所有制结构对效率差异的影响——1995年全国工业企业普查数据的实证分析》,《经济研究》2000年第2期。

刘晓敏、李垣、史会斌:《治理机制对企业技术创新的影响路径研究》,《科学学研究》2005年第5期。

刘玉敏:《我国上市公司董事会效率与公司绩效的实证研究》,《南开管理评论》2006 年第 1 期。

刘运国、刘雯：《我国上市公司的高管任期与 R&D 支出》，《管理世界》2007 年第 1 期。

刘振：《CEO 年薪报酬、研发投资强度与公司财务绩效》，《科研管理》2014 年第 12 期。

鲁桐、党印：《公司治理与技术创新：分行业比较》，《经济研究》2014 年第 6 期。

马慧、陈胜蓝：《高管人才市场治理与公司创新活动》，《研究与发展管理》2014 年第 6 期。

马连福、王元芳、沈小秀：《中国国有企业党组织治理效应研究》，《中国工业经济》2012 年第 8 期。

麦肯锡：《全球企业研发调查报告》，《麦肯锡季刊》2006 年。

任海云：《公司治理、R&D 投入与企业绩效》，中国经济出版社，2013。

任海云：《公司治理对 R&D 投入与企业绩效关系调节效应研究》，《管理科学》2011 年第 24 期。

芮明杰、赵春明：《外部经理市场对国有企业的影响及应有的对策》，《上海经济研究》1996 年第 12 期。

沈艺峰、张俊生：《ST 公司董事会治理失败若干成因分析》，《证券市场导报》2002 年第 3 期。

谭婷：《资源依赖理论视角下党组织权力再生产的逻辑和机制研究》，博士学位论文，上海大学，2013。

汤学俊：《高管团队内聚力，冲突与组织绩效的实证研究》，《江海学刊》2010 年第 3 期。

陶建宏、师萍、段伟宇：《高阶理论研究综述——基于跨层次整合视角》，《科技管理研究》2013 年第 10 期。

王昌林：《基于公司治理机制的企业技术创新行为研究》，博士学位论文，重庆大学，2004。

王燕妮：《高管激励对研发投入的影响研究——基于我国制造业上市公司的实证检验》，《科学学研究》2011 年第 7 期。

魏锋、刘星：《国有企业内部治理机制对企业技术创新的影响》，《重庆大学学报》2004年第3期。

吴延兵：《不同所有制企业技术创新能力考察》，《产业经济研究》2014年第2期。

吴延兵：《企业规模、市场力量与创新：一个文献综述》，《经济研究》2007年第5期。

肖利平：《公司治理如何影响企业研发投入？——来自中国战略性新兴产业的经验考察》，《产业经济研究》2016年第1期。

严若森：《双重委托代理理论与股权集中型公司治理最优化研究综述》，《当代经济科学》2006年第4期。

严若森、华小丽：《环境不确定性、连锁董事网络位置与企业创新投入》，《管理学报》2017年第3期。

严若森、钱晶晶：《董事会资本、CEO股权激励与企业R&D投入——基于中国A股高科技电子行业上市公司的经验证据》，《经济管理》2016年第7期。

严若森、钱晶晶：《中国企业国际化背景下的制度距离文献计量分析》，《管理学报》2016年第3期。

严子淳、薛有志：《董事会社会资本、公司领导权结构对企业R&D投入程度的影响研究》，《管理学报》2015年第4期。

杨建君、刘刃：《外部董事数量与企业创新决策关系》，《科学学与科学技术管理》2007年第6期。

杨勇、达庆利、周勤：《公司治理对企业技术创新投资影响的实证研究》，《科学学与科学技术管理》2007年第11期。

于东智：《转轨经济中的上市公司治理》，中国人民大学出版社，2002。

张明：《建立职业企业家市场的内在逻辑》，《管理现代化》1996年第5期。

张平：《高层管理团队的异质性与企业绩效的实证研究》，《管理学报》2007年第4期。

张维迎：《产权激励与公司治理》，经济科学出版社，2005。

张兆国、刘亚伟、杨清香：《管理者任期、晋升激励与研发投资研究》，《会计研究》2014年第9期。

张子峰：《公司治理对企业 R&D 投入的影响研究》，南开大学，2010。

张宗益、张湄：《关于高新技术企业公司治理与 R&D 投资行为的实证研究》，《科学学与科学技术管理》2007 年第 5 期。

赵国庆：《我国企业家职业化的障碍分析》，《中国工业经济》1997 年第 4 期。

赵洪江、陈学华、夏晖：《公司自主创新投入与治理结构特征实证研究》，《中国软科学》2008 年第 7 期。

赵旭峰、温军：《董事会治理与企业技术创新：理论与实证》，《当代经济科学》2011 年第 3 期。

郑剑英：《金融企业董事会特征与公司绩效的关系研究》，博士学位论文，吉林大学，2012。

周建、金嫒嫒、刘小元：《董事会资本研究综述》，《外国经济与管理》2010 年第 12 期。

周建、金嫒嫒、袁德利：《董事会人力资本、CEO 权力对企业研发投入的影响研究——基于中国沪深两市高科技上市公司的经验证据》，《科学学与科学技术管理》2013 年第 3 期。

周建、任尚华、金嫒嫒、李小青：《董事会资本对企业 R&D 支出的影响研究——基于中国沪深两市高科技上市公司的经验证据》，《研究与发展管理》2012 年第 1 期。

周建波、孙菊生：《经营者股权激励的治理效应研究——来自中国上市公司的经验证据》，《经济研究》2003 年第 5 期。

周杰、薛有志：《公司内部治理机制对 R&D 投入的影响——基于总经理持股与董事会结构的实证研究》，《研究与发展管理》2008 年第 3 期。

周立群：《企业家理论的支点与我国职业企业家队伍的培育机制探讨》，《学习与探索》1998 年第 3 期。

朱恒鹏：《企业规模、市场力量与民营企业创新行为》，《世界经济》2006 年第 12 期。

Abraham, C., John, S., Asher, T., "How CEO Empowering Leadership Shapes Top Management Team Processes: Implications for Firm Performance",

The Leadership Quarterly 22 (2), 2011.

Abraham, C., John, S., "Top Management Team Behavioral Integration, Decision Quality and Organizational Decline", *The Leadership Quality* 17 (5), 2006.

Aguilera, R. V., "Corporate Governance and Employment Relations: Spain in the Context of Western Europe", In *Corporate Governance and Labor Management: An International Comparison*, ed. Gospel, H., Pendleton, A. (UK: Oxford University Press, 2005).

Ahuja, G., Katila, R., "Technological Acquisitions and the Innovation Performance of Acquiring Firms: A Longitudinal Study", *Strategic Management Journal* 22 (3), 2001.

Aiken, L. S., West, S. G., *Multiple Regression: Testing and Interpreting Interactions* (Newbury Park, CA: Sage, 1991).

Aitken, B. J., Harrison, A. E., "Do Domestic Firms Benefit from Direct Foreign Investment? Evidence from Venezuela", *Amercian Economic Review* 89 (3), 1999.

Almeida, P., "Knowledge Sourcing by Foreign Multinationals: Patent Citation Analysis in the U. S. Semiconductor Industry", *Strategic Management Journal* 17 (S2), 1996.

Amason, A. C., "Distinguishing the Effects of Functional and Dysfunctional Conflict on Strategic Decision Making: Resolving A Paradox for Top Management Teams", *Academy of Management Journal* 39 (1), 1996.

Arellano, M., Bond, S., "Some Tests of Specification for Panel Data", *Review of Economic Studies* 58 (2), 1991.

Arrow, K., *Economic Welfare and the Allocation of Resources for Invention*, in *The Rate and Direction of Inventive Activity: Economic and Social Factors* (Princeton: Princeton University Press, 1962).

Arthur, J. B., "Effects of Human Resources Systems on Manufacturing Performance and Turnover", *Academy of Management Journal* 37 (3), 1994.

Audretsch, D. B., Feldman, M. P., "R&D Spillovers and the Geography of Innovation and Production", *Amercian Economic Review* 86 (3), 1996.

Balkin, D. B., Markman, G. D., Gomez-Mejia, L. R., "Is CEO Pay in High-Technology Firms Related to Innovation?", *Academy of Management Journal* 43 (6), 2000.

Barker, V. L., Mueller, G. C., "CEO Characteristics and Firm R&D Spending", *Management Science* 48 (6), 2002.

Barney, J. B., "Firm Resources and Sustained Competitive", *Journal of Management* 17 (1), 1991.

Baum, J. A., Wally, S., "Strategic Decision Speed and Performance", *Strategic Management Journal* 24 (11), 2003.

Baysinger, B., Hoskisson, R. E., "The Composition of Boards of Directors and Strategic Control: Effects on Corporate Strategy", *Academy of Management Review* 15 (1), 1990.

Becker, G. S., *Investment in Human Capital* (National Bureau of Economic Research, Inc, 1975).

Beckman, C. M., Haunschild, P. R., "Network Learning: The Effects of Partners' Heterogeneity of Experience on Corporate Acquisitions", *Administrative Science Quarterly* 47 (1), 2002.

Belloc, F., "Corporate Governance and Innovation: A Survey", *Journal of Economic Surveys* 26 (5), 2012.

Berle, A. A., Means, G. C., *Modern Corporation and Private Property* (Newark: Transaction Pub, 1932).

Bernardi, R. A., Bean, D. F., "Weippert K M. Minority Membership on Boards of Directors: The Case for Requiring Pictures of Boards in Annual Reports", *Critical Perspectives on Accounting* 16 (8), 2005.

Beyer, M., Czarnitzki, D., Kraft, K., "Managerial Ownership, Entrenchment and Innovation", *Economics of Innovation and New Technology* 21 (7), 2012.

Block, J. H., "R&D Investments in Family and Founder Firms: An Agency

Perspective", *Journal of Business Venturing* 27 (2), 2012.

Boone, A. L., Field, L. C., Karpoff, J. M., Raheja, C. G., "The Determinants of Corporate Board Size and Composition: An Empirical Analysis", *Journal of Financial Economics* 85 (1), 2007.

Bowers, C. A., Pharmer, J. A., Salas, E., "When Member Homogeneity is Needed in Work Teams: A Meta-Analysis", *Small Group Research* 31 (3), 2000.

Boyd, B., "Corporate Linkages and Organizational Environment: A Test of the Resource Dependence Model", *Strategic Management Journal* 11 (6), 1990.

Brossard, O., Lavigne, S., Sakinc, M. E., "Ownership Structures and R&D in Europe: The Good Institutional Investors, the Bad and Ugly Impatient Shareholders", *Industrial and Corporate Change* 22 (4), 2013.

Bryson, A., Forth, J., Zhou, M., "The CEO Labour Market in China's Public Listed Companies", *Niesr Discussion Papers* 124 (574), 2012.

Bublitz, B., Ettredge, M., "The Information in Discretionary Outlays: Advertising, Research, and Development", *Accounting Review* 64 (1), 1989.

Cadbury, A., "Keeping the State from the Corporate Door", *Organization and Environment* 21 (4), 2008.

Carpenter, M. A., Fredrickson, J. W., "Top Management Teams, Global Strategic Posture, and the Moderating Role of Uncertainty", *Academy of Management Journal* 44 (3), 2001.

Carpenter, M. A., Pollock, T. G., Leary, M., "Governance, the Experience of Principals and Agents, and Global Strategic Intent: Testing a Model of Reasoned Risk-Taking", *Strategic Management Journal* 24 (9), 2003.

Carpenter, M. A., Westphal, J. D., "The Strategic Context of External Network Ties: Examining the Impact of Director Appointments on Board Involvement in Strategic Decision Making", *Academy of Management Journal* 44 (4), 2001.

Cassiman, B., Veugelers, R., "In Search of Complementarity in Innovation Strategy: Internal R&D and External Knowledge Acquisition", *Management Sci-*

ence 52 (1), 2006.

Chang, S. C., Chen, S. S., Lin, C. W., "The Influence of Corporate Internal Governance on the Wealth Effect of R&D Expenditure Increases" *Working Paper* (European Financial Management Association Conference, 2008).

Chen, H. L., Hsu, W. T., "Family Ownership, Board Independence, and R&D Investment", *Family Business Review* 22 (4), 2009.

Chen, H. L., Huang, Y. S., "Employee Stock Ownership and Corporate R&D Expenditures: Evidence from Taiwan's Information-Technology Industry", *Asia Pacific Journal of Management* 23 (3), 2006.

Chen, H. L., "Board Capital, CEO Power and R&D Investment in Electronics Firms", *Corporate Governance: An International Review* 22 (5), 2014.

Cheng, S. J., "R&D Expenditures and CEO Compensation", *Accounting Review* 79 (2), 2004.

Chesbrough, H. W., *Open Innovation: The New Imperative for Creating and Profiting from Technology* (Boston: Harvard Business School Publishing, 2003).

Christophe, B. Walter, H., "Top Management Team Diversity and Firm Performance: Moderators of Functional-Background and Locus of Control Diversity", *Management Science* 55 (2), 2009.

Chung, K. H., Wright, P., Kedia, B., "Corporate Governance and Market Valuation of Capital and R&D Investments", *Review of Financial Economics* 12 (2), 2003.

Chung, K. H., Shen, C. H. H., "Corporate Governance and Market Reactions to Capital and R&D Investment Decisions", *Working Paper*, 2009.

Cleyn, S. H. D., Braet, J., "Do board composition and investor type influence innovativeness in SMEs?", *International Entrepreneurship and Management Journal* 8 (3), 2012.

Coe, D. T., Helpman, E., "International R&D Spillovers", *European Economic Review* 39 (5), 1995.

Cohen, W. M., Levinthal, D. A., "Innovation and Learning: The Two

Faces of R&D", *Economic Journal* 99 (397), 1989.

Cohen, W. M., Levinthal, D. A., "Absorptive Capacity: A New Perspective on Learning and Innovation", *Administrative Science Quarterly* 35 (1), 1990.

Coleman, J. S., "Social Capital in the Creation of Human Capital", *American Journal of Sociology* 94 (1), 1988.

Coles, J. L., Daniel, N. D., Naveen, L., "Coopted Boards: Causes and Consequences", *Review of Financial Studies* 27 (6), 2007.

Coles, J. L., Daniel, N. D., Naveen, L., "Boards: Does One Size Fit All?", *Journal of Financial Economics* 87 (2), 2008.

Core, J., Guay, W., "The Use of Equity Grants to Manage Optimal Equity Incentive Levels", *Journal of Accounting and Economics* 28 (2), 1999.

Cui, H., Mak, Y. T., "The Relationship between Managerial Ownership and Firm Performance in High R&D Firms", *Journal of Corporate Finance* 8 (4), 2002.

Cyert, R. M., James, G., March, J. G., "The Behavioral Theory of the Firm", *Wiley-Blackwell*, 1963.

Daily, C. M., Dalton, D. R., "Board of Directors Leadership and Structure: Control and Performance Implications", *Entrepreneurship: Theory and Practice* 17 (3), 1993.

Dalton, D. R., Daily, C. M., Certo, S. T., Roengpitya, R., "Meta-Analyses of Financial Performance and Equity: Fusion or Confusion?", *Academy of Management Journal* 46 (1), 2003.

Dalziel, T., Gentry, R., Bowerman, M., "An Integrated Agency-Resource Dependence View of the Influence of Directors' Human and Relational Capital on Firms' R&D Spending", *Journal of Management Studies* 48 (6), 2011.

David, P., Hitt, M. A., Gimeno, J., "The Influence of Activism by Institutional Investors on R&D", *Academy of Management Journal* 44 (1), 2001.

Dechow, P. M., Sloan, R. G., "Executive Incentives and the Horizon Problem: An Empirical Investigation", *Journal of Accounting and Economics* 14

(1), 1991.

Dempster, R. J., Hart, S. D., "The Relative Utility of Fixed and Variable Risk Factors in Discriminating Sexual Recidivists and Nonrecidivists", *Behavioral Science* 14 (2), 2002.

Dierickx, I., Cool, K., "Asset Stock Accumulation and the Sustainability of Competitive Advantage: Reply", *Management Science* 35 (12), 1989.

Dixit, A. K., Pindyck, R. S., *Investment under uncertainty* (Princeton: Princeton University Press, 1994).

Dixon, A. J., Seddighi, H. R., "An Analysis of R&D Activities in North East England Manufacturing Firms: The Results of a Sample Survey", *Regional Studies* 30 (3), 1996.

Dosi, G., "Sources, Procedures, and Microeconomic Effects of Innovation", *Journal of Economic Literature* 26 (3), 1988.

Dutta, S., Kumar, U., Kumar, V., Zhu, P., "Determinants of Corporate R&D Intensity: Canadian Evidence", https://libra.acadiau.ca/library/ASAC/v25/articles/Dutta-Kumar-Kumar.Zhu.pdf, 2004.

Eisenberg, T., Sundgren, S., Wells, M. T., "Larger Board Size and Decreasing Firm Value in Small Firms", *Journal of Financial Economics* 48 (1), 1998.

Eisenhardt, K. M., "Agency Theory: An Assessment and Review", *Academy of Management Review* 14 (1), 1989.

Eisenhardt, K. M., "Building Theories from Case Study Research", *Academy of Management Review* 14 (4), 1989.

Eisenhardt, K. M., Schoonhoven, C. B., "Organizational Growth: Linking Founding Team, Strategy, Environment, and Growth Among US Semiconductor Ventures, 1978-1988", *Administrative Science Quarterly* 35 (3), 1990.

Elsilä, A., Kallunki, J. P., Nilsson, H., Sahlström, P., "CEO Personal Wealth, Equity Incentives and Firm Performance", *Corporate Governance: An International Review* 21 (1), 2013.

Emerson, R. M., "Power-dependence Relations", *American Sociological Review* 27 (1), 1962.

Ensley, M. D., Pearson, A. W., Amason, A. C., "Understanding the Dynamics of New Venture Top Management Teams: Cohesion, Conflict, and New Venture Performance", *Journal of Business Venturing* 17 (4), 2002.

Fagerberg, J., Mowery, D. C., Nelson, R. R., "The Oxford Handbook of Innovation", Oxford: Oxford University Press. 2005.

Fama, E. F., Jensen, M. C., "Separation of Ownership and Control", *Journal of Law and Economics* 26 (2), 1983.

Fama, E. F., Jensen, M. C., "Separation of Ownership and Control", *Journal of Law and Economics* 26 (2), 1993.

Fama, E. F., "Agency Problems and the Theory of Firm", *Journal of Political Economy* 88 (2), 1980.

Finkelstein, S., Daveni, R. A., "CEO Duality as a Double Edged Sword: How Boards of Directors Balance Entrenchment Avoidance and Unity of Command", *Academy of Management Journal* 37 (5), 1994.

Finkelstein, S., Hambrick, D. C., *Strategic Leadership: Top Executives and Their Effects on Organizations* (Minneapolis, US: West Publishing, 1996).

Fischer, C. M., Rupert, T. J., Wartick, M. L., "Tax Policy and Planning Implications of Hidden Taxes: Effective Marginal Tax Rate Exercises", *Journal of Accounting Education* 19 (1), 2001.

Fischer, H. M., Pollock, T. G., "Effects of Social Capital and Power on Surviving Transformational Change: The Case of Initial Public Offerings", *Academy of Management Journal* 47 (4), 2004.

Florida, R., "The globalization of R&D: Results of a Survey of Foreign-affiliated R&D Laboratories in the United States", *Research Policy* 26 (1), 1997.

Fogel, K., Ma, L., Morck. R., "Powerful Independent Directors", Working Papers, 2014.

Francis, J., Smith, A., "Agency Costs and Innovation Some Empirical Evidence", *Journal of Accounting and Economics* 19 (2), 1995.

Frost, T. S., "The Geographic Sources of Foreign Subsidiaries Innovations", *Strategic Management Journal* 22 (2), 2001.

Gabaix, X., Landier, A., "Why Has CEO Pay Increased so Much?", *Quarterly Journal of Economics* 123 (1), 2008.

Geletkanycz, M. A., Hambrick, D. C., "The External Ties of Top Executives: Implications for Strategic Choice and Performance", *Administrative Science Quarterly* 42 (4), 1997.

Gerety, M., Lehn K., "The Causes and Consequences of Accounting Fraud", *Managerial and Decision Economics* 18 (7 – 8), 1997.

Gimeno, J., Folta, T. B., Cooper, A. C., Woo, C. Y., "Survival of the Fittest? Entrepreneurial Human Capital and the Persistence of Underperforming Firms", *Administrative Science Quarterly* 42 (4), 1997.

Goodstein, J., Gautam, K., Boeker, W., "The Effects of Board Size and Diversity on Strategic Change", *Strategic Management Journal* 15 (3), 1994.

Grant, R. M., "Toward a Knowledge-Based Theory of the Firm", *Strategic Management Journal* 17 (S2), 1996.

Griliches, Z., "Patent Statistics as Economic Indicators: A Survey", *Journal of Economic Literature* 28 (28), 1991.

Griliches, Z., "Issues in Assessing the Contribution of R&D to Productivity Growth", *Bell Journal of Economics and Management Science* 10 (1), 1979.

Groves, T., Hong, Y., Mcmillan, J., Naughton. B., "China's Evolving Managerial Labor Market", *Journal of Political Economy* 103 (4), 1995.

Gutierrez, I., Surroca, J., "Revisiting Corporate Governance Through the Lens of the Spanish Evidence", *Journal of Management and Governance* 18 (4), 2014.

Hall, B. H., "The Stock Market's Valuation of R&D Investment During the 1980's", *American Economic Review* 83 (2), 1993.

Hall, B. H., Oriani, R., "Does the Market Value R&D Investment by European Firms? Evidence From a Panel of Manufacturing Firms in France, Germany, and Italy", *International Journal of Industrial Organization* 24 (5), 2006.

Hall, B. H., "The Financing of Research and Development", *Oxford Review of Economic Policy* 18 (1), 2002.

Hambrick, D. C., "Corporate Coherence and the Top Management Team", *Strategy and Leadership* 25 (5), 1997.

Hambrick, D. C., D'Aveni, R. A., "Top Team Deterioration as Part of the Downward Spiral of Large Corporate Bankruptcies", *Management Science* 38 (10), 1992.

Hambrick, D. C., Fukutomi, G. D. S., "The Seasons of A CEO's Tenure", *Academy of Management Review* 16 (4), 1991.

Hambrick, D. C., Mason, P. A., "Upper Echelons: The Organization as a Reflection of Its Top Managers", *Academy of Management Annual Meeting Proceedings* 9 (2), 1984.

Harris, D., Helfat, C., "Specificity of CEO Human Capital and Compensation", *Journal of Strategic Management* 18 (11), 1997.

Hart, O., "Corporate Governance: Some Theory and Implications", *The Economic Journal* 105 (430), 1995.

Haunschild, P. R., Beckman, C. M., "When Do Interlocks Matter?: Alternate Sources of Information and Interlock Influence", *Administrative Science Quarterly* 43 (4), 1998.

Hausman, J., Hall, B. H., "Econometric Models for Count Data with an Application to the Patents-R&D Relationship", *Econometrica* 52 (4), 1984.

Haynes, K. T., Hillman, A., "The Effect of Board Capital and CEO Power on Strategic Change", *Strategic Management Journal* 31 (11), 2010.

Heckman, J. J., "Sample Selection Bias as a Specification Error", *Econometrica* 47 (1), 1979.

Henderson, R., Cockburn, I., "Scale, Scope, and Spillovers: The Determinants of Research Productivity in Drug Discovery", *Rand Journal of Economics*

27 (1), 1996.

Henderson, R. M., Clark, K. B., "Architectural Innovation: The Reconfiguration of Existing", *Administrate Science Quarter* 35 (1), 1990.

Hidalgo, C. A., Klinger, B., Barabsi A. L., Hausmann R., "The Product Space Conditions: The Development of Nations", *Science* 317 (5837), 2007.

Hill, C. W., Snell, S. A., "Effects of Ownership Structure and Control on Corporate Productivity", *Academy of Management Journal* 32 (1), 1989.

Hillman, A. J., Dalziel, T., "Boards of Directors and Firm Performance: Integrating Agency and Resource Dependence Perspectives", *Academy of Management Review* 28 (3), 2003.

Himmelberg, C. P., Petersen, B. C., "R&D and Internal Finance: A Panel Study of Small Firms in High-tech Industries", *Review of Economics and Statistics* 76 (1), 1994.

Hirschey, M., Weygandt, J. J., "Amortization Policy for Advertising and Research and Development Expenditures", *Journal of Accounting Research* 23 (1), 1985.

Hitt, M. A., Hoskisson, R. E., Johnson, R. A., Moesel, D. D., "The Market for Corporate Control and Firm Innovation", *Academy of Management Journal* 39 (5), 1996.

Holmstrom, B., "Agency Costs and Innovation", *Journal of Economic Behavior and Organization* 12 (3), 1989.

Holmstrom, B., Kaplan, S. N., "The State of U. S. Corporate Governance: What'S Right and What'S Wrong?", *Journal of Applied Corporate Finance* 15 (3), 2003.

Hoskisson, R. E., Hitt, M. A., Johnson, R. A., Grossman, W., "Conflicting Voices: The Effects of Institutional Ownership Heterogeneity and Internal Governance on Corporate Innovation Strategies", *Academy of Management Journal* 45 (4), 2002.

Hu Albert, G. Z., "Ownership, Government R&D, Private R&D, and Productivity in Chinese Industry", *Journal of Comparative Economics* 29 (1), 2001.

Hubbard, R. G., Palia, D., "Benefits of Control, Managerial Ownership, and the Stock Returns of Acquiring Firms", *Social Science Electronic Publishing* 26 (4), 1995.

Hwang, B. H., Kim, S., "It Pays to Have Friends", *Journal of Financial Economics* 93 (1), 2008.

Jaffe, A. B., "Geographic Localization of Knowledge Spillovers as Evidenced by Patent Citations", *Quarterly Journal of Economics* 108 (3), 1993.

Jaffe, A. B., "Technological Opportunity and Spillovers of R&D: Evidence From Firms' Patents, Profits, and Market Value", *Amercian Economic Review* 76 (5), 1986.

Jensen, M. C., "The Modern Industrial Revolution, Exit, and the Failure of Internal Control Systems", *The Journal of Finance* 48 (3), 1993.

Jensen, M. C., Warner, J. B., "The Distribution of Power among Corporate Managers, Shareholders, and Directors", *Social Science Electronic Publishing* 20 (88), 1988.

Jensen, M. C., Zimmerman, J. L., "Management Compensation and the Managerial Labor Market", *Journal of Accounting and Economics* 7 (1-3), 1985.

Jensen, M., Zajac, E. J., "Corporate Elites and Corporate Strategy: How Demographic Preferences and Structural Position Shape the Scope of the Firm", *Strategic Management Journal* 25 (6), 2004.

Jensen, M. C., Meckling, W. H., "Theory of the Firm: Managerial Behaviour, Agency Costs and Ownership Structure", *Journal of Financial Economics* 3 (4), 1976.

John, K, Senbet, L. W., "Corporate Governance and Board Effectiveness", *Journal of Banking and Finance* 22 (4), 1998.

Judge, W. Q., Zeithaml, C. P., "Institutional and Strategic Choice Perspectives on Board Involvement in the Strategic Decision Process", *Academy of*

Management 35 (4), 1992.

Keck, S. L., "Top Management Team Structure: Differential Effects by Environmental Context", *Organization Science* 8 (2), 1997.

Khurana, R., "Market Triads: A Theoretical and Empirical Analysis of Market Intermediation", *Journal for the Theory of Social Behaviour* 32 (2), 2002.

Kim, B., Bums, M. L., Prescott, J. E., "The Strategic Role of the Board: The Impact of Board Structure on Top Management Team Strategic Action Capability", *Corporate Governance: An International Review* 17 (6), 2009.

Kim, Y., Cannella, A. A., "Toward a Social Capital Theory of Director Selection", *Corporate Governance: An International Review* 16 (4), 2008.

Kjaergaarol, A. L., "Organizational denfity and Strategy: An Empirical Study of Organizational dentity's Influence on the Strategy-Making Process", *International Studies of Management & Organization* 39 (1), 2009.

Kogut, B., Zander, U., "Knowledge of the Firm, Combinative Capabilities, and the Replication of Technology", *Organization Science* 3 (3), 1992.

Kor, Y. Y., "Direct and Interaction Effects of Top Management Team and Board Compositions on R&D Investment Strategy", *Strategic Management Journal* 27 (11), 2006.

Kor, Y. Y., "Experience-Based Top Management Team Competence and Sustained Growth", *Organization Science* 14 (6), 2003.

Kor, Y. Y., Misangyi, V. F., "Outside Directors' Industry Specific Experience and Firms' Liability of Newness", *Strategic Management Journal* 29 (12), 2008.

Kor, Y. Y., Sundaramurthy, C., "Experienced-Based Human Capital and Social Capital of Outside Directors", *Journal of Management* 35 (4), 2009.

Kroll, M., Waiters, B. A., Wright, P., "Board Vigilance, Director Experience, and Corporate Outcomes", *Strategic Management Journal* 29 (4), 2008.

Kuemmerle, W., "The Drivers of Foreign Direct Investment into Research and Development: An Empirical Investigation", *Journal of International Business Studies* 30 (1), 1999.

Lane, P. J., Lubatkin, M., "Relative Absorptive Capacity and Interorganizational Learning", *Strategic Management Journal* 19 (5), 1998.

Larcker, D., Tayan, B., *Corporate Governance Matters* (Pearson Press, 2015).

Laursen, K., Salter, A., "Open for Innovation: The Role of Openness in Explaining Innovation Performance among U. K. Manufacturing Firms", *Strategic Management Journal* 27 (2), 2006.

Lazonick, W., O'Sullivan, M., "Maximizing Shareholder Value". *Economy and Society* 29 (1), 2000.

Lazonick, W., "Understanding Innovative Enterprise: Toward the Integration of Economic Theory and Business History", INSEAD, 2000.

Le, S. A., Walters, B., Kroll, M., "The Moderating Effects of External Monitors on the Relationship between R&D Spending and Firm Performance", *Journal of Business Research* 59 (2), 2006.

Lee, J., Veloso, F. M., Hounshell, D. A., Rubin, E. S., "Forcing Technological Change: A Case of Automobile Emissions Control Technology Development in the US", *Technovation* 30 (4), 2010.

Lee, P. M., O'Neill, H. M., "Ownership Structures and R&D Investments of U. S. and Japanese Firms: Agency and Stewardship Perspectives", *Academy of Management Journal* 46 (2), 2003.

Lehn, K. M., Zhao, M., "CEO Turnover after Acquisitions: Are Bad Bidders Fired?", *The Journal of Finance* 61 (4), 2006.

Leonard, D. A., "Core Capabilities and Core Rigidities: A Paradox in New Product Development", *Strategic Management Journal* 13 (S1), 1992.

Lev, B., Sougiannis, T., "The Capitalization, Amortization, and Value-Relevance of R&D", *Journal of Accounting and Economics* 21 (1), 1996.

Levin, R. C., Klevorick, A. K., Nelson, R. R., et al., "Appropriating the Returns from Industrial Research and Development", *Brookings Papers on E-*

conomic Activity 18 (3), 1987.

Levinthal, D. A., March, J. G., "The Myopia of Learning", *Strategic Management Journal* 14 (S2), 1993.

Levinthal, D. A., "The Behavioral Theory of the Firm: Assessment and Prospects", *Academy of Management Annals* 6 (1), 2012.

Lilienfeld-Toal, U. V., Ruenzi, S., "CEO Ownership, Stock Market Performance, and Managerial Discretion", *Journal of Finance* 69 (3), 2014.

Lipton, M., Lorsch, J. W., "A Modest Proposal for Improved Corporate Governance", *Business Lawyer* 48 (1), 1992.

Lorsch, J. W., MacIver, E., *Pawns or Potentates: The Reality of Americas Corporate Boards* (Boston, US: Harvard Business School Press, 1989).

Love, J. H., Ashcroft, B., Dunlop, S., "Corporate Structure, Ownership and the Likelihood of Innovation", *Applied Economics* 28 (6), 1996.

Lundvall, B. A., *National Systems of Innovation: Introductio* (Springer, 1992).

Mak, Y. T., Roush, M. L., "Factors Affecting the Characteristics of Boards of Directors : An Empirical Study of New Zealand Initial Public Offering Firms", *Journal of Business Research* 47 (2), 2000.

March, J. G., "Exploration and Exploitation in Organizational Learning", *Organization Science* 2 (1), 1991.

Margolis, R. M., Kammen, D. M., "Underinvestment: The Energy Technology and R&D Policy Challenge", *Science* 285 (5428), 1999.

Mccahery, J. A., Renneboog, L., "Managerial Remuneration: The Indirect Pay-For-Performance Relation", *Social Science Electronic Publishing* 1 (2), 2002.

Mcconnell, J. J., Servaes, H., "Additional Evidence on Equity Ownership and Corporate Value", *Journal of Financial Economics* 27 (2), 1990.

Minnick, K., Noga, T., "Do Corporate Governance Characteristics Influence Tax Management?", *Journal of Corporate Finance* 16 (3), 2010.

Miozzo, M., Dewick, Paul., "Building Competitive Advantage: Innovation and Corporate Governance in European Construction", *Research Policy* 31 (6), 2002.

Mizruchi, M. S., "Who Controls Whom? An Examination of the Relation Between Management and Boards of Directors in Large American Corporations", *Academy of Management Review* 8 (3), 1983.

Mizruchi, M. S., Stearns, L. B., "A Longitudinal Study of Borrowing by Large American Corporations", *Administrative Science Quarterly* 39 (1), 1994.

Morck, R., Shleifer, A., Vishny, R. W., "Management Ownership and Market Valuation: An Empirical Analysis", *Journal of Financial Economics* 20 (1-2), 1988.

Nahapiet, J., Ghoshal, S., "Social Capital, Intellectual Capital, and the Organizational Advantage", *Academy of management Review* 23 (2), 1998.

Nakahara, T., "One Point of View: Innovation in a Borderless World Economy", *Research-Technology Management* 40 (3), 1997.

Nelson, R. R., *Evolutionary Theory Economic Change* (Belknap Press of Harvard University, 1982).

Nelson, R. R., "The Simple Economics of Basic Scientific Research", *Journal of Political Economy* 67 (3), 1959.

Nelson, R. R., "Why do Firms Differ, and How Does it Matter?", *Strategic Management Journal* 12 (S2), 1991.

Nienhüser, W., "Resource Dependence Theory-How Well Does It Explain Behavior of Organizations?", *Management Revue* 19 (1/2), 2008.

O'Sullivan, M., "The Innovative Enterprise and Corporate Governance", *Cambridge Journal of Economics* 24 (4), 2000.

Park, C., Seo, J., Chin, M. K., "CEOs on a Bed of Thorns: The Effects of the CEO Labor Market On R&D Investment in High-Technology Firms", Seoul National University Working Paper. 2012.

Parrino, R., "CEO Turnover and Outside Succession: A Cross-Sectional Analysis", *Journal of Financial Economics* 46 (2), 1997.

Patton, A., Baker, J. C., "Why Won't Directors Rock the Boat?", *Harvard Business Review* 65 (6), 1987.

Pavitt, K., "Sectoral Patterns of Technical Change: towards a Taxonomy and a Theory", *Research Policy* 13 (6), 1984.

Penrose, E. T., *The Theory of the Growth of the Firm* (New York: John Wiley & Sons Inc, 1959).

Pfeffer, J., "Merger as a Response to Organizational Interdependence", *Administrative Science Quarterly* 17 (3), 1972.

Pfeffer, J., "Size, Composition and Function of Hospital Boards of Directors: A study of Organization Environment Linkage", *Administrative Science Quarterly* 18 (3), 1973.

Pfeffer, J., Salancik, G. R., *The External Control of Organizations: A Resource Dependence Perspective* (Social Science Electronic Publishing Press, 1978).

Porta, L. R., López-de-Silanes, F., Shleifer, A., "Corporate Ownership around the World", *Journal of Finance* 54 (2), 1999.

Porter, M. E., *Competitive Advantage: Creating and Sustaining Superior Performance* (New York: Free Press, 1985).

Porter, M. E., *The Competitive Advantage of Nations* (New York: Free Press, 1990).

Porter, M. E., *Generic Competitive Strategies* (New York: Free Press, 1980).

Powell, W. W., "Interorganizational Collaboration and the Locus of Innovation: Networks of Learning in Biotechnology", *Administrative Science Quarterly* 41 (1), 1996.

Rajgopal, S., Taylor, D., Venkatachalam, M., "Frictions in the CEO Labor Market: The Role of Talent Agents in CEO Compensation", *Contemporary Accounting Research* 29 (1), 2012.

Rajna, R. G., Zingales, L., "The Governance of the New Enterprise",

Working Paper, National Bureau of Economic Research, 2000.

Rao, P. S., Lee-Sing, C. R., "Control and Performance: Evidence from the TSE 300", *In Corporate Decision-Making in Canada*, ed. Daliels, R. J. and Morck, R. (University of Calgary Press, 1995).

Renneboog L., Trojanowski G., "Control Structures and Payout Policy". *Managerial Finance* 33 (1), 2005.

Richard A. B., David F. B., Kristen M. W., "Minority Membership on Boards of Directors: The Case for Requiring Pictures of Boards in Annual Reports". *Critical Perspectives on Accounting* 16 (8), 2005.

Romer, P. M., "Endogenous Technical Change", *Journal of Political Economy* 98 (5), 1990.

Sanders, W. G., Carpenter, M. A., "Internationalization and Firm Governance: The Roles of CEO Compensation, Top Team Composition, and Board Structure", *Academy of Management Journal* 41 (2), 1998.

Schumpeter, J. A., *Capitalism, Socialism and Democracy* (Taylor & Francis—Routledge, 1942).

Smith, K. G., Smith, K. A., Olian, J. D., et al., "Top Management Team Demography and Process: The Role of Social Integration and Communication", *Administrative Science Quarterly* 39 (3), 1994.

Sougiannis, T., "The Accounting Based Valuation of Corporate R&D", *Accounting Review A Quarterly Journal of the American Accounting Association* 69 (1), 1994.

Stiles, P., Taylor, B., *Boards at Work: How Directors View Their Roles and Responsibilities* (Oxford University Press, 2001).

Subrahmanyam, V., Rangan, N., Rosenstein, S., "The Role of outside Directors in Bank Acquisitions", *Financial Management* 26 (3), 1997.

Sundaramurthy, C., Pukthuanthong, K., Kor, Y. Y., "Positive and Negative Synergies between the CEO's and the Corporate Board's Human and Social Capital: A Study of Biotechnology Firms", *Strategic Management Journal* 35

(6), 2014.

Teece, D. J., Pisano, G., Shuen, A., "Dynamics Capability and Strategic Management", *Strategic Management Journal* 18 (7), 1997.

Teece, D. J., "Profiting From Technological Innovation", *Research Policy* 15 (6), 1986.

Tihanyi, L., Ellstrand, A. E., Daily, C. M., Dan, R. D., "Composition of the Top Management Team and Firm International Diversification", *Journal of Management* 26 (6), 2000.

Tjosvold, D., Deemer, D. K., "Effects of Controversy within a Cooperative or Competitive Context on Organizational Decision Making", *Journal of Applied Psychology* 65 (5), 1980.

Tosi, H. L., Werner, S., Katz, J. P., Gomez-Mejia, L. R., "How Much Does Performance Matter? A Meta-Analysis of CEO Pay Studies", *Journal of Management* 26 (2), 2000.

Tricker, R, . "International Corporate Governance, Text, Readings and Cases", New York, Prentice Hall, 1994.

Tushman, M. L., Anderson, P., "Technological Discontinuities and Organizational Environments", *Administrate Science Quarter* 31 (3), 1986.

Tylecote, A., Conesa, E., "Corporate Governance, Innovation Systems and Industrial Performance". *Industry and Innovation* 6 (1), 1999.

Vafeas, N., "Board Meeting Frequency and Firm Performance", *Journal of Financial Economics* 53 (1), 1999.

Vernon, R., "International Investment and International Trade in the Product Cycle", *Quarterly Journal of Economics* 80 (5), 1966.

Von, H. E., *The Sources of Innovation* (New York: Oxford University Press, 1988).

Warner, J. B., Watts, R. L., Wruck, K. H., "Stock Prices and Top Management Changes", *Journal of Financial Economics* 20 (1-2), 1988.

Warther, V. A., "Board Effectiveness and Board Dissent: A Model of the

Board's Relationship to Management and Shareholders", *Journal of Corporate Finance* 4 (1), 1998.

Weir, C., Laing, D., McKnight, P. J., "Internal and External Governance Mechanisms: Their Impact on the Performance of Large UK Public Companies", *Journal of Business Finance and Accounting* 29 (5 – 6), 2002.

Weisbach, M. S., "Outside Directors and CEO Turnover", *Journal of Financial Economics* 20 (88), 1988.

Wernerfelt, B., "A Resource-Based View of the Firm", *Strategic Management Journal* 5 (2), 1984.

Wiersema, M. F., Bantel, K. A., "Top Management Team Demography and Corporate Strategic Change", *Academy of Management Journal* 35 (1), 1992.

Williamson, Oliver E., "Corporate Finance and Corporate Governance", *The Journal of Finance* 43 (3), 1988.

Wincent, J., Anokhin, S., Örtqvist, D., "Does Network Board Capital Matter? A Study of Innovative Performance in Strategic SME Networks", *Journal of Business Research* 63 (3), 2010.

Wiseman, R. M., Gomez-Mejia, L. R., "A Behavioral Agency Model of Managerial Risk Taking", *Academy of Management Review* 23 (1), 1998.

Wooldridge, J. M., *Econometric Analysis of Panel Data* (New York: Wiley Press, 2002).

Wright, P., Ferris, S. P., Sarin, A., Awasthi, V., "Impact of Corporate Insider, Blockholder, and Institutional Equity Ownership on Firm Risk Taking", *Academy of Management Journal* 39 (2), 1996.

Wu, D. D., et al., "Modeling Technological Innovation Risks of an Entrepreneurial Team Using System Dynamics: An Agent-Based Perspective", *Technological Forecasting and Social Change* 77 (6), 2010.

Wu, S., Priem, R. L., "CEO Tenure and Company Invention under Differing Levels of Technological Dynamism", *Academy of Management Journal* 48 (5), 2005.

Yeh, Y. H., Su, Y. H., Ho, F. S., "Board Structure, Intra-Industry Competition, and the R&D Announcement Effect", *Review of Pacific Basin Financial Markets and Policies* 15 (2), 2012.

Yermack, D., "Higher Market Valuation of Companies with a Small Board of Directors", *Journal of Financial Economics* 40 (2), 1996.

Yermack, D., "Higer Market Valuation of Companies with a Small Board of Directors", *Journal of Financial Economics* 40 (2), 1996.

Yin, R. K., *Case Study Research: Design and Methods* (Sage Publications Press, 2003).

Zahra, S. A., Neubaum, D. O., Huse, M., "Entrepreneurship in Medium-Size Companies: Exploring the Effects of Ownership and Governance Systems", *Journal of Management* 26 (5), 2000.

Zahra, S. A., Pearce, J. A., "Boards of Directors and Corporate Financial Performance: A Review and Integrative Model", *Journal of Management* 15 (2), 1989.

Zahra, S. A., George, G., "Absorptive Capacity: A Review, Reconceptualization, and Extension", *Academy of Management Review* 27 (2), 2002.

Zhang, Y., Rajagopalan, N., "Explaining New CEO Origin: Firm versus Industry Antecedents", *Academy of Management Journal* 46 (3), 2003.

附　表

附表1　R&D投入议题的高引文献（WOS数据库）

序号	被引频次	作品	文章题目	出处
1	322	COHEN WM, 1990, V35, P128, ADMIN SCI QUART	Absorptive Capacity: A New Perspective on Learning and Innovation	*Administrative Science Quarterly*
2	189	NELSON R. R., 1982, EVOLUTIONARY THEORY	Evolutionary Theory Economic Change	*Belknap Press of Harvard University Press*
3	174	COHEN WM, 1989, V99, P569, ECON J	Innovation and Learning: The Two Faces of R&D	*Economic Journal*
4	148	BARNEY J, 1991, V17, P99, J MANAGE	Firm Resources and Sustained Competitive	*Journal of Management*
5	126	TEECE DJ, 1986, V15, P285, RES POLICY	Profiting From Technological Innovation	*Research Policy*
6	125	TEECE DJ, 1997, V18, P509, STRATEGIC MANAGE J	Dynamics Capability and Strategic Management	*Strategic Management Journal*
7	106	KOGUT B, 1992, V3, P383, ORGAN SCI	Knowledge of the Firm, Combinative Capabilities, and the Replication of Technology	*Organization Science*
8	106	MARCH JG, 1991, V2, P71, ORGAN SCI	Exploration and Exploitation in Organizational Learning	*Organization Science*
9	104	GRILICHES Z, 1990, V28, P1661, J ECON LIT	Patent Statistics as Economic Indicators: A Survey	*Journal of Economic Literature*

续表

序号	被引频次	作品	文章题目	出处
10	96	WERNERFELT B, 1984, V5, P171, STRATEGIC MANAGE J	A Resource-Based View of the Firm	*Strategic Management Journal*
11	94	GRILICHES Z, 1979, V10, P92, BELL J ECON	Issues in Assessing the Contribution of R&D to Productivity Growth	*Bell Journal of Economics and Management Science*
12	92	JAFFE AB, 1986, V76, P984, AM ECON REV	Technological Opportunity and Spillovers of R&D: Evidence From Firms' Patents, Profits, and Market Value	*Amercian Economic Review*
13	90	PORTER M., 1990, COMPETITIVE ADVANTAG	The Competitive Advantage of Nations	New York: Free Press
14	85	JAFFE AB, 1993, V108, P577, Q J ECON	Geographic Localization of Knowledge Spillovers as Evidenced by Patent Citations	*Quarterly Journal of Economics*
15	79	KUEMMERLE W, 1999, V30, P1, J INT BUS STUD	The Drivers of Foreign Direct Investment into Research and Development: An Empirical Investigation	*Journal of International Business Studies*
16	79	LEVIN R., 1987, V18, P783, BROOKINGS PAPERS EC	Appropriating the Returns from Industrial Research and Development	*Brookings Papers on Economic Activity*
17	77	PORTER ME, 1980, COMPETITIVE STRATEGY	Generic Competitive Strategies. Competitive Strategy	New York: Free Press
18	77	ZAHRA SA, 2002, V27, P185, ACAD MANAGE REV	Absorptive Capacity: A Review, Reconceptualization, and Extension	*Academy of Management Review*
19	75	JENSEN MC, 1976, V3, P305, J FINANC ECON	Theory of the Firm: Managerial Behaviour, Agency Costs and Ownership Structure	*Journal of Financial Economics*
20	75	SCHUMPETER JOSEPH A., 1942, CAPITALISM SOCIALISM	*Capitalism, Socialism and Democracy*	Taylor & Francis—Routledge
21	74	CHESBROUGH HW, 2003, OPEN INNOVATION NEW	*Open Innovation: The New Imperative for Creating and Profiting from Technology*	Harvard Business School Publishing.

续表

序号	被引频次	作品	文章题目	出处
22	70	DIERICKX I, 1989, V35, P1504, MANAGE SCI	Asset Stock Accumulation and the Sustainability of Competitive Advantage: Reply	Management Science
23	68	ARROW K., 1962, P609, RATE DIRECTION INVEN	Economic Welfare and the Allocation of Resources for Invention, in The Rate and Direction of Inventive Activity: Economic and Social Factors	Princeton University Press
24	68	EISENHARDT KM, 1989, V14, P532, ACAD MANAGE REV	Building Theories from Case Study Research	Academy of Management Review
25	68	PAVITT K, 1984, V13, P343, RES POLICY	Sectoral Patterns of Technical Change: towards a Taxonomy and a Theory	Research Policy
26	67	LEVINTHAL DA, 1993, V14, P95, STRATEGIC MANAGE J	The Myopia of Learning	Strategic Management Journal
27	67	NELSON R., 1993, NATL INNOVATION SYST	National Innovation Systems: A Retrospective on a Study	Palgrave Macmillan UK
28	66	VERNON R, 1966, V80, P190, Q J ECON	International Investment and International Trade in the Product Cycle	Quarterly Journal of Economics
29	66	VON HIPPEL E., 1988, SOURCES INNOVATION	The Sources of Innovation	Publication: Science
30	65	PORTER M. E., 1985, COMPETITIVE ADVANTAG	Competitive advantage: Creating and Sustaining Superior Performance	New York: Free Press
31	63	HENDERSON RM, 1990, V35, P9, ADMIN SCI QUART	Architectural Innovation: The Reconfiguration of Existing	Administrate Science Quarter
32	62	PENROSE E. T., 1959, THEORY GROWTH FIRM	The Theory of the Growth of the Firm	New York: John Wiley & Sons Inc
33	61	CYERT R. M., 1963, BEHAV THEORY FIRM	The Behavioral Theory of the Firm	Wiley-Blackwell
34	61	DIXIT AK, 1994, INVESTMENT UNCERTAIN	Investment under uncertainty. Princeton University	Princeton University

续表

序号	被引频次	作品	文章题目	出处
35	61	FLORIDA R, 1997, V26, P85, RES POLICY	The globalization of R&D: Results of a Survey of Foreign-affiliated R&D Laboratories in the United States	Research Policy
36	61	GRANT RM, 1996, V17, P109, STRATEGIC MANAGE J	Toward a Knowledge-based Theory of the Firm	Strategic Management Journal
37	61	NELSON RR, 1959, V67, P297, J POLIT ECON	The simple Economics of Basic Scientific Research	Journal of Political Economy
38	60	TUSHMAN ML, 1986, V31, P439, ADMIN SCI QUART	Technological Discontinuities and Organizational Environments	Administrate Science Quarter
39	59	HALL BH, 2002, V18, P35, OXFORD REV ECON POL	The Financing of Research and Development	Oxford Review of Economic Policy
40	58	AITKEN BJ, 1999, V89, P605, AM ECON REV	Do Domestic Firms Benefit from Direct Foreign Investment? Evidence from Venezuela	Amercian Economic Review
41	58	LAURSEN K, 2006, V27, P131, STRATEGIC MANAGE J	Open for Innovation: The Role of Openness in Explaining Innovation Performance among U.K. Manufacturing Firms	Strategic Management Journal
42	57	COE DT, 1995, V39, P859, EUR ECON REV	International R&D Spillovers	European Economic Review
43	57	DOSI G, 1988, V26, P1120, J ECON LIT	Sources, Procedures, and Microeconomic Effects of Innovation	Journal of Economic Literature
44	57	LEONARDBARTON D, 1992, V13, P111, STRATEGIC MANAGE J	Core Capabilities and Core Rigidities: A Paradox in New Product Development	Strategic Management Journal
45	56	AHUJA G, 2001, V22, P197, STRATEGIC MANAGE J	Technological Acquisitions and the Innovation Performance of Acquiring Firms: A Longitudinal Study	Strategic Management Journal
46	56	POWELL WW, 1996, V41, P116, ADMIN SCI QUART	Interorganizational Collaboration and the Locus of Innovation: Networks of Learning in Biotechnology	Administrative Science Quarterly
47	56	WOOLDRIDGE JM, 2002, ECONOMETRIC ANAL CRO	Econometric Analysis of Panel Data	New York: Wiley

续表

序号	被引频次	作品	文章题目	出处
48	55	ARELLANO M, 1991, V58, P277, REV ECON STUD	Some Tests of Specification for Panel Data	*Review of Economic Studies*
49	55	HIMMELBERG CP, 1994, V76, P38, REV ECON STAT	R&D and Internal Finance: A Panel Study of Small Firms in High-tech Industries	*Review of Economics and Statistics*
50	55	LUNDVALL B. A., 1992, NATL SYSTEMS INNOVAT	National Systems of Innovation: Introduction	Springer
51	54	AIKEN L. S., 1991, MULTIPLE REGRESSION	Multiple Regerssion	SAGE Publications, Inc
52	53	AUDRETSCH DB, 1996, V86, P630, AM ECON REV	R&D Spillovers and the Geography of Innovation and Production	*Amercian Economic Review*
53	53	HENDERSON R, 1996, V27, P32, RAND J ECON	Scale, Scope, and Spillovers: The Determinants of Research Productivity in Drug Discovery	*Rand Journal of Economics*
54	53	LANE PJ, 1998, V19, P461, STRATEGIC MANAGE J	Relative Absorptive Capacity and Interorganizational Learning	*Strategic Management Journal*
55	51	CASSIMAN B, 2006, V52, P68, MANAGE SCI	In Search of Complementarity in Innovation Strategy: Internal R&D and External Knowledge Acquisition	*Management Science*
56	51	FROST TS, 2001, V22, P101, STRATEGIC MANAGE J	The Geographic Sources of Foreign Subsidiaries Innovations	*Strategic Management Journal*
57	50	ALMEIDA P, 1996, V17, P155, STRATEGIC MANAGE J	Knowledge Sourcing by Foreign Multinationals: Patent Citation Analysis in the U. S. Semiconductor Industry	*Strategic Management Journal*
58	50	HAUSMAN J, 1984, V52, P909, ECONOMETRICA	Econometric Models for Count Data with an Application to the Patents-R&D Relationship	*Econometrica*
59	50	HECKMAN JJ, 1979, V47, P153, ECONOMETRICA	Sample Selection Bias as a Specification Error	*Econometrica*
60	50	ROMER P. M., 1990, V98, P71, J POLITICAL EC	Endogenous Technical Change	*Journal of Political Economy*

资料来源：作者根据文献计量分析结果整理。

后　记

总是感慨时间之快！我们匆匆地与岁月相度。

书至"后记"，停留许久，三十余载一晃而过。酸甜苦辣，人生滋味，何去何从，彷徨思量，唯有不变的是，"长大后成为您——老师"。怀揣着这份初心，我一直努力前进。正如儿时小伙伴们打趣我的名字"钱晶、晶、钱晶晶"，谐音就是"前进、前进、前进进"，故每每遇到各种困难时，我就会唱唱国歌以鼓励自己前行。而这教师之梦源于人生中所识恩师，对恩师的崇拜之情油然而生，"教书、育人"也便深烙吾心。

感谢刘耀彬教授、何筠教授、严若森教授三位导师的谆谆教诲。刘耀彬老师是我人生中第一位学术导师，他严格而不失方法，启蒙学生为人为事之道，热情激情感情长存；何筠老师如母亲般地温暖学生，她的师德教风走进人心，对我而言亦师亦友亦家人；严若森老师则在读博期间培养了学生坚韧的学术精神，让我无畏未来之未知。

感谢谭力文教授，年近七旬的他，依然精神饱满、和蔼可亲，不仅能通俗易懂、大道至简地传授学生知识，解其学习之惑，而且排其生活之困，是值得敬佩的长者。还要感谢吴先明教授、夏清华教授、刘林青教授、刘明霞教授、陈立敏教授、卫武教授、江诗松教授、邓新明教授等在武汉大学给予我的帮助；感谢黄新建教授、尹继东教授、彭迪云教授、曹小秋教授等在硕士阶段使我萌生读博的勇气；还要感谢况学文教授、梁国萍教授、何恩良教授、阮陆宁教授、李俭峰教授、王振宇教授、曾咏梅老师、徐玮老师、万弋芳老师、杨伊老师、张爱武老师、周德才老师、李晶老师、漆文萍老师、饶芬老师等在我初入大学时为我懵懂的教师之梦注入了美好憧憬；感谢查艳萍老师、毛文灿老师、汪世共老师等中学老师在我成长路上均洒下了知识的甘霖，我时常想起他们。正是这些兢兢业业、勤勤恳恳的人民教师，给我树立了榜样并激励着我前进。他们的名字虽各不相同，但都有一个共同的职业，叫"老师"。

感谢南昌大学，这是我历经八年青春的母校，能够学成归校，回报家乡，亦是我的荣幸。在这里谌贻庆教授、郭朝晖教授、苏海涛教授、张发明教授、周杰文老师、张横峰老师、谢海东老师、姚成胜老师、吴伟伟老师、成志策老师、张雪华老师、闫焕民老师，还有张小敏老师、曾浩老师等在岗位上践行着教师的光荣使命，他们的点点滴滴无不感染着我。

除了各位可敬可爱的老师，还要感谢我的小伙伴们：宋晟欣博士、秦润莹博士、廖俊云博士、钟慧洁博士、梅诗晔博士、周材荣博士、张毅恒博士等。我不会忘记"格子间"里那些"朝八晚十"的日日夜夜，愿友情长存！感谢我的同门师弟师妹们——陈静、祁浩、华小丽、肖莎、杜帅、朱婉晨、姜潇等，记得那段日子，我们时常在一起探讨问题，相互勉励。感谢老友——王睿智、孙华，十余载的岁月陪伴让一辈子的情谊延绵。还要感谢因篇幅所限尚未在此提及的朋友，诸位小伙伴现各自拥有不同的生活，然心念大家一切安好。此外，本人水平所限，书中若有不妥之处，请读者批评指正。

最后，我要感谢我的父母和爱人，父母不曾给予我压力，始终默默无闻地支持我，助我圆教师之梦，爱人亦是我的战友，我们彼此鼓励，无论距离多遥远，有梦是极好的。你们是我前进的坚实动力，我爱你们！

我一直相信"天道酬勤"，感谢助我成长的每一个人。如今刚踏上教师之路，这是另一场奋斗的起点。不论未来遇见怎样的困难，我将始终怀揣着梦想，挥洒青春的汗水，在路上，一直努力"前进、前进、前进进"。

钱晶晶
2019 年 1 月于前湖

图书在版编目(CIP)数据

董事会对研发投入的影响机制研究 / 钱晶晶著. --北京：社会科学文献出版社，2019.2
ISBN 978 - 7 - 5201 - 4195 - 6

Ⅰ.①董… Ⅱ.①钱… Ⅲ.①董事会 - 影响 - 企业创新 - 研究 Ⅳ.①F273.1

中国版本图书馆 CIP 数据核字（2019）第 018087 号

董事会对研发投入的影响机制研究

著　　者 / 钱晶晶

出 版 人 / 谢寿光
项目统筹 / 高　雁
责任编辑 / 高　雁　梁　雁

出　　版 / 社会科学文献出版社·经济与管理分社（010）59367226
　　　　　　地址：北京市北三环中路甲 29 号院华龙大厦　邮编：100029
　　　　　　网址：www.ssap.com.cn

发　　行 / 市场营销中心（010）59367081　59367083
印　　装 / 三河市尚艺印装有限公司

规　　格 / 开　本：787mm × 1092mm　1/16
　　　　　　印　张：15　字　数：228 千字
版　　次 / 2019 年 2 月第 1 版　2019 年 2 月第 1 次印刷
书　　号 / ISBN 978 - 7 - 5201 - 4195 - 6
定　　价 / 89.00 元

本书如有印装质量问题，请与读者服务中心（010 - 59367028）联系

版权所有 翻印必究